古代美術史研究

四 編

第17冊

西漢未央宮出土骨簽書法研究（下）

張嘉哲 著

花木蘭文化事業有限公司

國家圖書館出版品預行編目資料

西漢未央宮出土骨簽書法研究（下）／張嘉哲 著 — 初版 —
新北市：花木蘭文化事業有限公司，2019〔民 108〕
目 6+174 面；19×26 公分
（古代美術史研究 四編；第 17 冊）
ISBN 978-986-485-554-4（精裝）
1. 書法 2. 刻工 3. 西漢
618　　107012003

ISBN-978-986-485-554-4

古代美術史研究
四　編　第十七冊　　ISBN：978-986-485-554-4

西漢未央宮出土骨簽書法研究（下）

著　　者　張嘉哲
總 編 輯　杜潔祥
副總編輯　楊嘉樂
編　　輯　許郁翎、王筑　美術編輯　陳逸婷
出　　版　花木蘭文化事業有限公司
發 行 人　高小娟
聯絡地址　235 新北市中和區中安街七二號十三樓
電話：02-2923-1455／傳眞：02-2923-1452
網　　址　http://www.huamulan.tw 信箱 hml 810518@gmail.com
印　　刷　普羅文化出版廣告事業
初　　版　2019 年 3 月
全書字數　89893 字
定　　價　四編 23 冊（精裝）台幣 66,000 元

西漢未央宮出土骨簽書法研究（下）

張嘉哲 著

目次

上冊

表目錄

圖目錄

附錄一　骨簽圖錄

一、未央宮中央官署出土（共 178 片）

〔有紀年無年號類〕49 片

編號	骨簽圖版	骨簽摹本	釋　文
05247	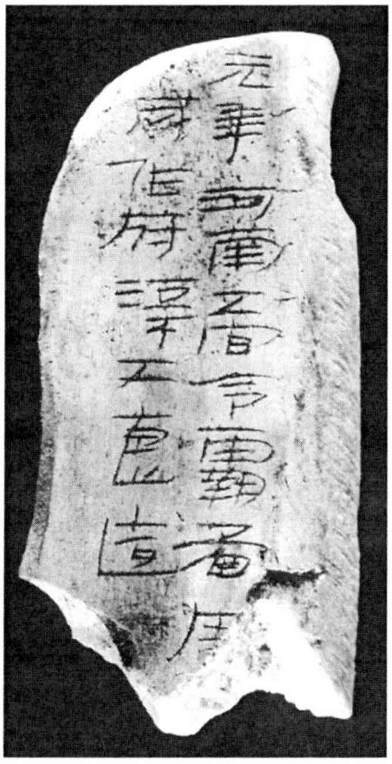	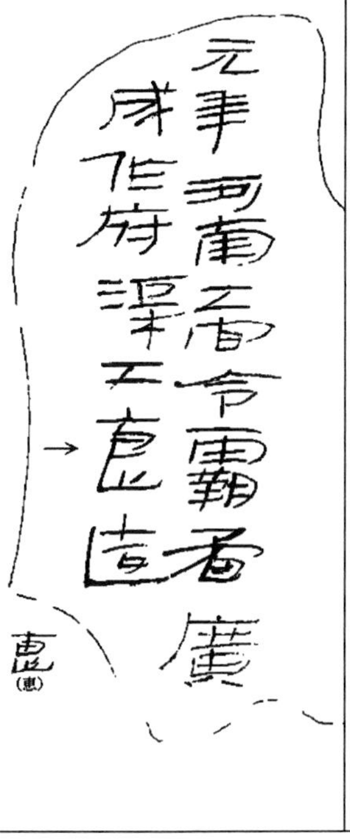	元年河南工官令霸丞廣成作府渠工惠造

02824	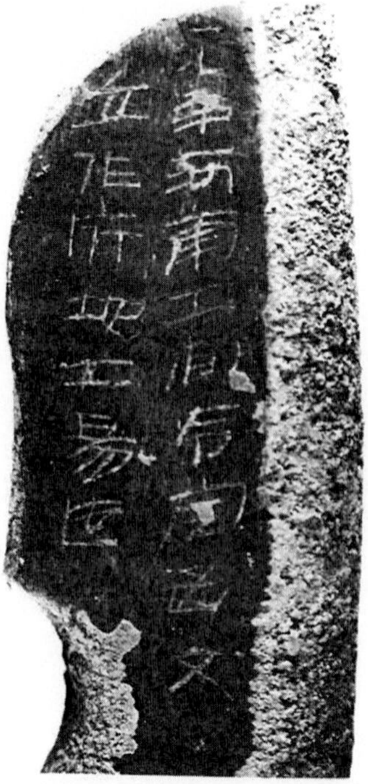	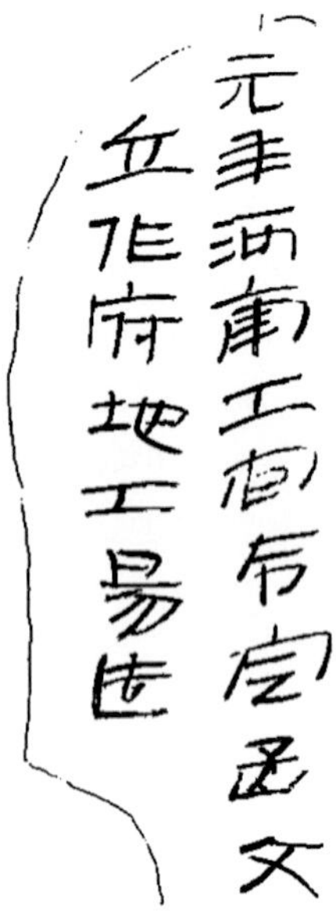	元年河南工官令定丞文立作府地工易造
07194	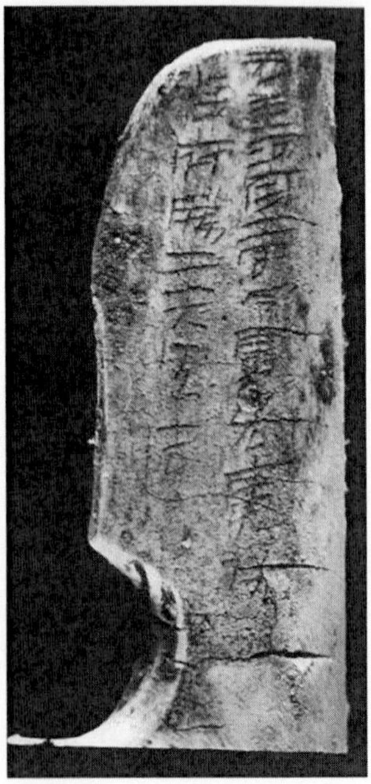	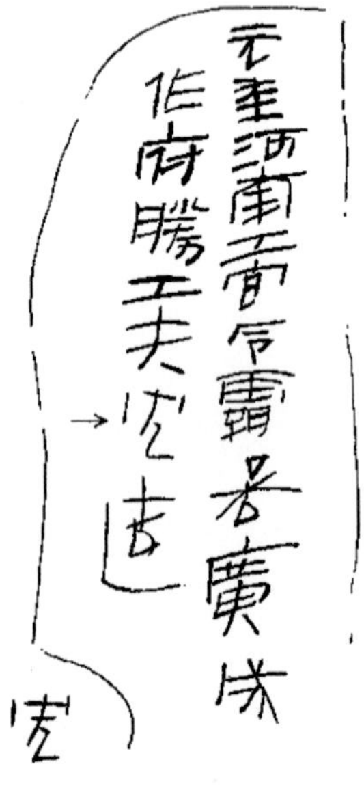	元年河南工官令霸丞廣成作府勝工夫□造

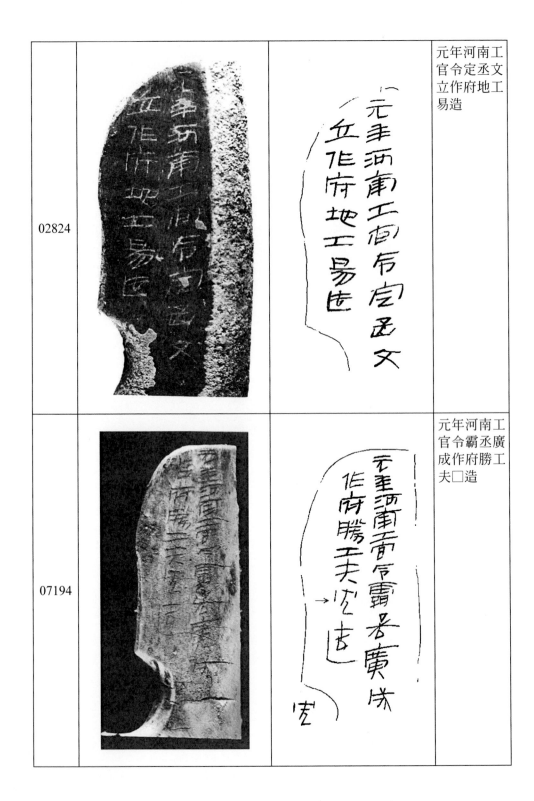

07658		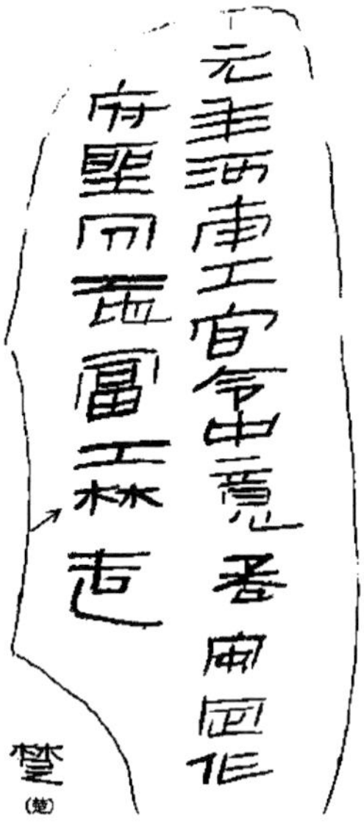	元年河南工官令中意丞安定作府聖冗工□富工林造
12698	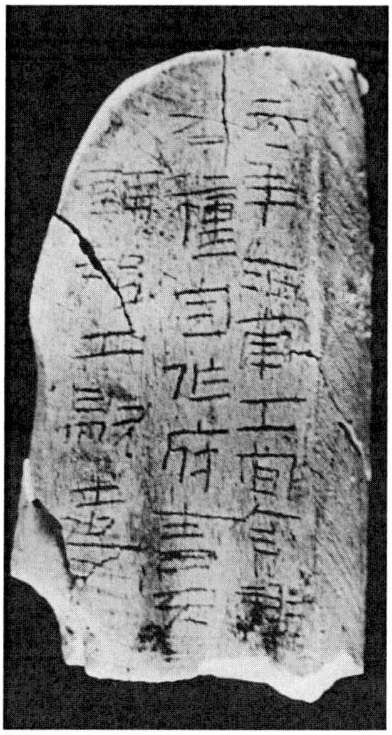	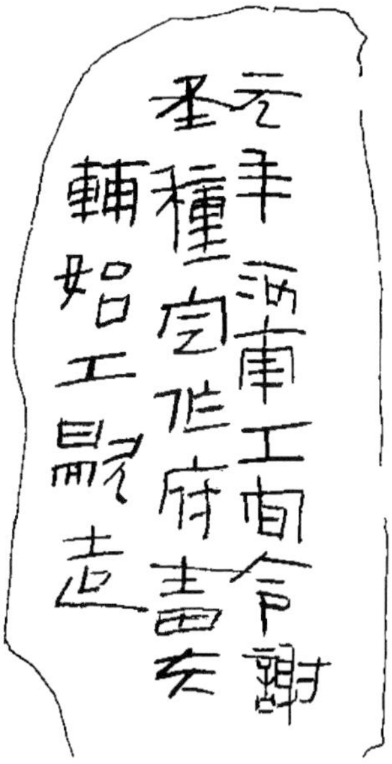	元年河南工官令謝丞種定作府啚夫輔始工□造

04684	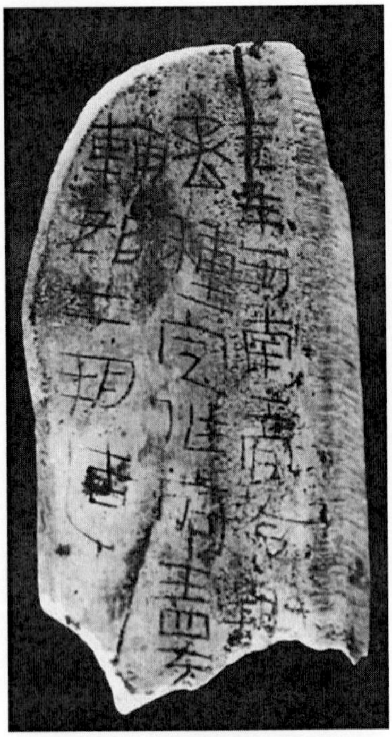	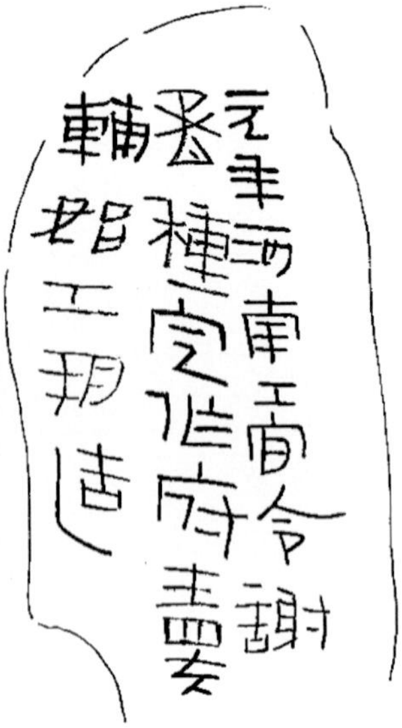	元年河南工 官令謝丞種 定作府嗇夫 輔始工朔造
02858		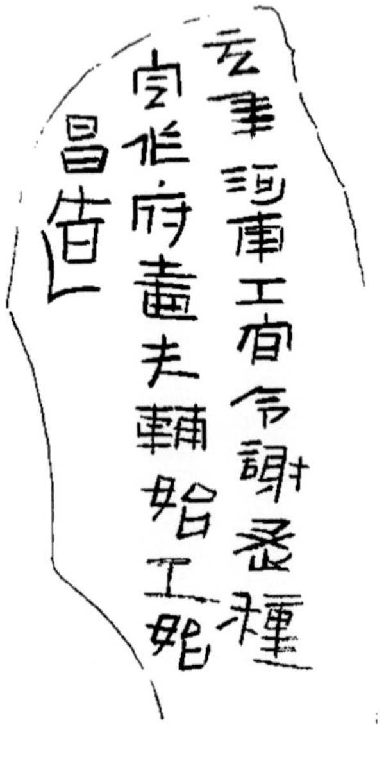	元年河南工 官令謝丞種 定作府嗇夫 輔始工始昌 造

07566		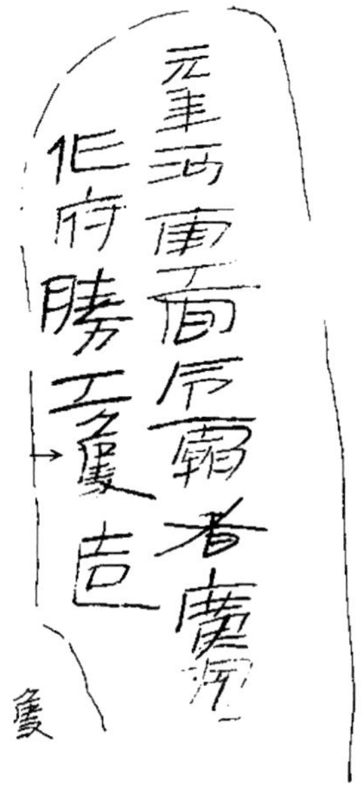	元年河南工官令霸丞廣成作府勝工隻造
08558	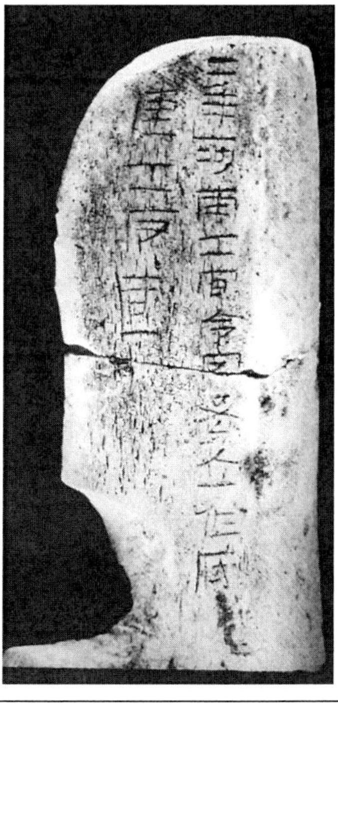		二年河南工官令定丞立作府連工反造

09040		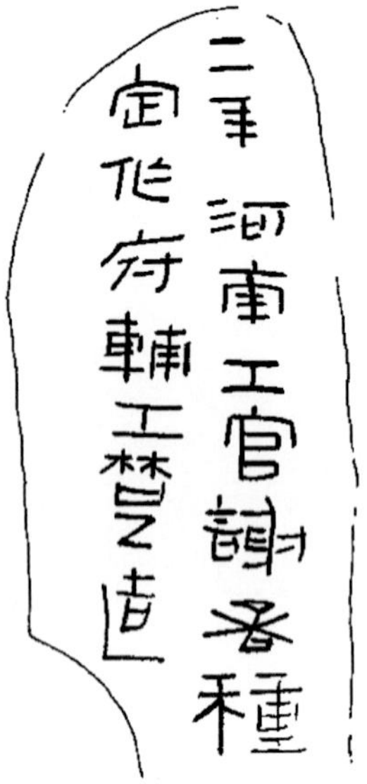	二年河南工官謝丞種定作府輔工楚造
01326		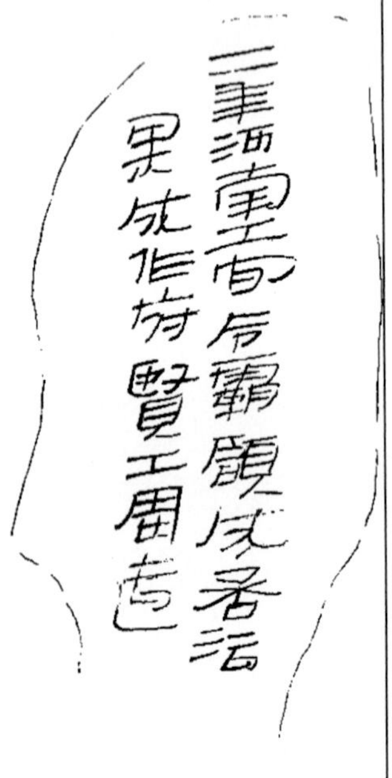	二年河南工官令霸顧成丞法果成作府賢工周造

08651		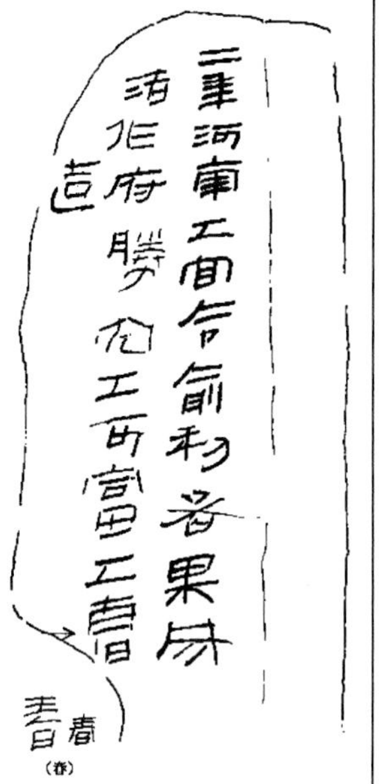	二年河南工 官令俞利丞 果成法作府 勝冘工可富 工春造
09542		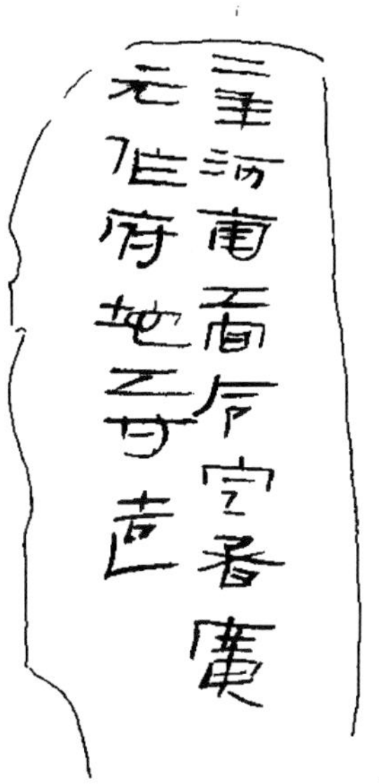	二年河南工 官令定丞廣 元作府地工 方造

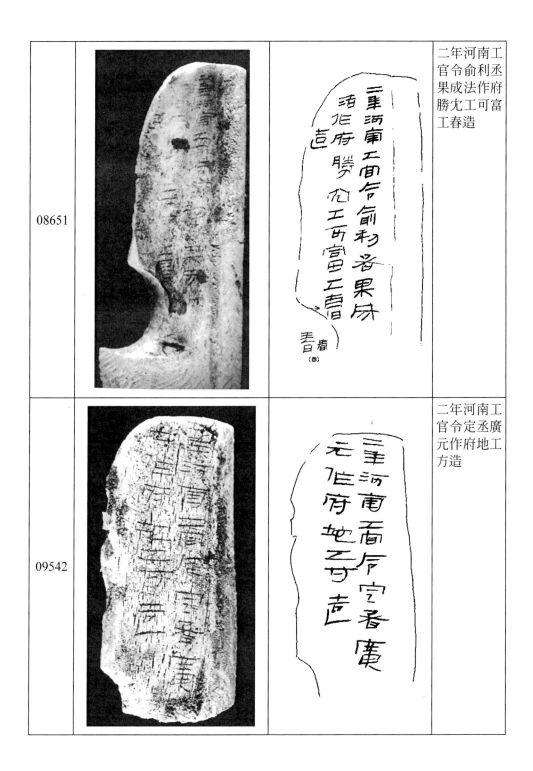

11006		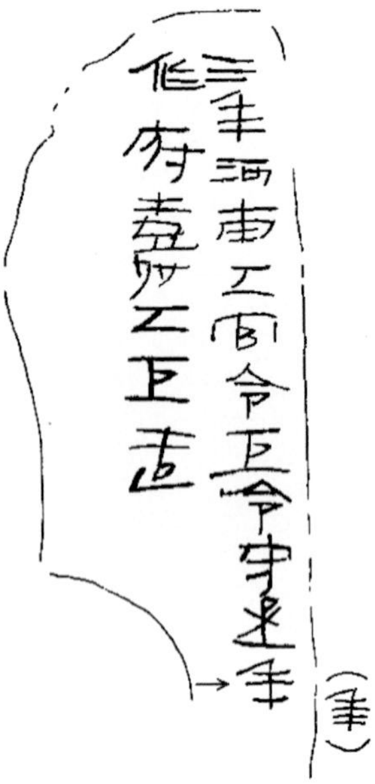	三年河南工官令巨令守丞年作府嘉工巨造
01337		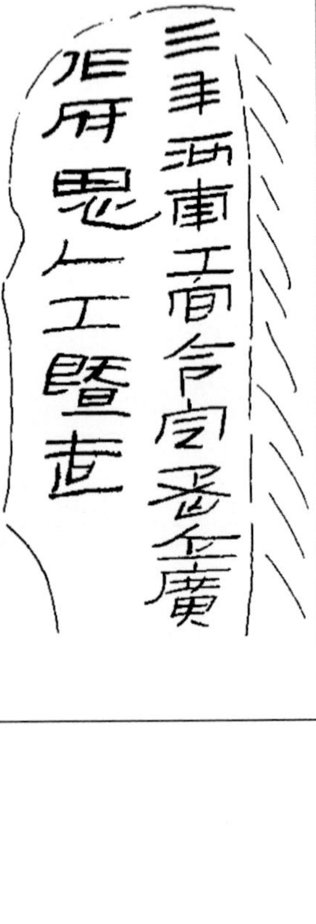	三年河南工官令定丞立廣作府思人工暨造

06780	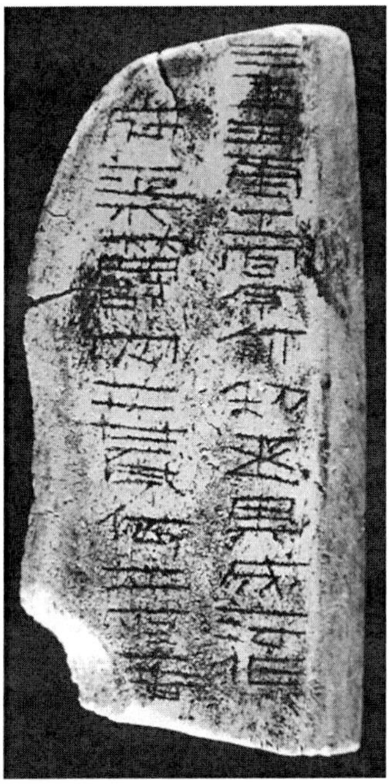	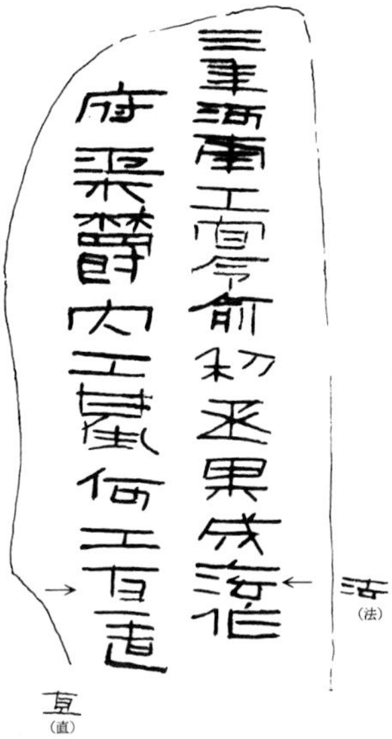	三年河南工 官令俞利丞 果成法作府 渠欝尣工鼠 何工巨造
06332			三年河南工 官令定丞廣 寫作府滿工 豫造

04345		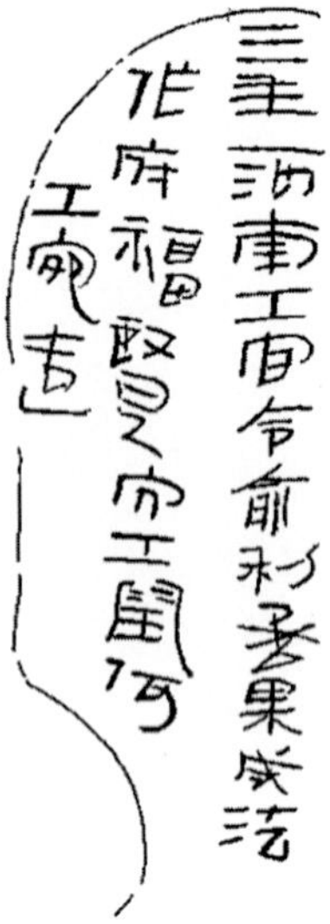	三年河南工官令俞利丞果成法作府福賢亢工閏何工宛造
09180	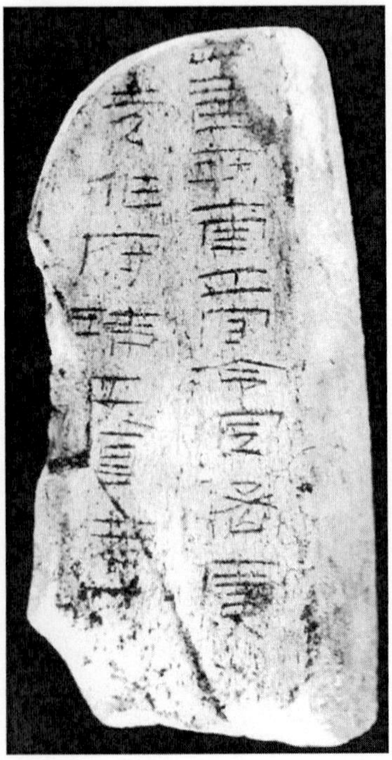	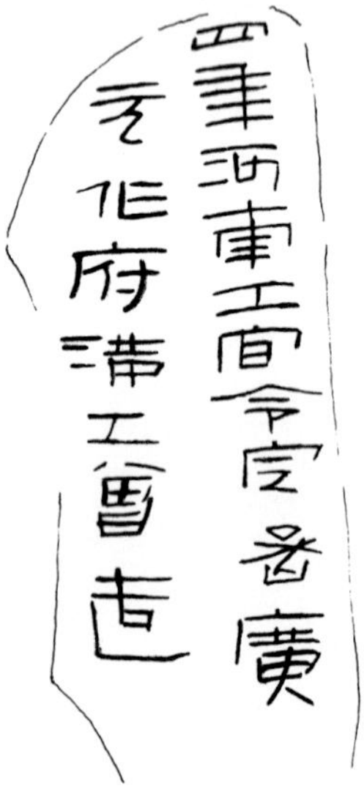	四年河南工官令定丞廣元作府滿工曾造

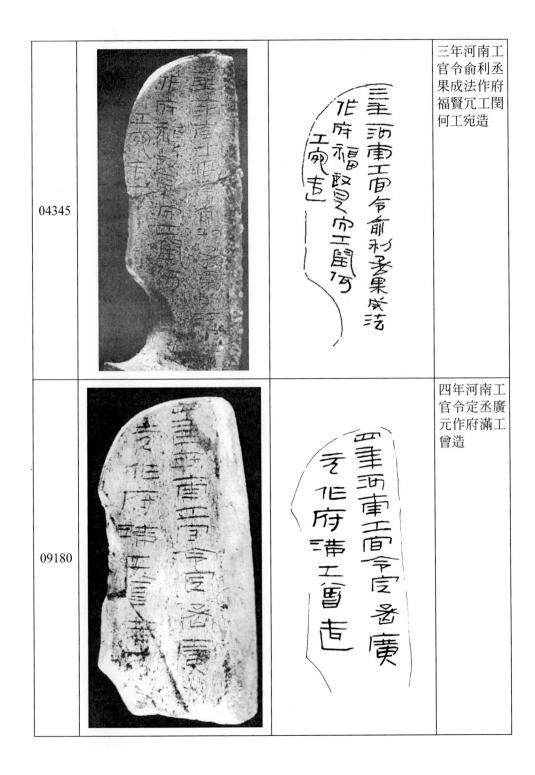

09229		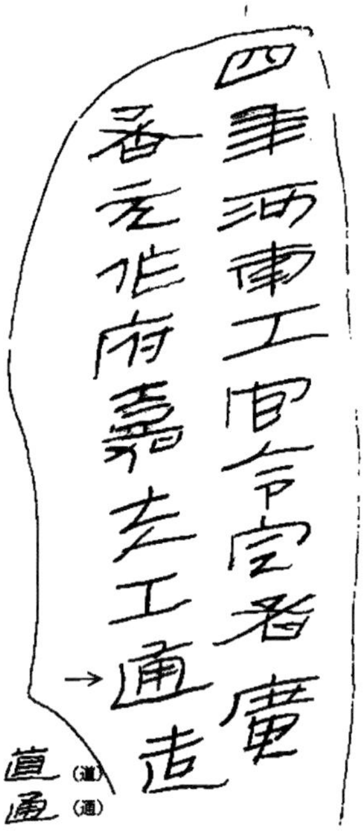	四年河南工官令定丞廣丞元作府嘉夫工通造
01132	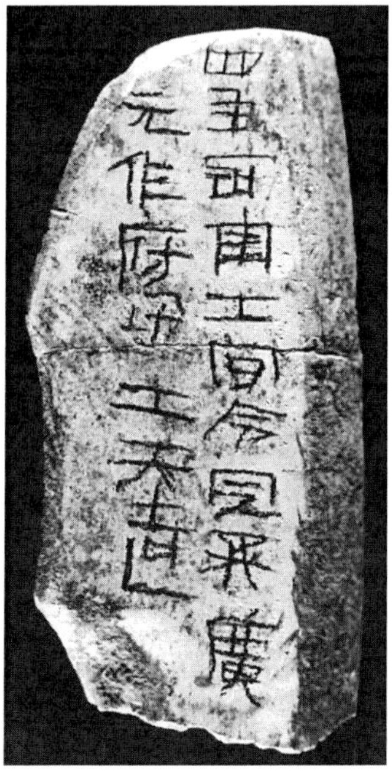		四年河南工官令定丞廣元作府□工天造

02825		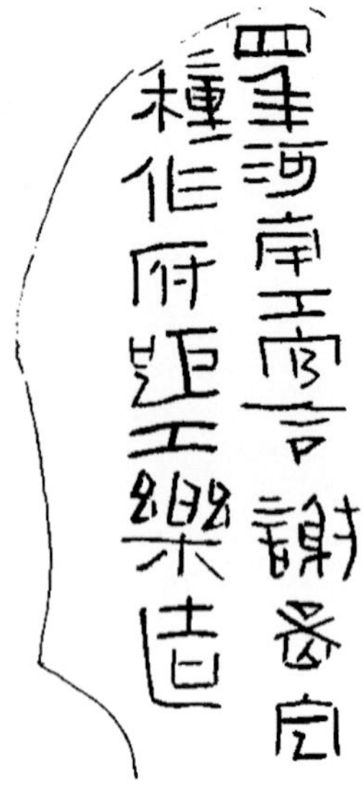	四年河南工官令謝丞定種作府距工樂造
03662		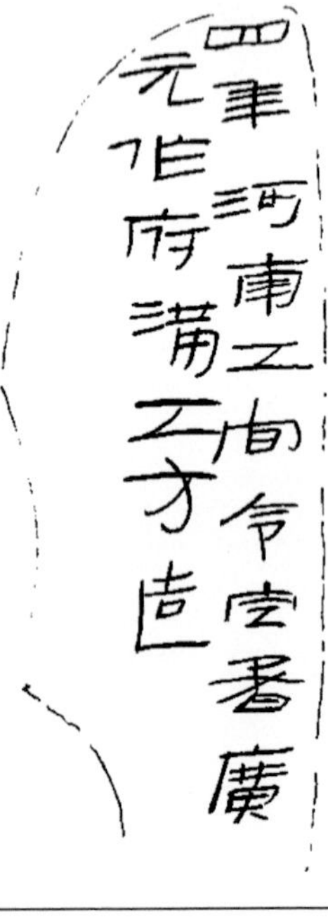	四年河南工官令定丞廣元作府滿工方造

04987		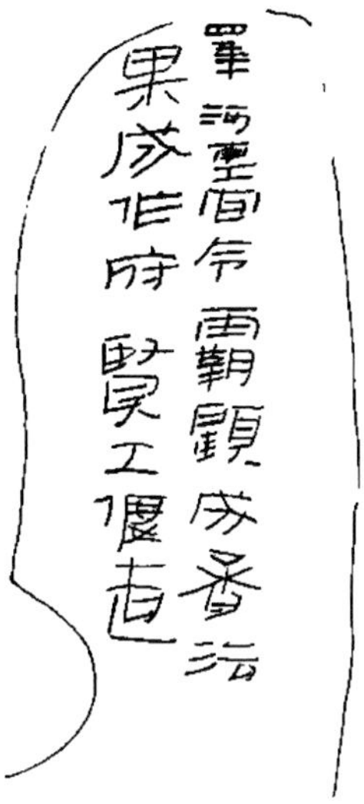	四年河南工官令霸顧成丞法果成作府賢工偃造
01802		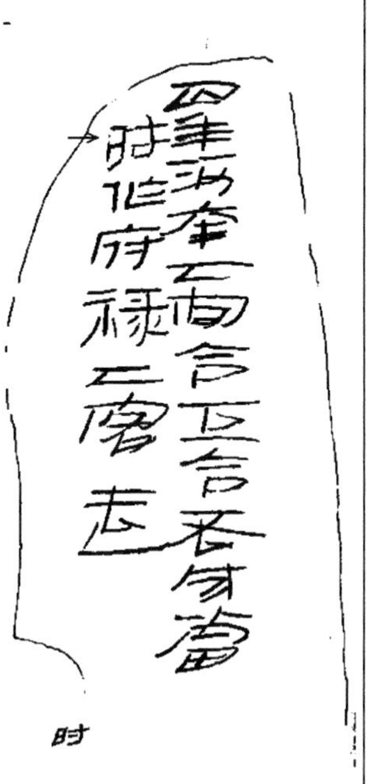	四年河南工官令巨令右成當□作府祿工客造

11401	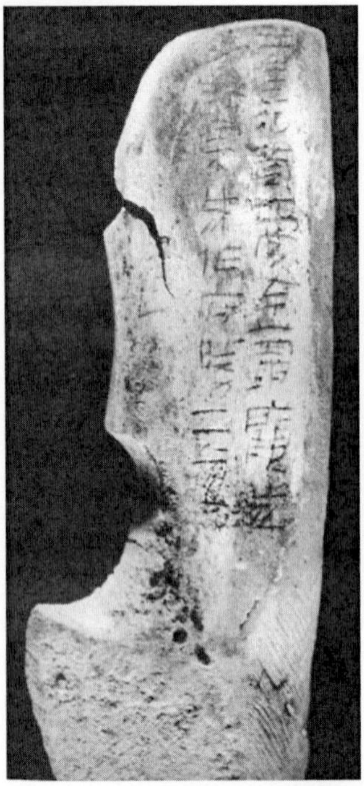	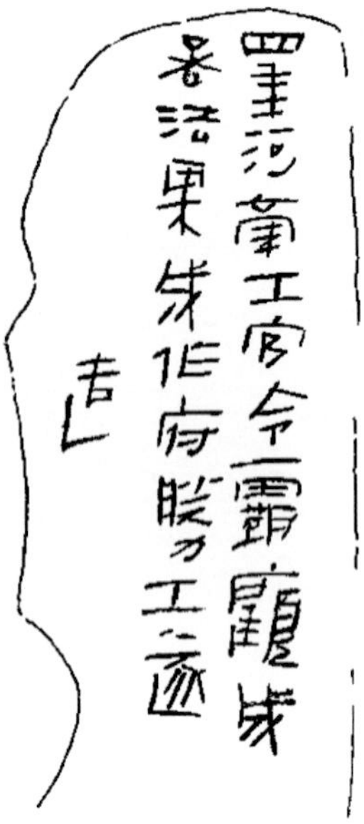	四年河南工官令霸顧成丞法果成作府勝工遂造
01595		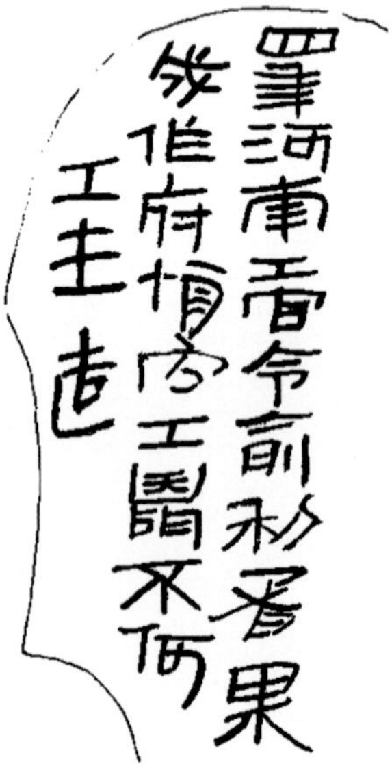	四年河南工官令俞利丞果成作府□冗工□不何工主造

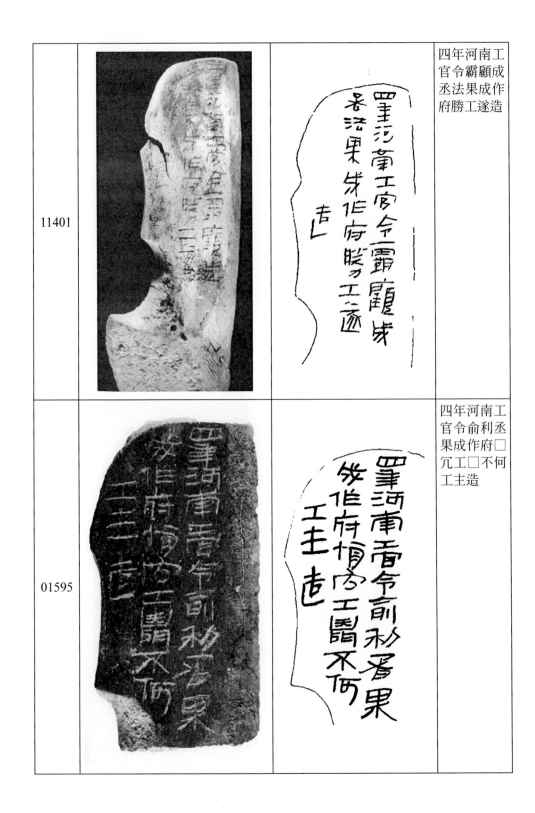

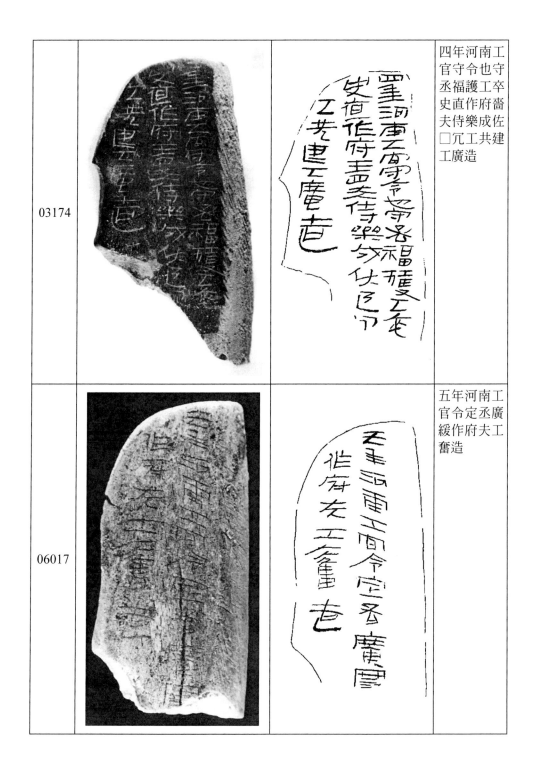

03174		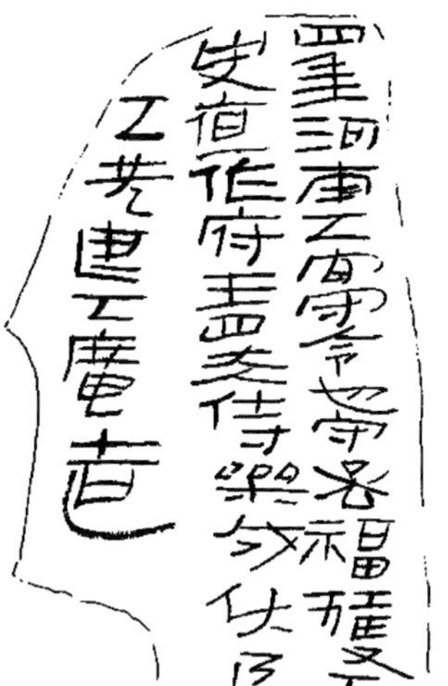	四年河南工官守令也守丞福護工卒史直作府嗇夫侍樂成佐□冗工共建工廣造
06017		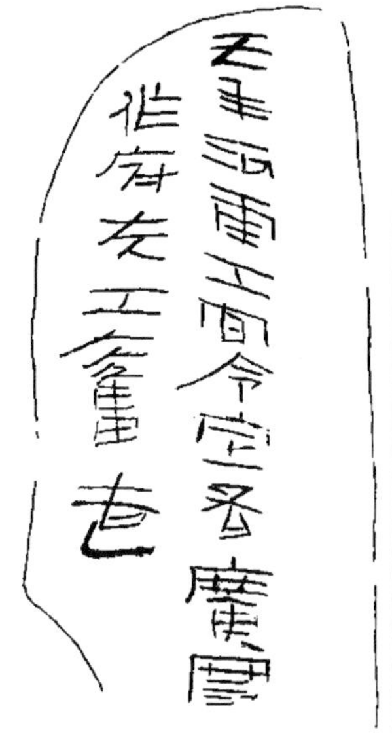	五年河南工官令定丞廣緩作府夫工奮造

02268	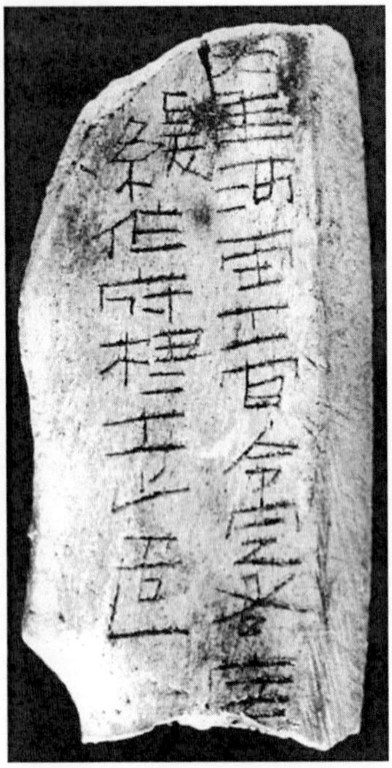	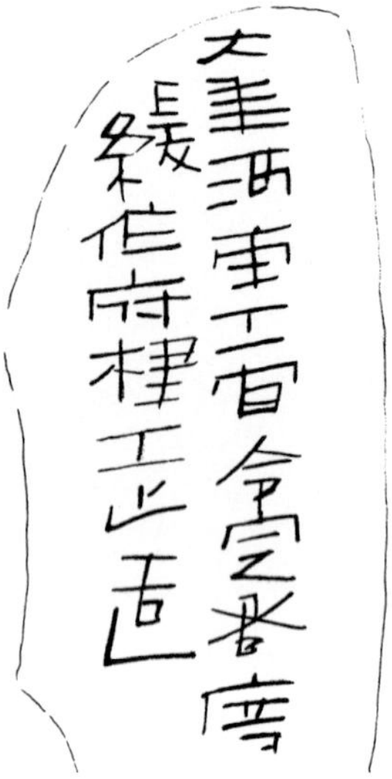	六年河南工官令定丞廣[illegible]緩作府工止造
01390	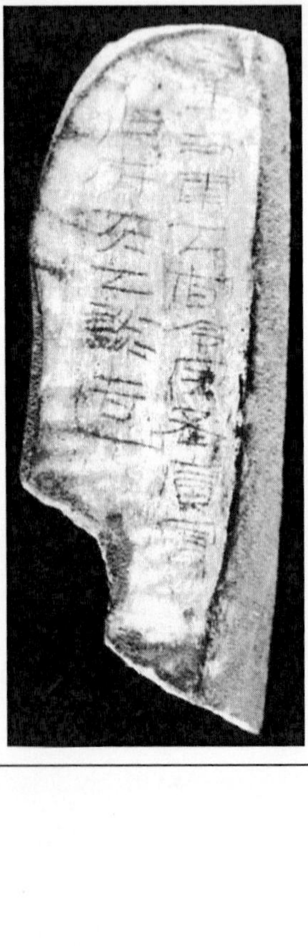	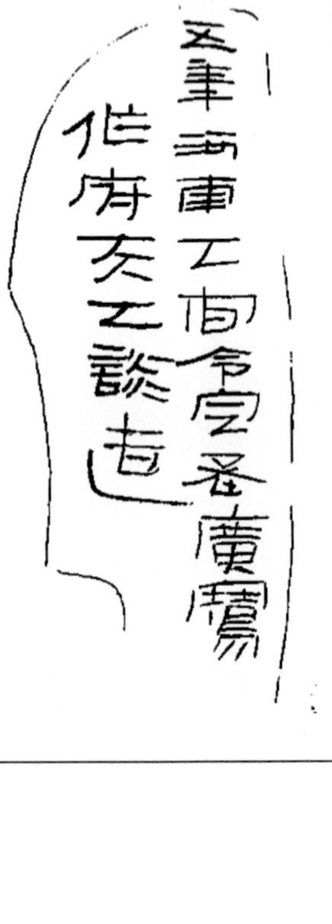	五年河南工官令定丞廣寫作府夫工談造

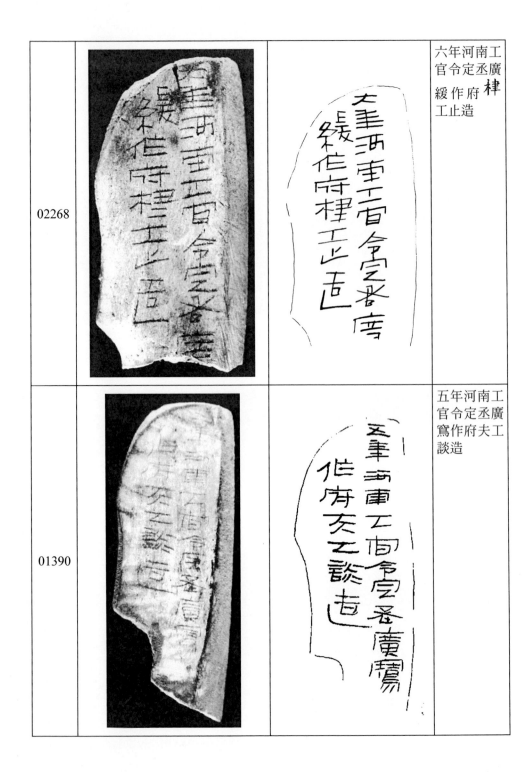

06286	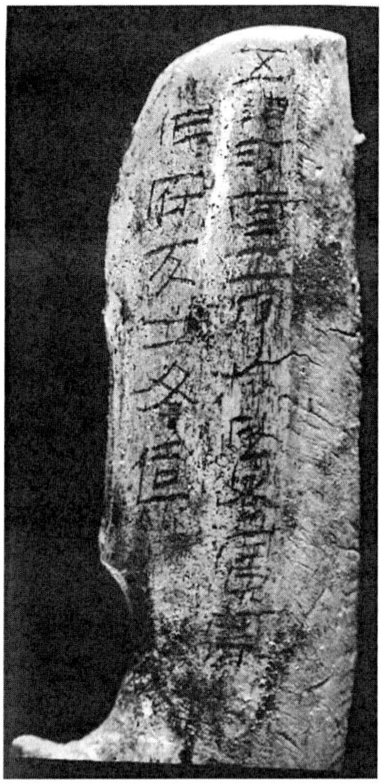	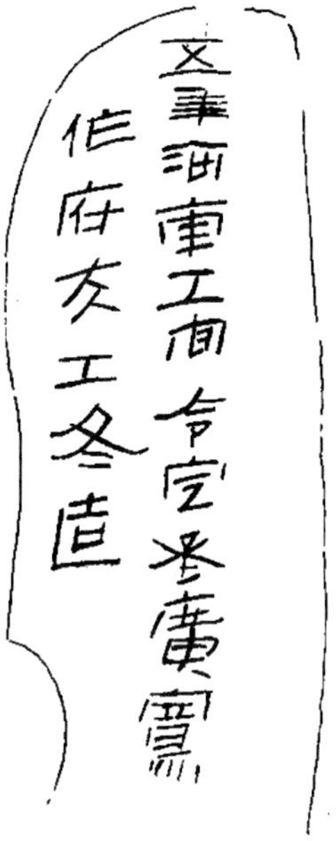	五年河南工 官令定丞廣 寫作府夫工 冬造
01505	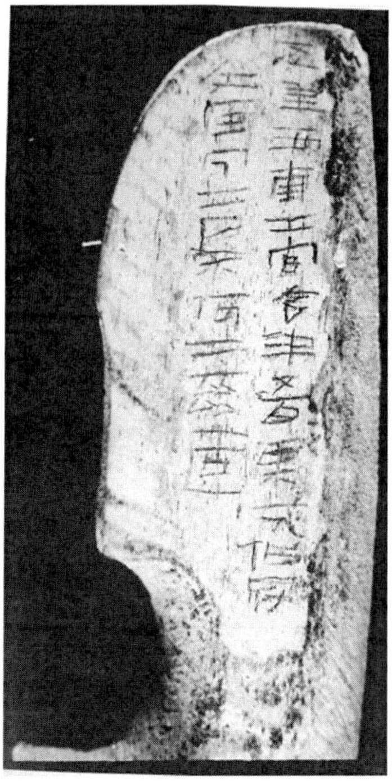	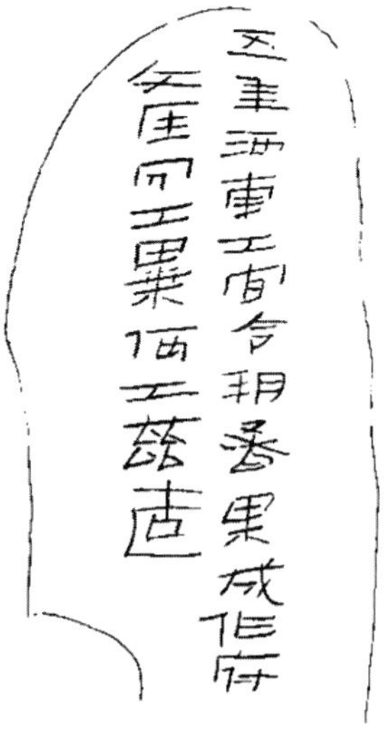	五年河南工 官令朔丞果 成作府產冗 工畢何工茲 造

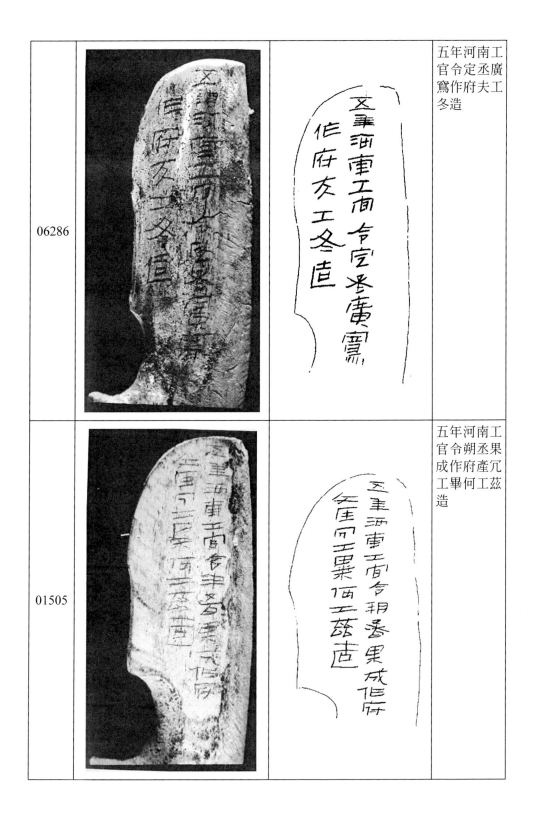

08384		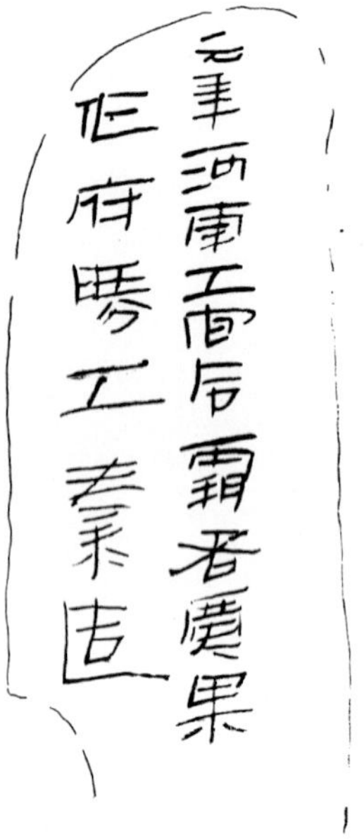	元年河南工 官令霸丞廣 果作府勝工 秦造
08461	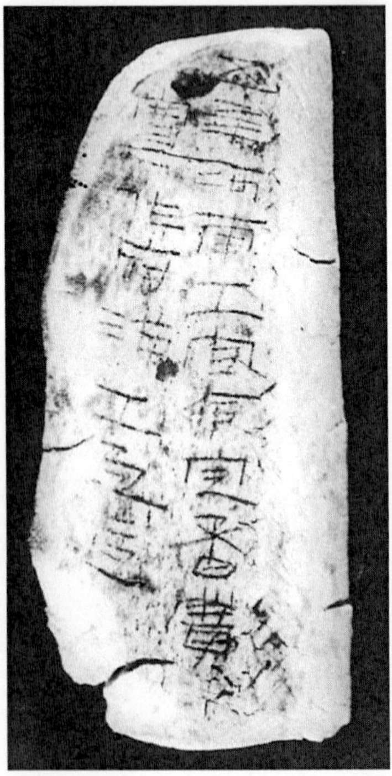	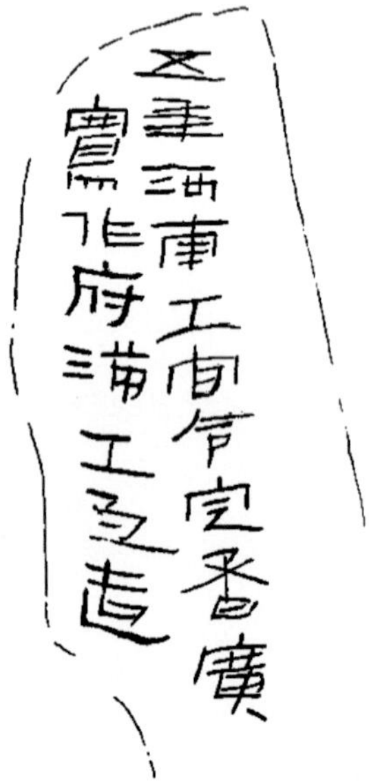	五年河南工 官令定丞廣 鴍作府滿工 □造

06640	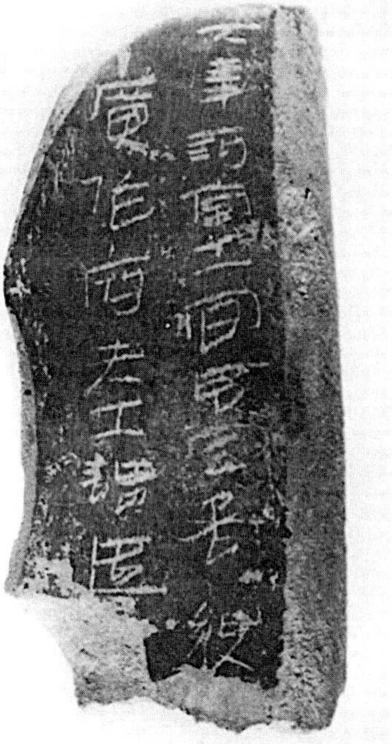	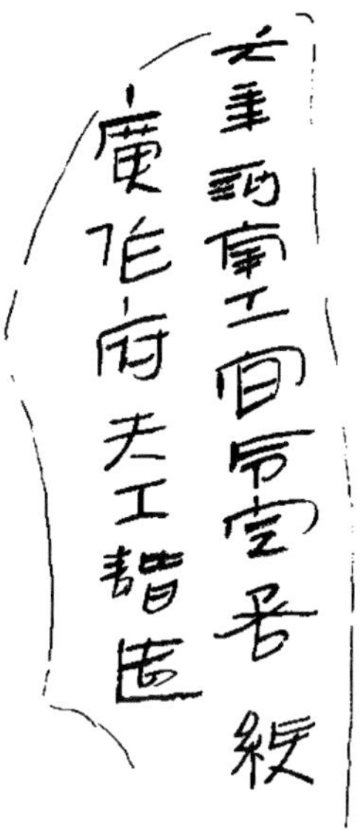	六年河南工官令定丞緩廣作府夫工詣造
04587	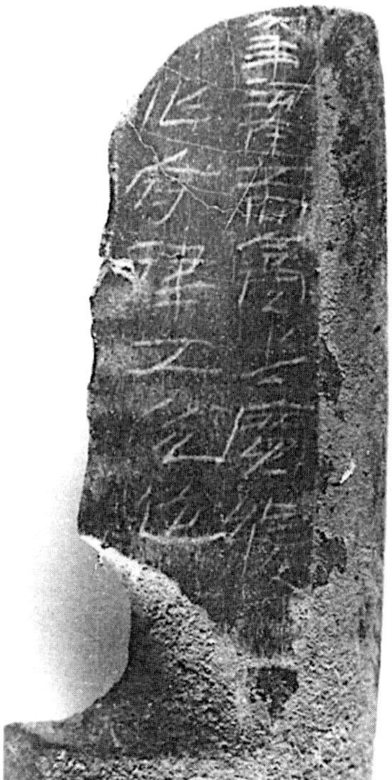	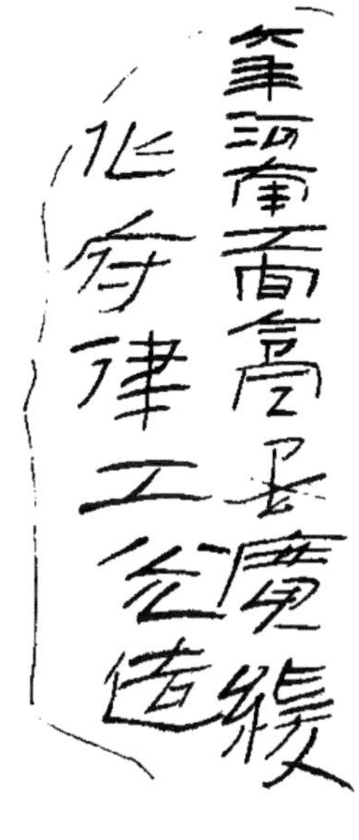	六年河南工官令定丞廣緩作府律工光造

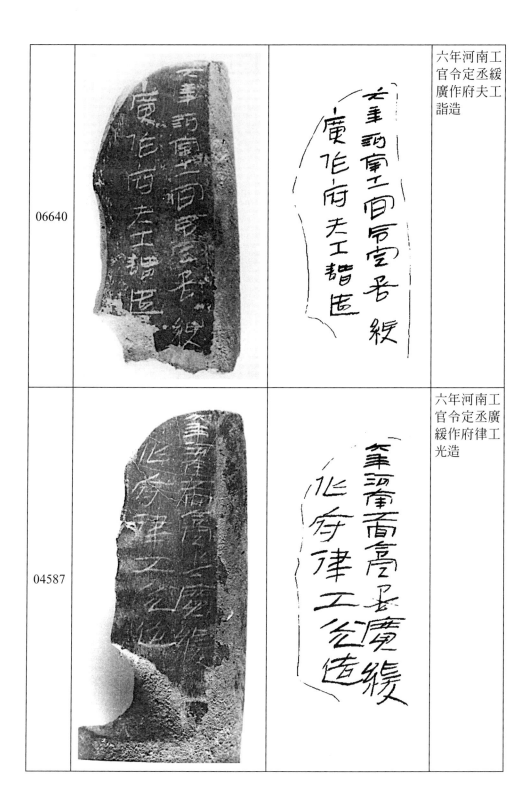

05294		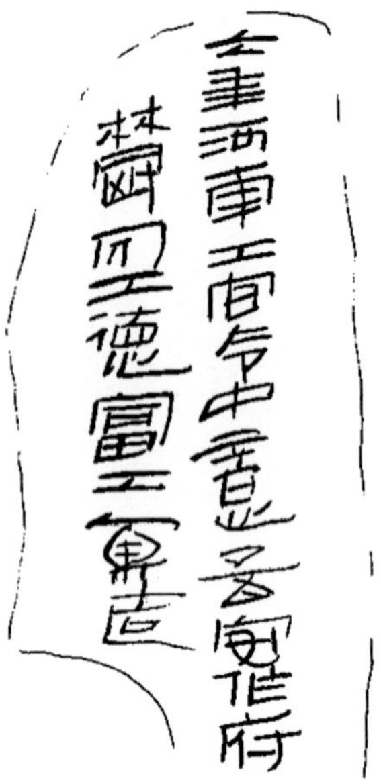	六年河南工官令中意丞安作府欝冗工德富工窠造
01258	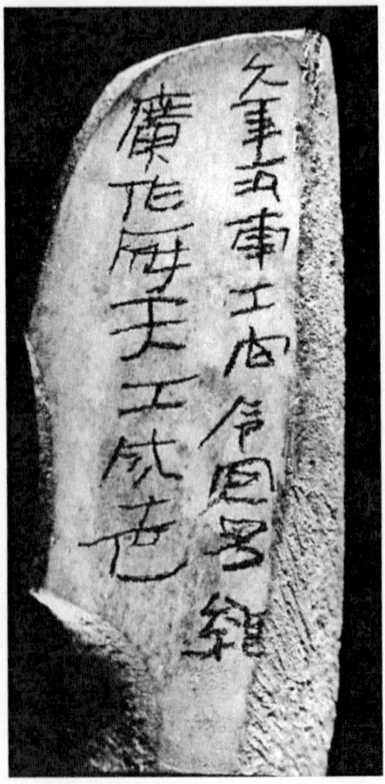	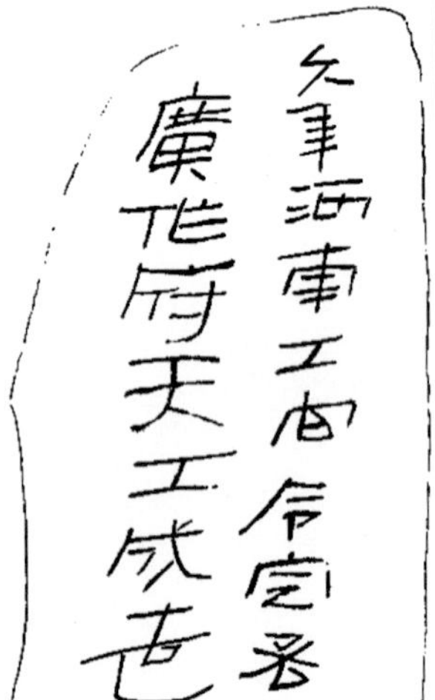	六年河南工官令定丞緩廣作府天工成造

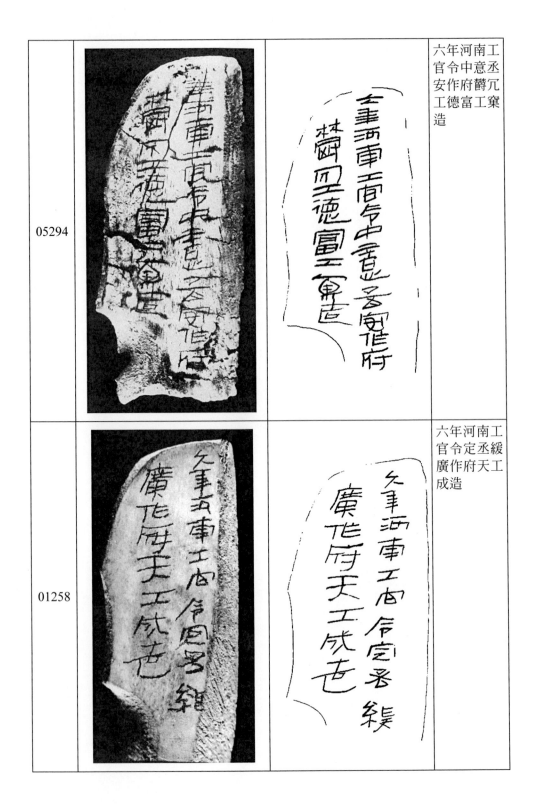

11410	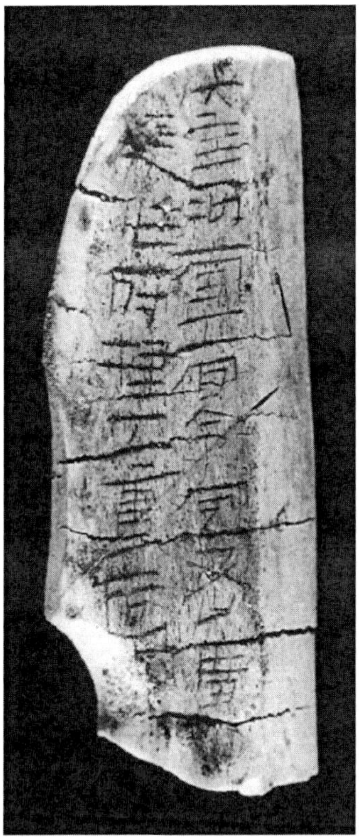	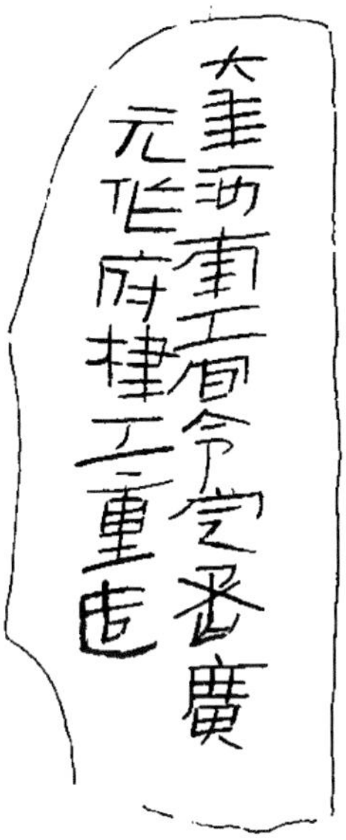	六年河南工 官令定丞廣 元作府肆工 重造
12465		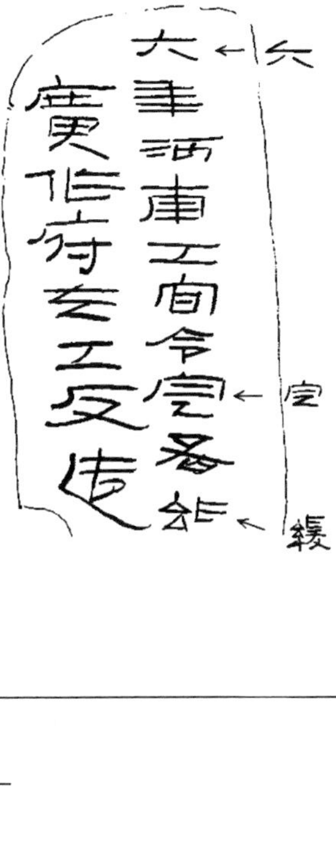	六年河南工 官令定丞緩 廣作府夫工 反造

11286	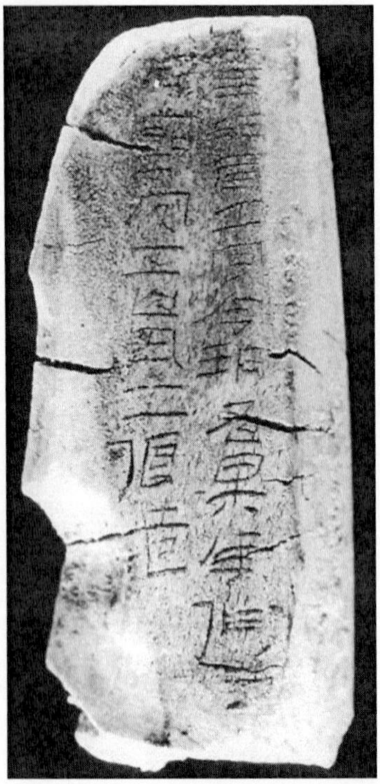	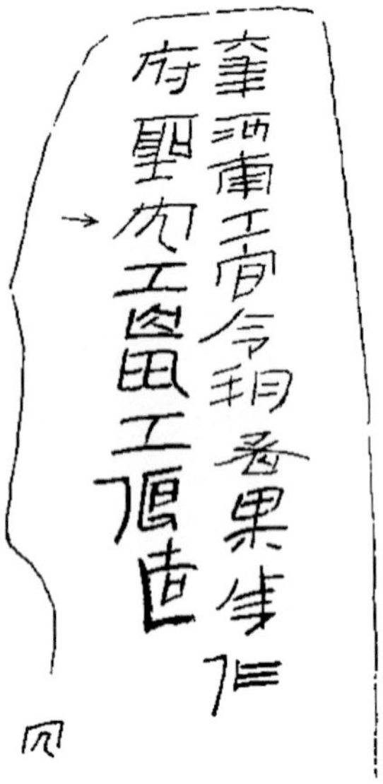	六年河南工官令朔丞果成作府聖宂工鼠工偃造
02018		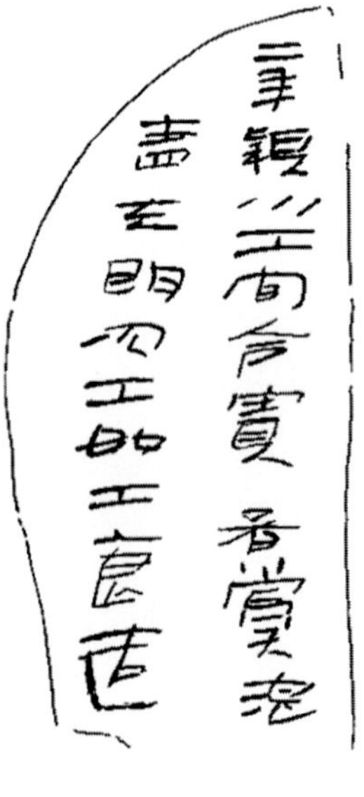	二年穎川工官令貫丞賞□嗇夫明宂工如工食造

13448		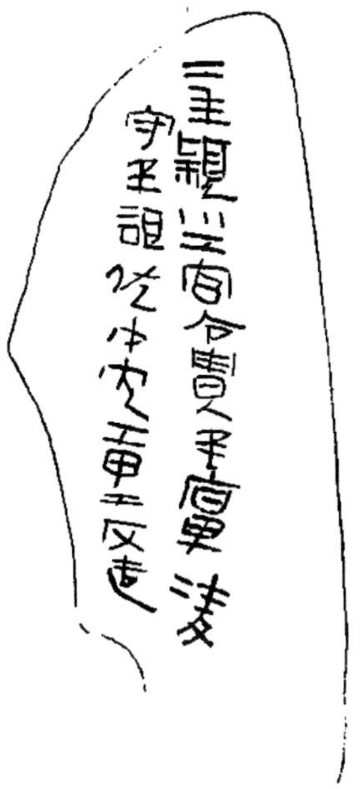	二年穎川工官令貫丞廣凌守丞詛佐中冗工甲工反造
08181	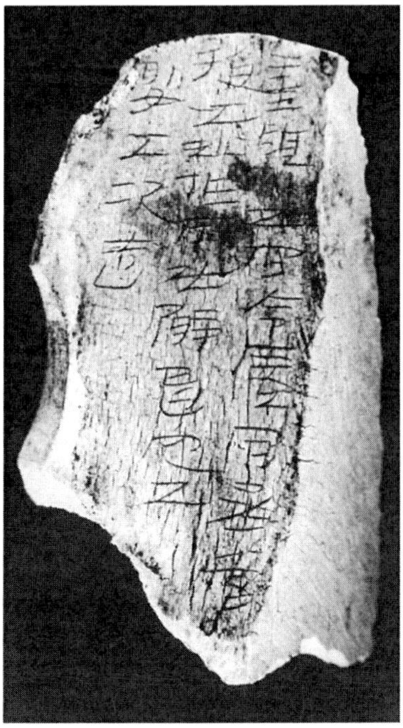	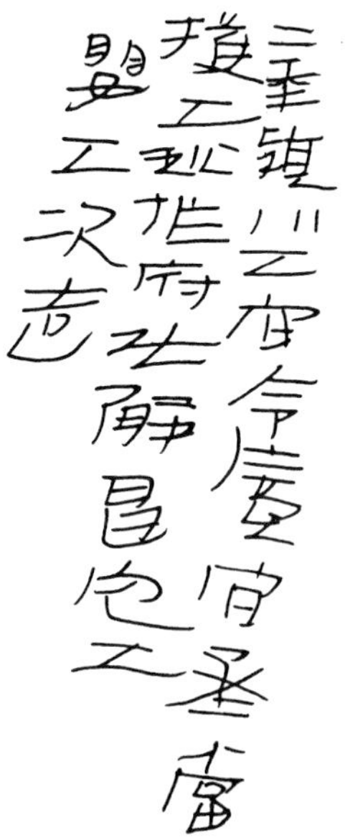	二年穎川工官令廣守丞當護工秋作府佐解昌冗工嬰工次造

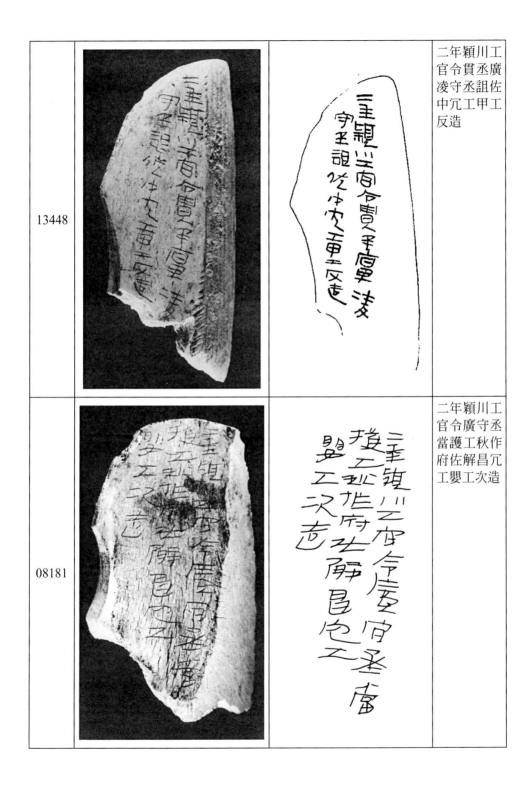

12319		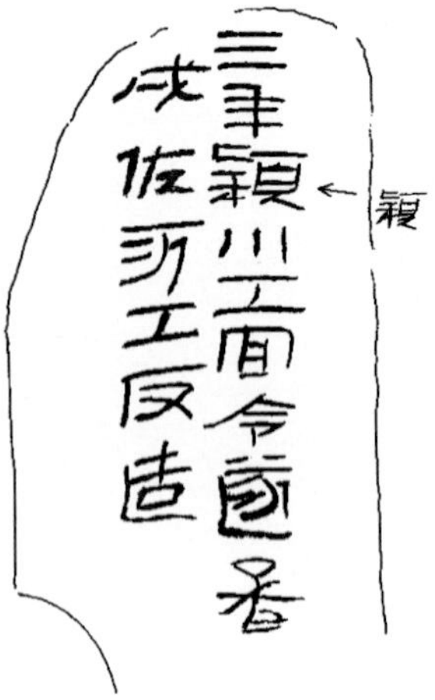	三年穎川工 官令遂丞成 佐沂工反造
13099	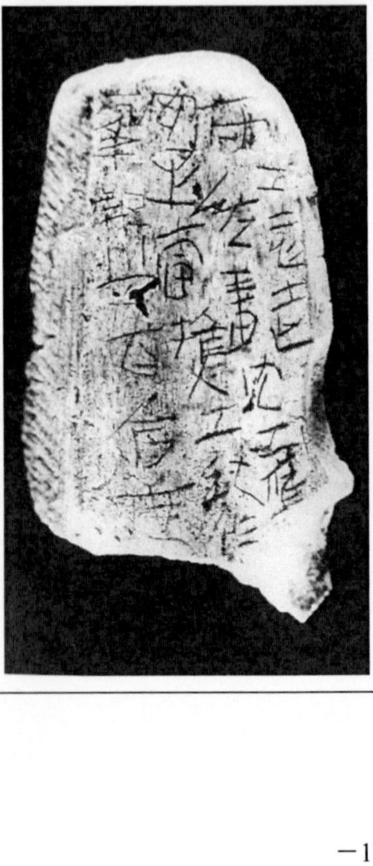	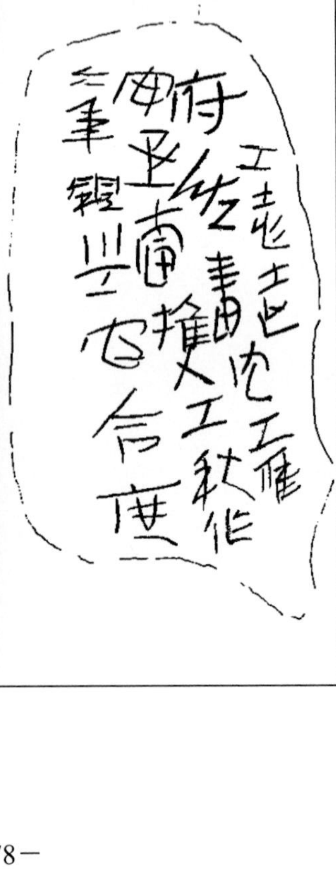	六年穎川工 官令庶安成 當護工秋作 府佐番冗工 □工志造

06550		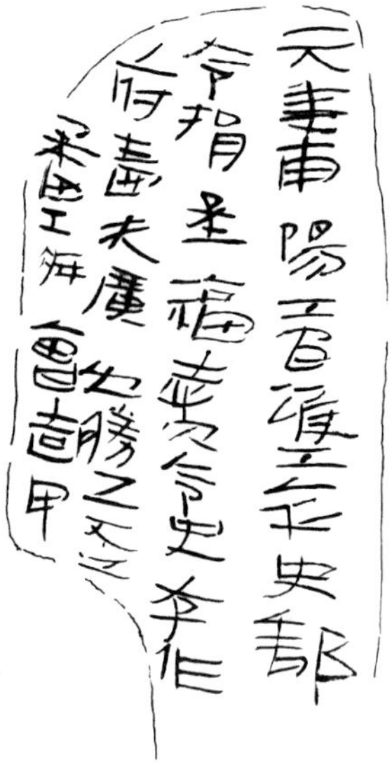	元年南陽工 官護工卒史 郜令捐丞福 悳令史存作 府嗇夫廣宂 勝工□番工 □曾造甲
04839		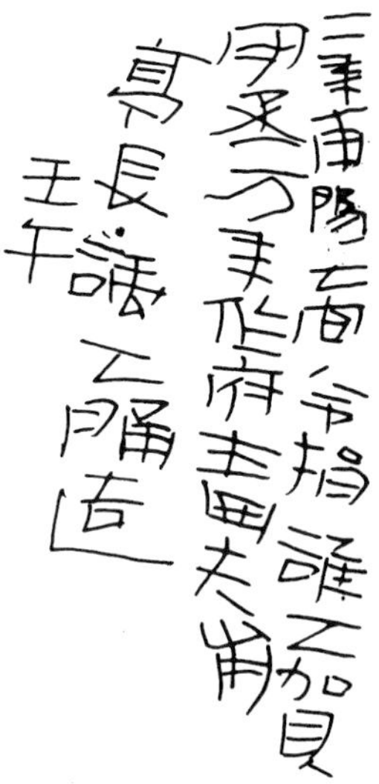	二年南陽工 官令捐護工 賀守丞萬年 作府嗇夫甫 亭長訥工□ 造壬午

〔有紀年有年號類〕42 片

編號	實　物	摹　本	釋　文	備註
11031		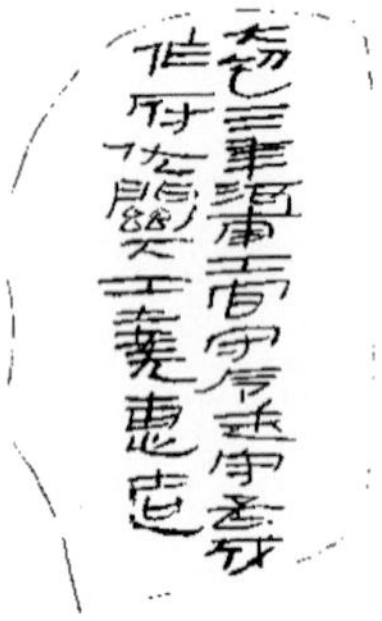	太初三年河南工官守令武守丞成作府佐關工堯惠造	102 B.C.
10950		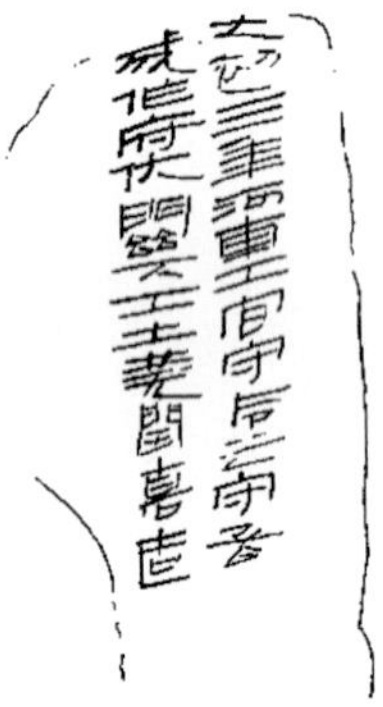	太初三年河南工官守令武守丞成作府佐關工堯閏□造	102 B.C.
00715		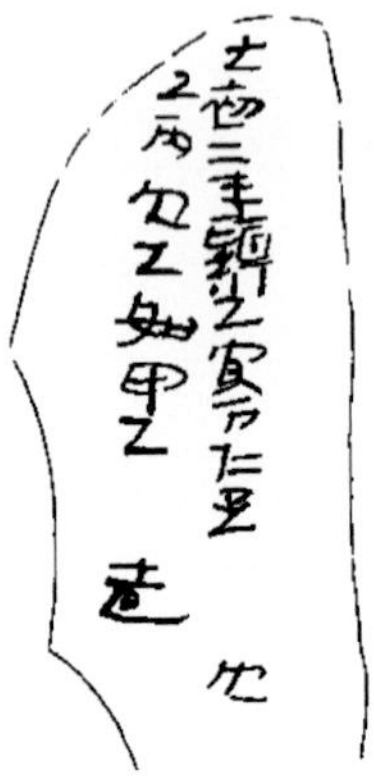	太初二年穎川工官令仁丞□宂工丙宂工如甲工□造	103 B.C.

10826		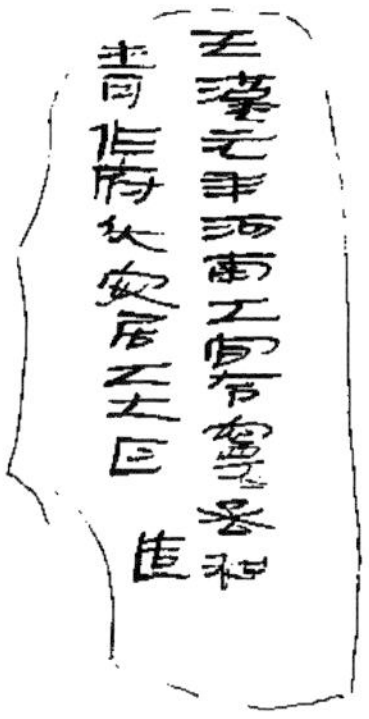	天漢元年河南工官令寧丞和青作府佐安居工土巨□造	100 B.C.
11919		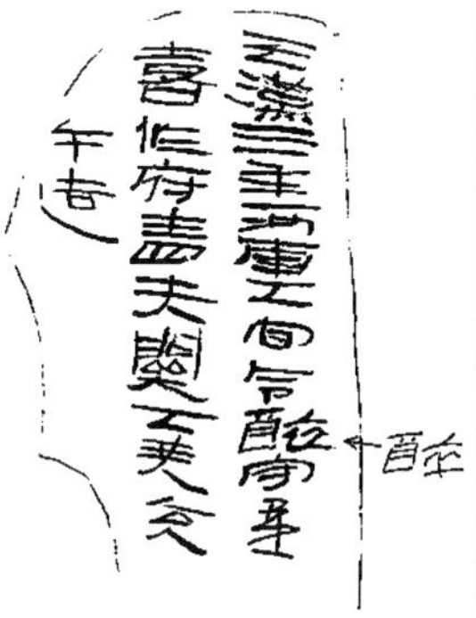	天漢三年河南工官令醉守丞喜作府嗇夫關工堯充午造	98 B.C.
00470		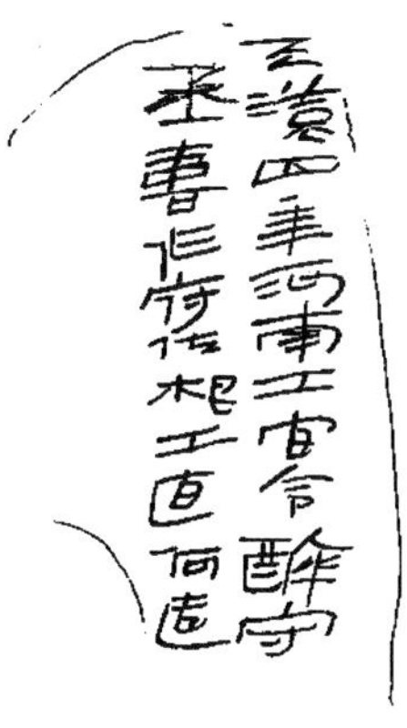	天漢四年河南工官令醉守丞喜作府佐根工直何造	97 B.C.

06651	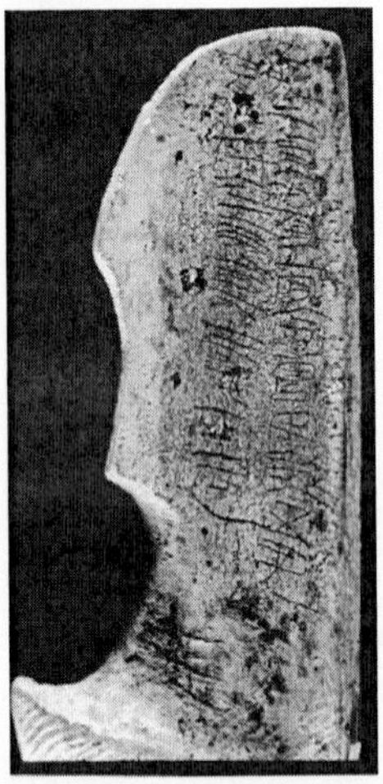	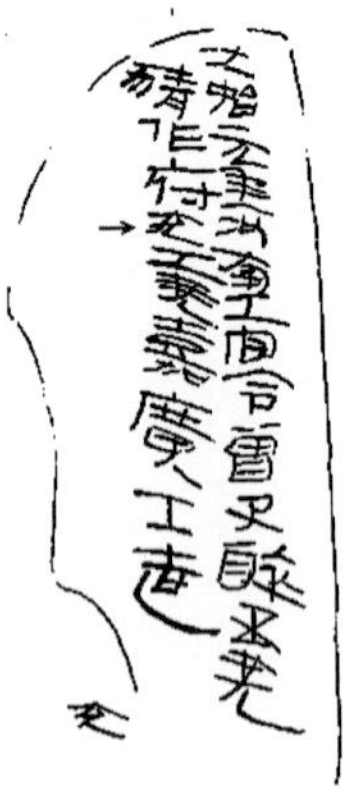	太始元年河南工官令曾子醉丞堯猜作府充工堯嘉廣工造	96 B.C.
11265		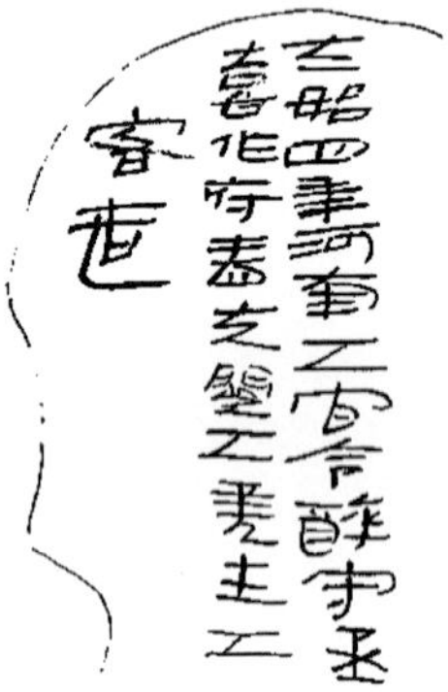	太始四年河南工官令醉守丞喜作府嗇夫關工堯主工客造	93 B.C.
13690	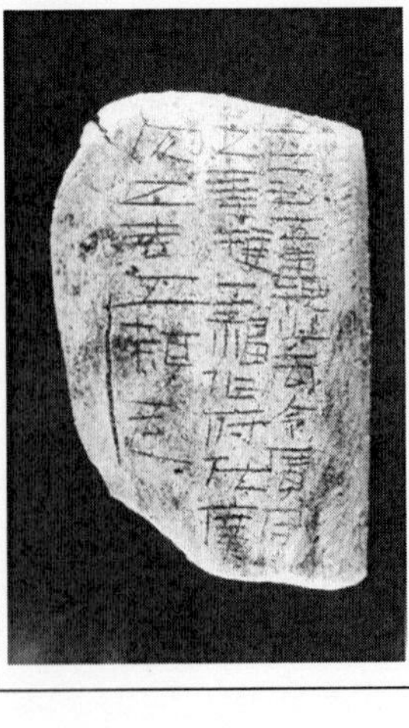	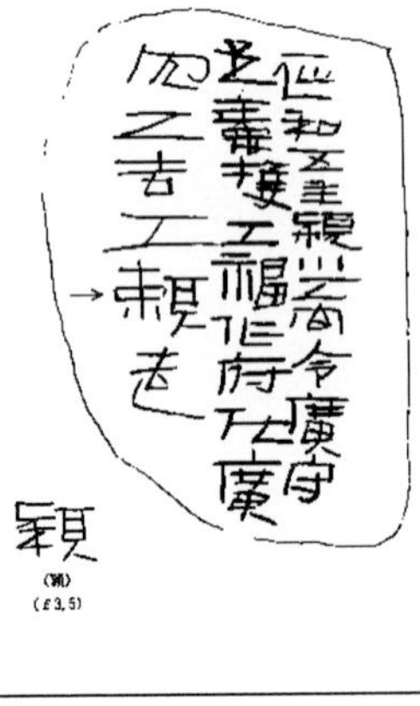	延和五年穎川工官令廣守丞□護工福作府佐廣冗工吉工賴造	

00335		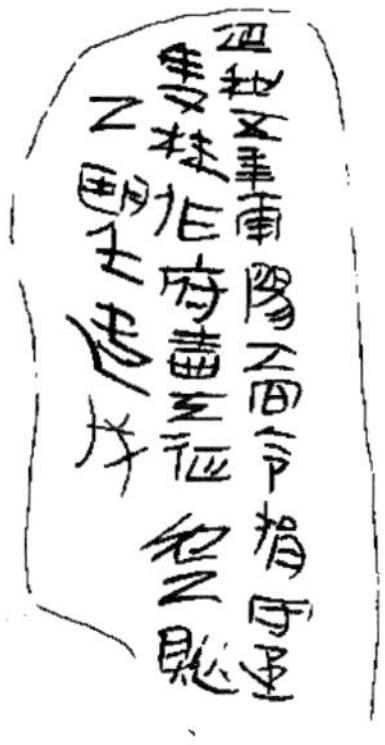	延和五年南陽工官令捐守丞隻柱作府嗇夫征冗工□工望造戊	.
09065		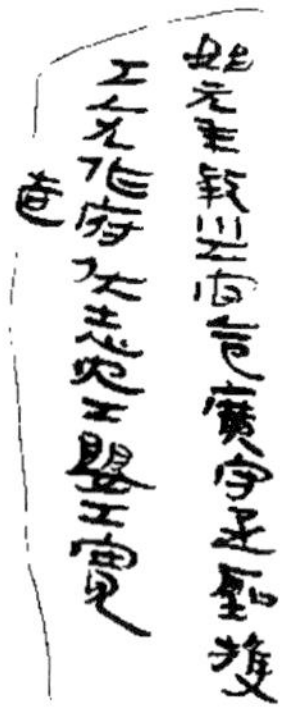	始元年穎川工官令廣守丞聖護工充作府佐志冗工嬰工寬造	86 B.C.
08189	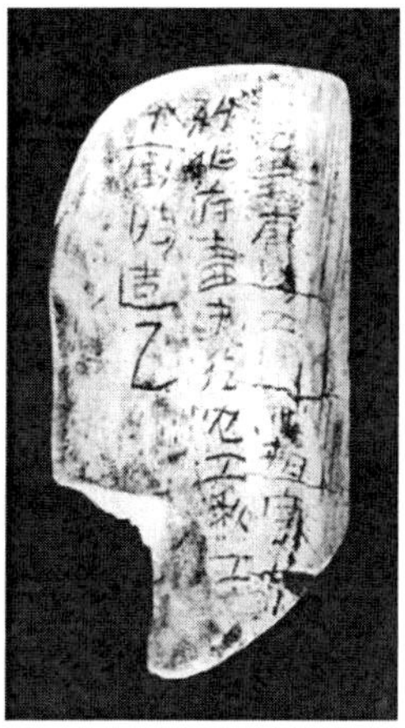	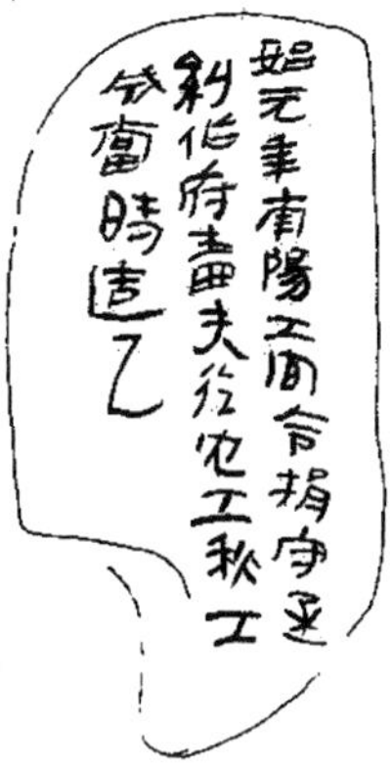	始元年南陽工官令捐守丞糾作府嗇夫仡冗工秋工成當時造乙	86 B.C.

09109		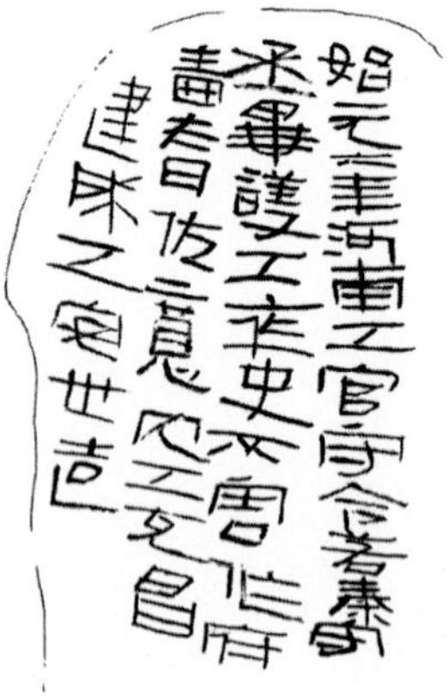	始元六年河南工官令若秦守丞畢護工卒史不害作府嗇夫日佐意冗工充昌建成工安世造	85 B.C.
14050	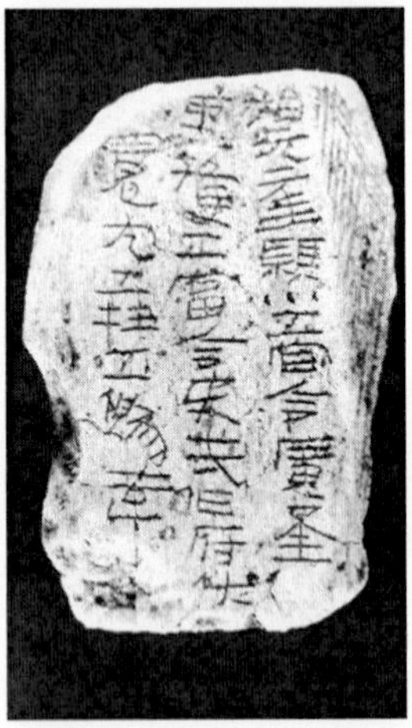	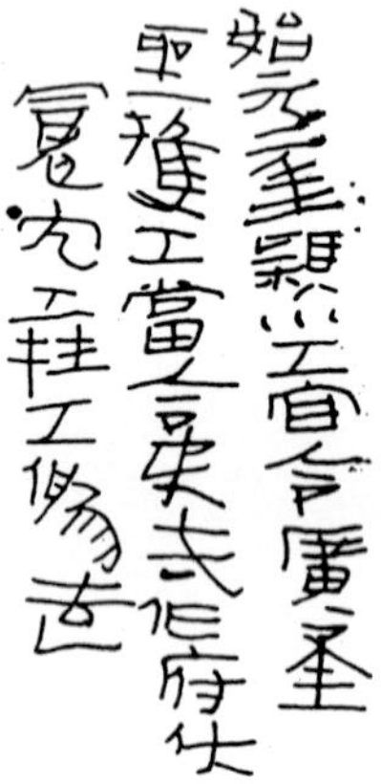	始元二年穎川工官令廣丞聖護工當令史武作府佐寬冗工柱工□造	85 B.C.
07103		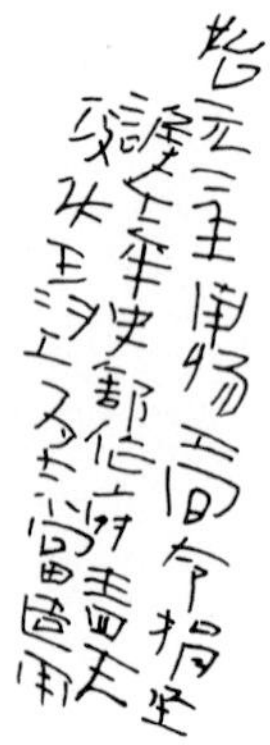	始元二年南陽工官令捐丞訢護工卒史部作府嗇夫政佐昌工政工巨造甲	85 B.C.

01484		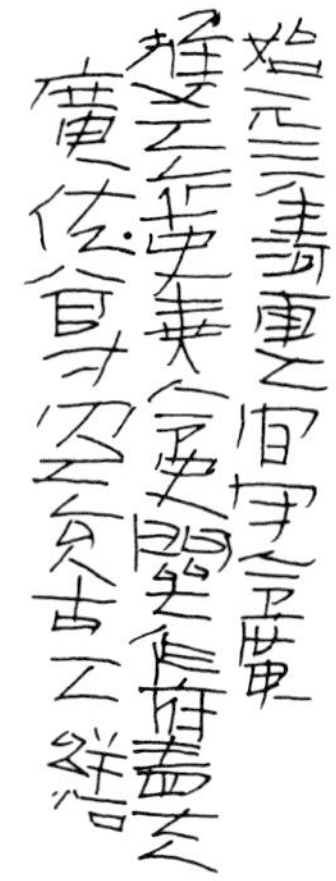	始元三年河南工官守令廣護工卒史堯令史關作府嗇夫廣佐曾冗工充古工□	84 B.C.
02534		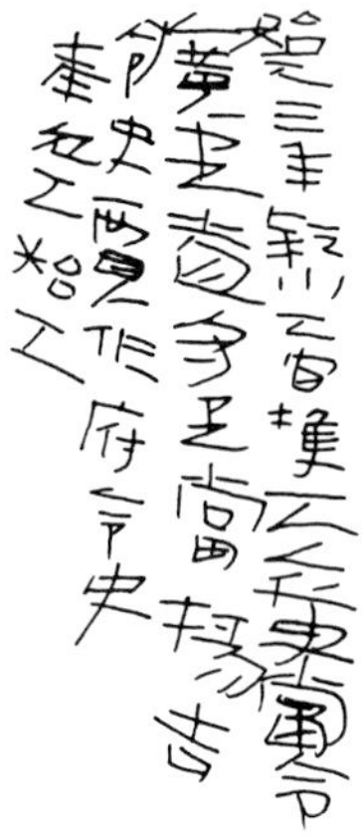	始元三年穎川工官護工卒史當令廣丞遂守丞當掾吉令史賈作府令史奉冗工始工	84 B.C.
08934		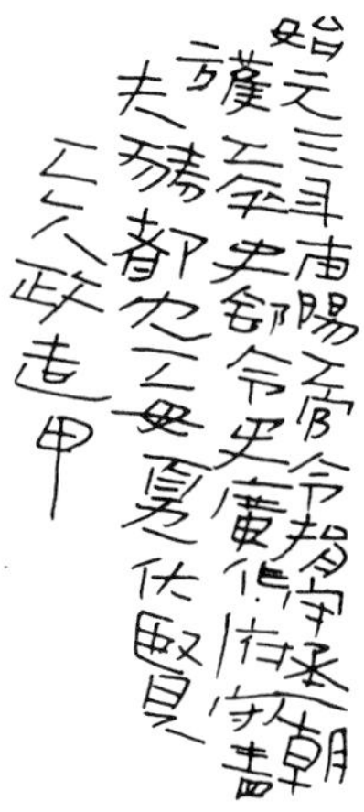	始元三年南陽工官令捐守丞朝護工卒史部令史廣作府守嗇夫猜都冗工母夏佐賢工六政造甲	84 B.C.

02244		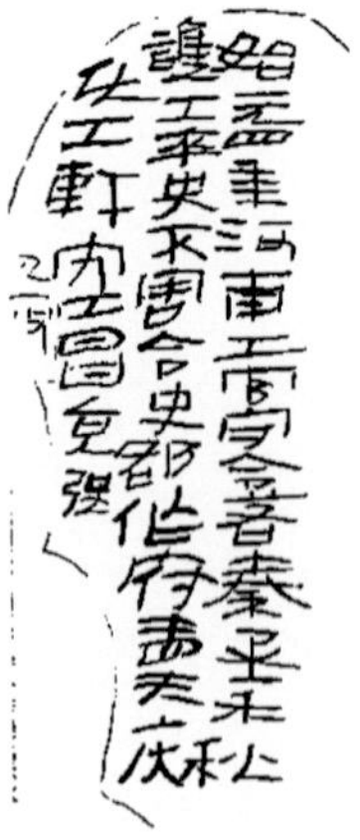	始元四年河南工官守令若秦丞千秋護工卒史不害令史□作府嗇夫慶佐工軒冗工昌克強	83 B.C.
13959	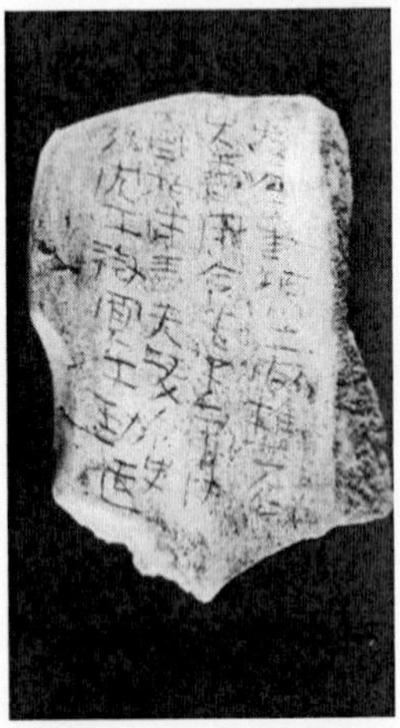	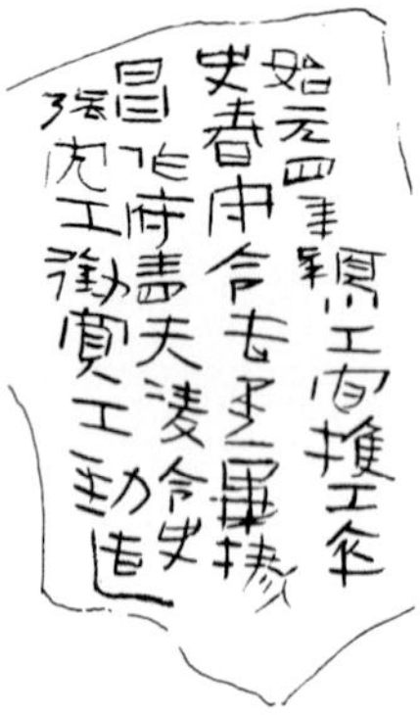	始元四年穎川工官護工卒史春守令吉丞畢掾昌作府嗇夫淩令史強冗工□買工勁造	83 B.C.
13601	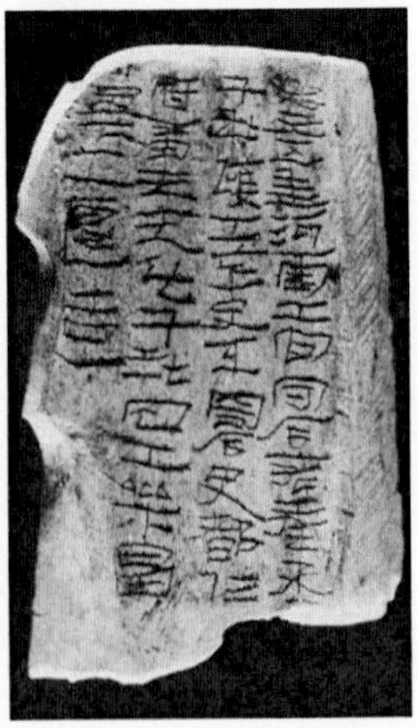	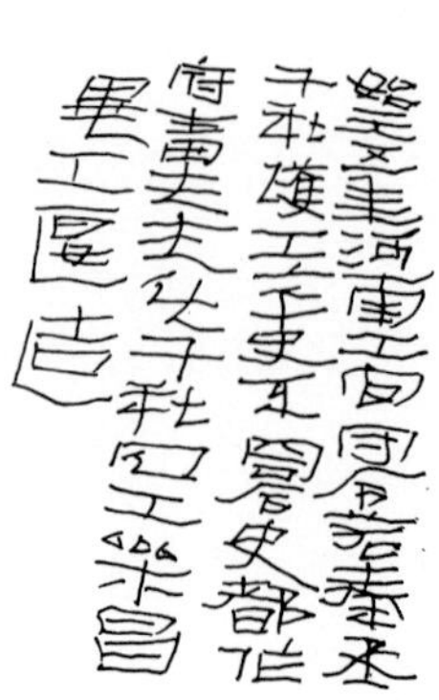	始元五年河南工官守令若秦丞千秋護工卒史不害令史都作府嗇夫主佐千秋冗工樂昌畢工匽造	82 B.C.

13944	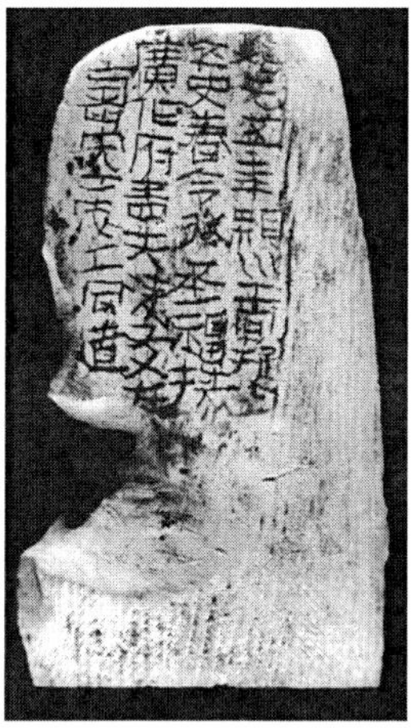	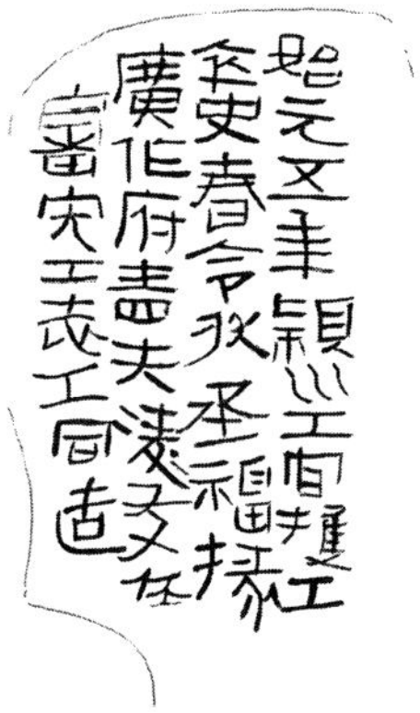	始元五年潁川工官護工卒史春令狀丞福掾廣作府嗇夫淩友佐審冗工茂工同造	82 B.C.
13476	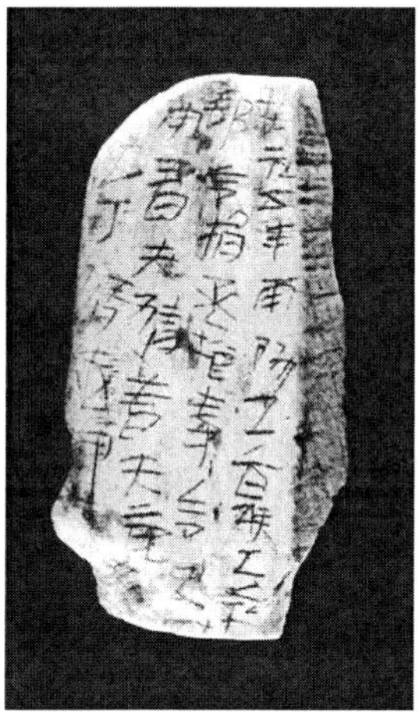	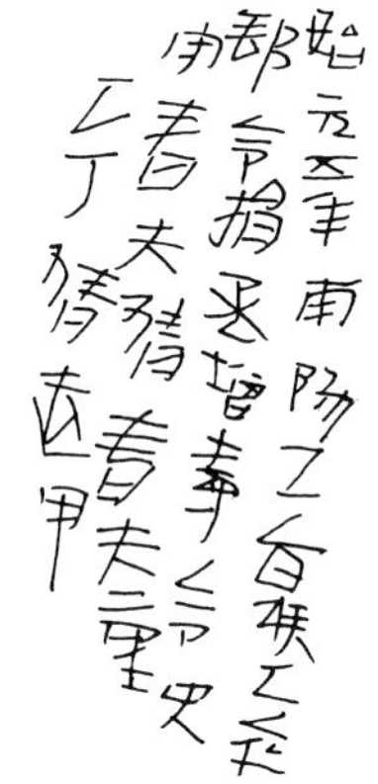	始元五年南陽工官護工卒史郜令捐丞增壽令史守嗇夫猜嗇夫重工丁猜造甲	82 B.C.
06441	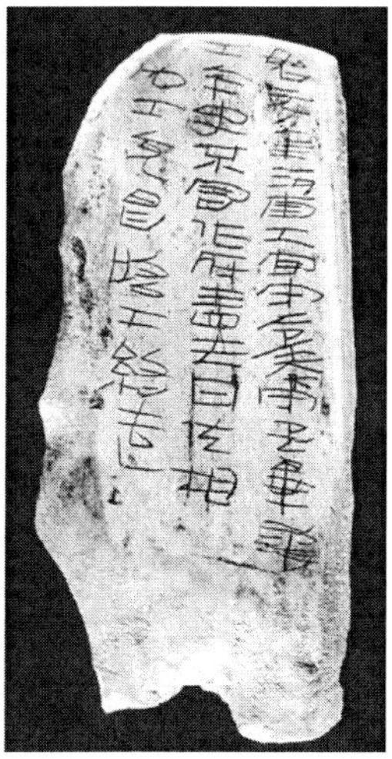	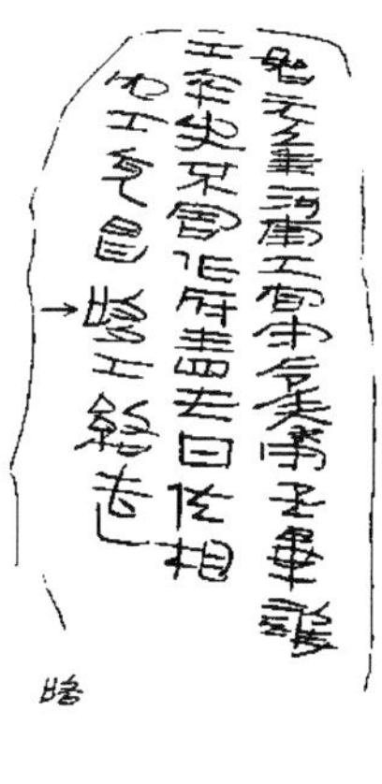	始元六年河南工官守令秦守丞畢護工卒史不害作府嗇夫日佐相冗工充昌咯工絡造	81 B.C.

13358	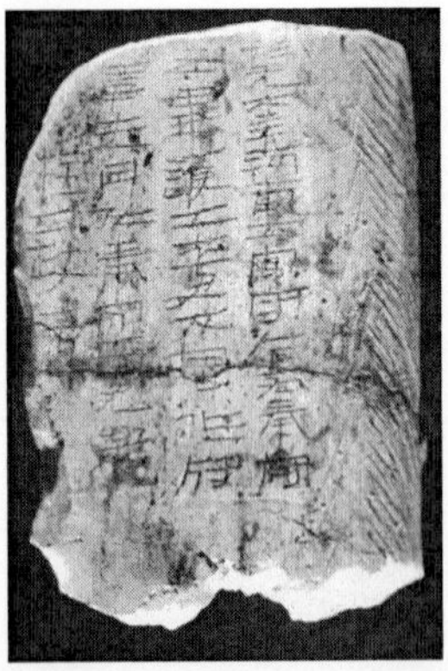	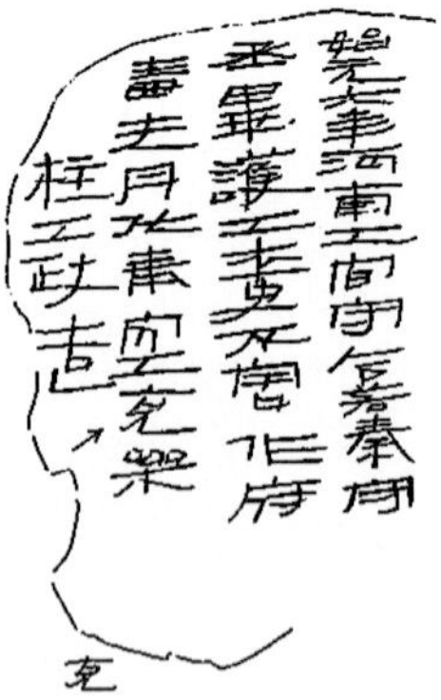	始元六年河南工官守令若秦守丞畢護工卒史不害作府嗇夫日佐奉冗工充樂柱工政造	81 B.C.
13357		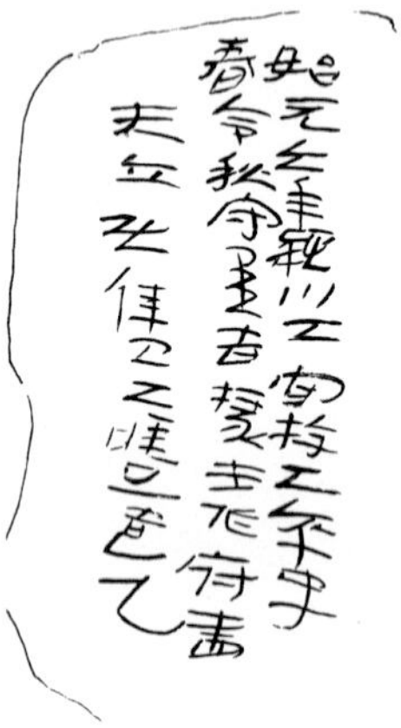	始元六年穎川工官護工卒史春令秋守丞吉掾主作府嗇夫□□佐□冗工□造乙	81 B.C.
08265	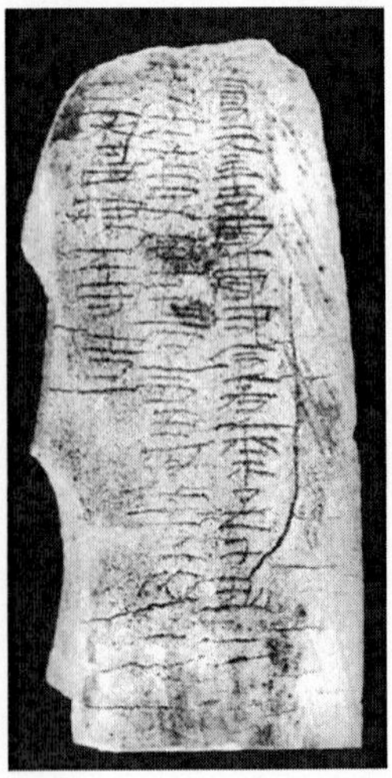	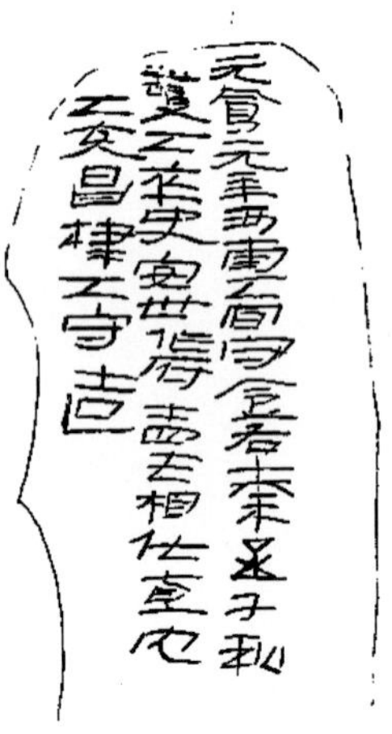	元鳳元年河南工官守令若秦丞千秋護工卒史安世作府嗇夫相佐直冗工充昌棣工守造	80 B.C.

13274	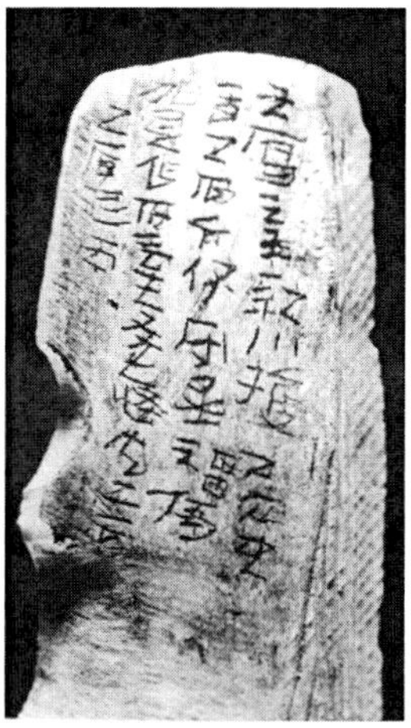	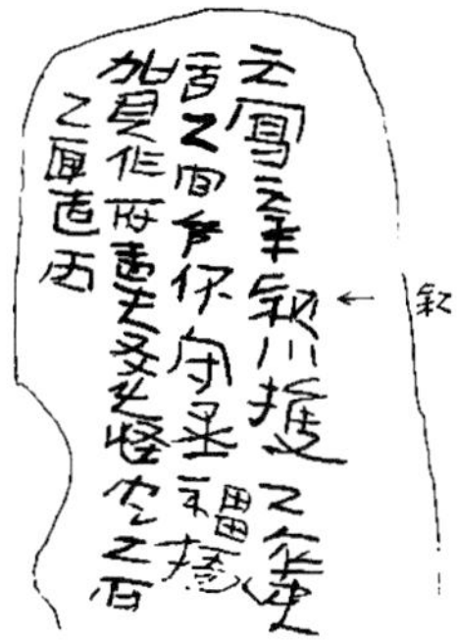	元鳳元年穎川護工卒史□工官令伓守丞福掾賀作府嗇夫友佐怪冗工石工匣造丙	80 B.C.
13602		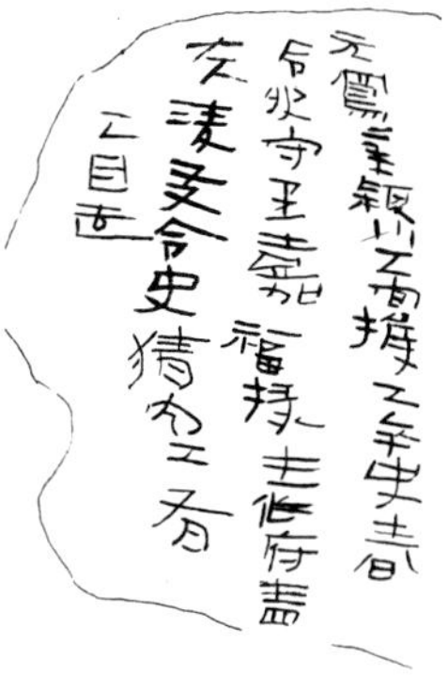	元鳳二年穎川工官護工卒史春令狀守丞吉□福掾主作府嗇夫淩友令史猜冗工□工目造	79 B.C.
08194		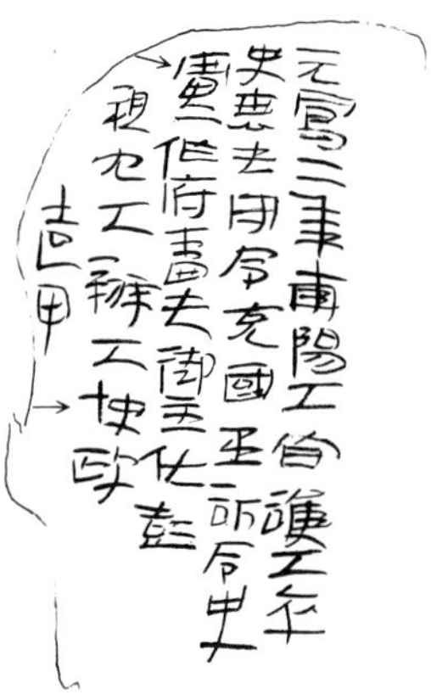	元鳳二年南陽工官護工卒史鬼夫守令充國丞訢令史廣作府嗇夫御主佐彭祖冗工辨工快政造甲	79 B.C.

08937			元鳳二年南陽工官護工卒史鬼夫守令充國丞訢令史□作府嗇夫御主佐彭沮冗工辨工怏京造甲	79 B.C.
06549		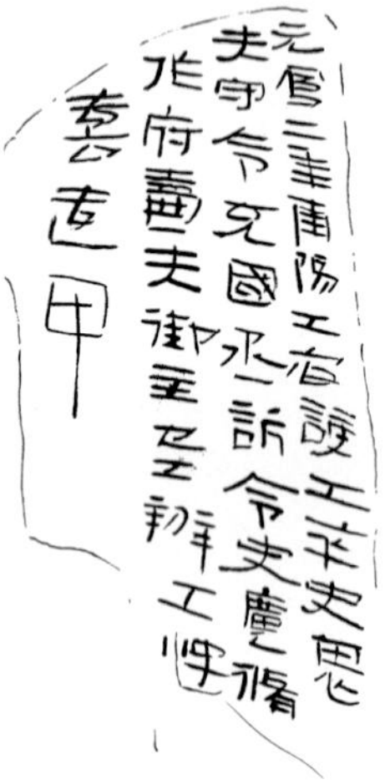	元鳳二年南陽工官護工卒史鬼夫守令充國丞訢令史廣脩作府嗇夫御主冗工辨工怏喜造甲	79 B.C.
02632	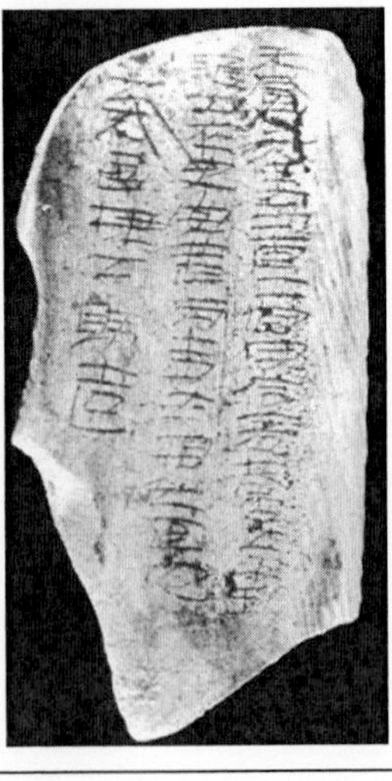	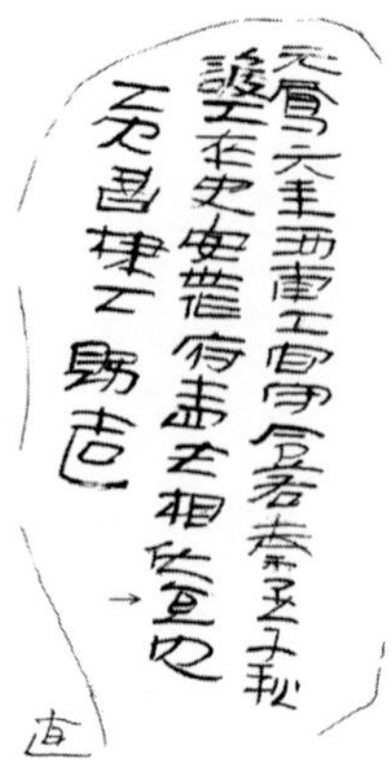	元鳳元年河南工官守令若秦丞千秋護工卒史安世作府嗇夫相佐直冗工充昌棣工□造	75 B.C.

13355	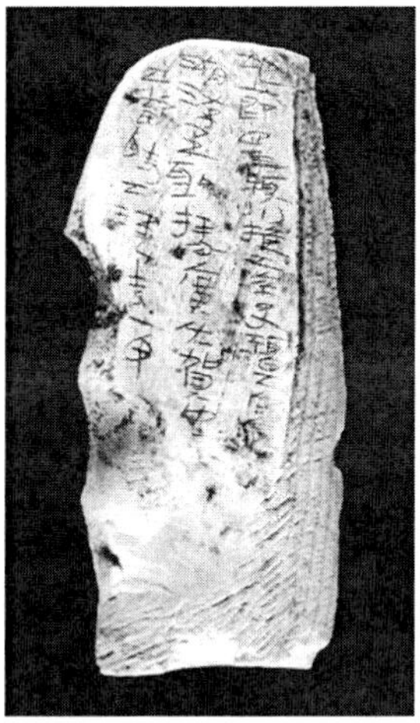	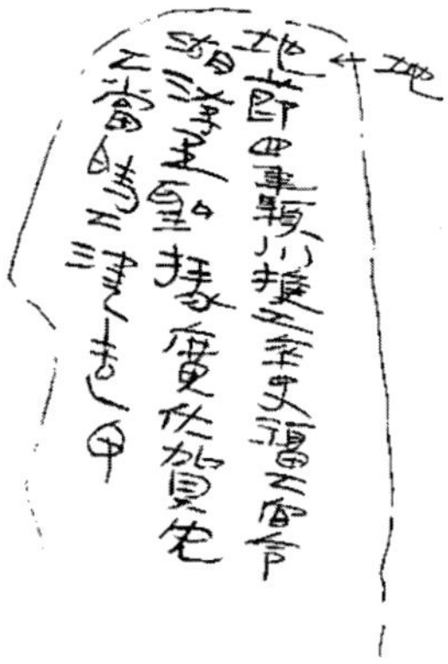	地節四年穎川護工卒史福工官令湖游丞聖掾廣佐賀冗工當時工□造甲	66 B.C.
08500	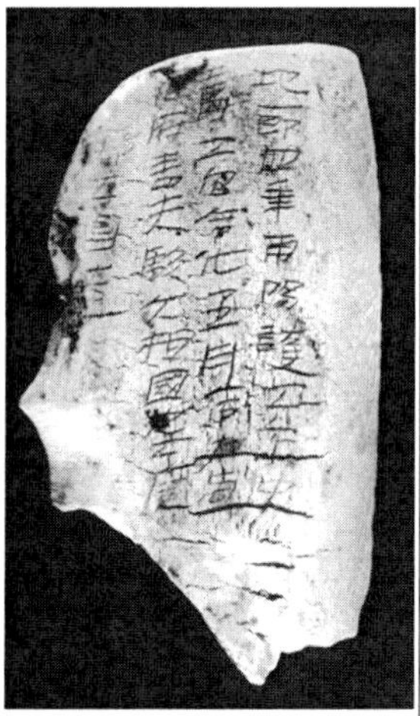	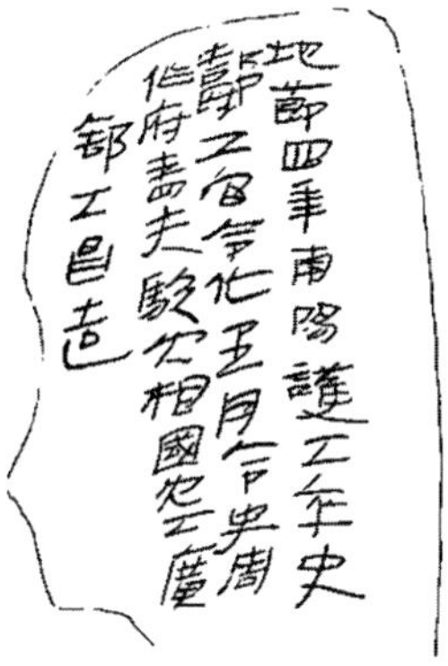	地節四年南陽護工卒史壽工官令仁丞月令史周作府嗇夫駭尤相國冗工廣郜工昌造	66 B.C.
13469		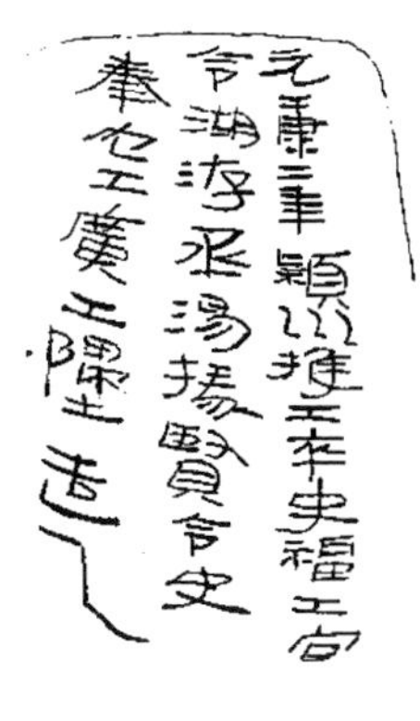	元康二年穎川護工卒史福工官令湖游丞湯掾賢令史奉冗工廣工□造乙	64 B.C.

04899		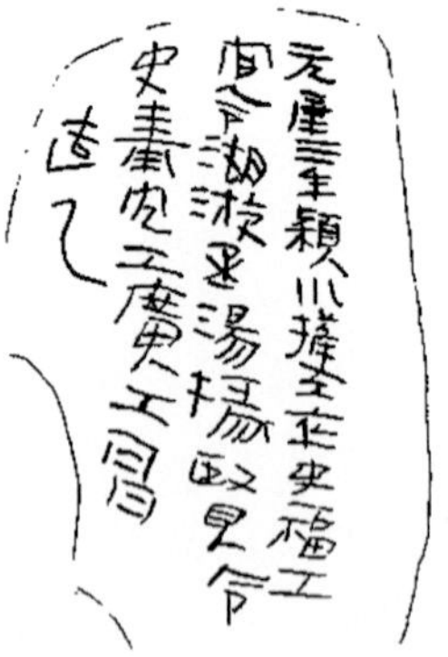	元康三年穎川護工卒史福工官令湖游丞湯掾賢令史奉冗工廣工昌造乙	63 B.C.
12682		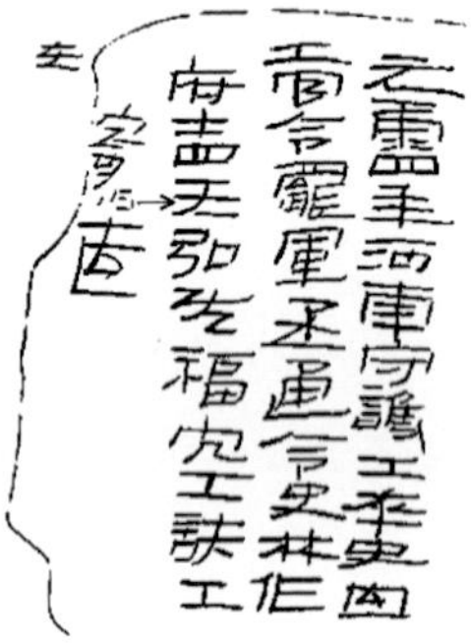	元康四年河南守護工卒史□工官令□軍丞通令史林作府嗇夫弘佐福冗工□工寄造	62 B.C.
00667	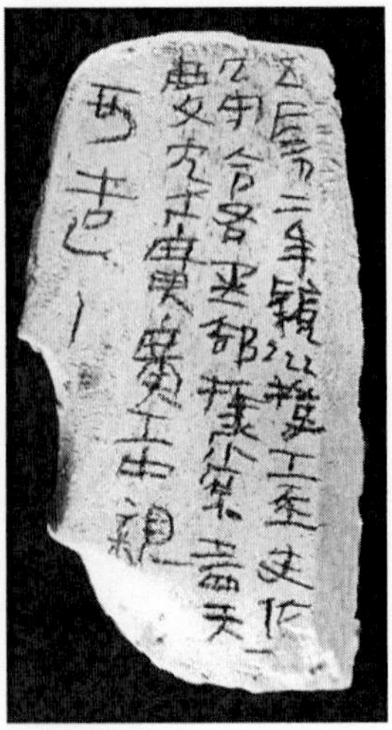	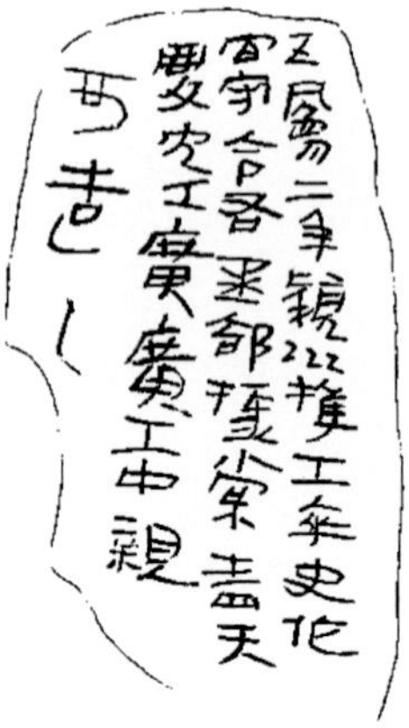	五鳳二年穎川護工卒史□官守令右丞郤掾棠嗇夫□冗工廣廣工中親可造乙	56 B.C.

06725		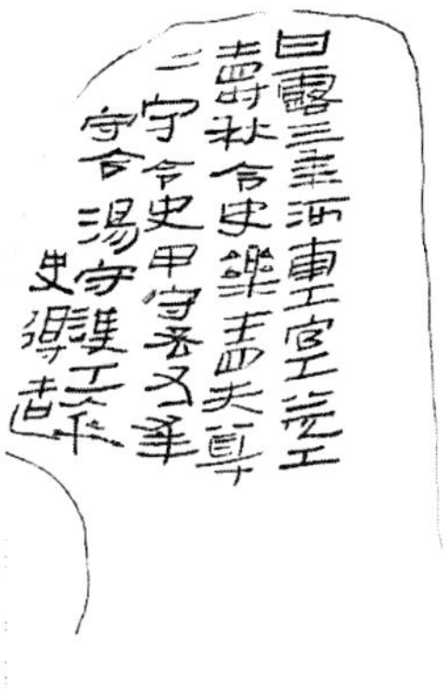	甘露三年河南工官工益工壽秋令史樂嗇夫尊□守令史甲守丞寸幸守令湯守護工卒史得造	51 B.C.
08506	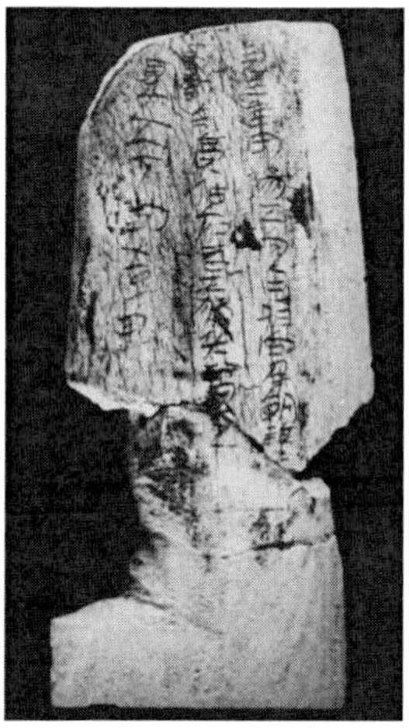	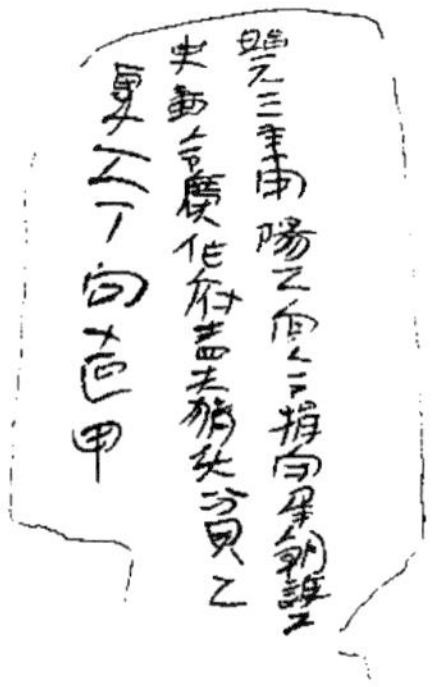	始元三年南陽工官令捐守丞朝護工史□令廣作府嗇夫猜佐貧工夏工丁向造甲	84 B.C.
08047		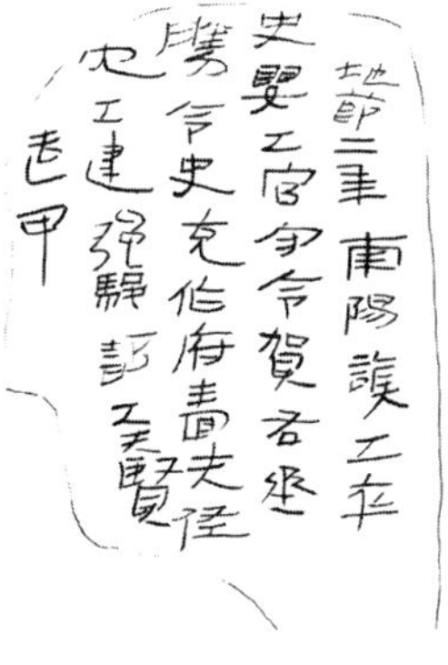	地節二年南陽護工卒史嬰工官守令賀右丞勝令史充作府嗇夫佐冗工建強駿都工夫賢造甲	

〔服類〕3片

編號	實　物	摹　本	釋　文
00041			服六石
00348	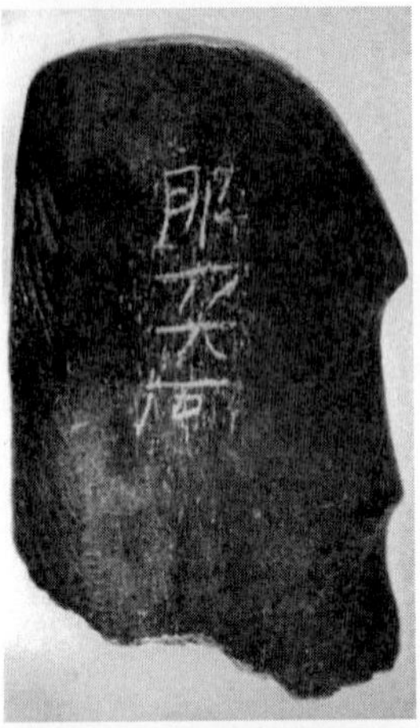		服力六石
13359			服弩力六石

〔力類〕11 片

編號	實　物	摹　本	釋　文
03608		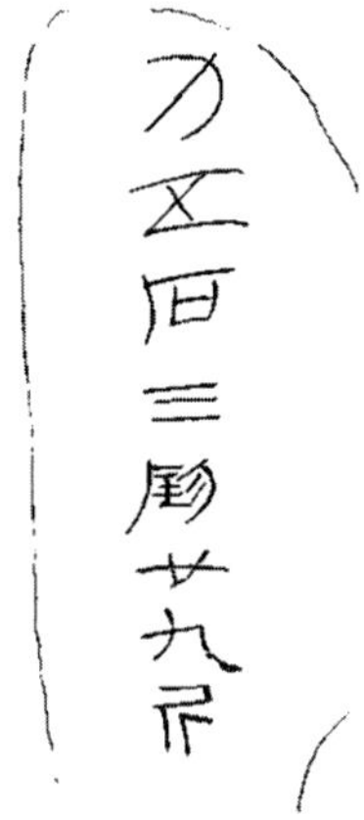	力五石三鈞廿九斤
10371		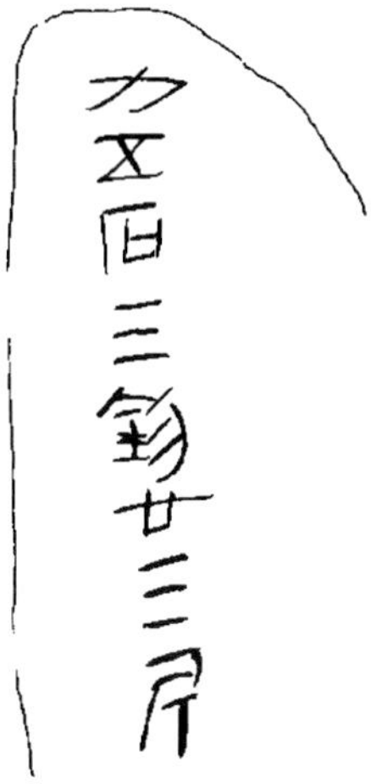	力五石三鈞廿三斤

07188			力六石一鈞
09927			力六石三斤
07353			力六石十斤

08675			力六石十五斤
05182	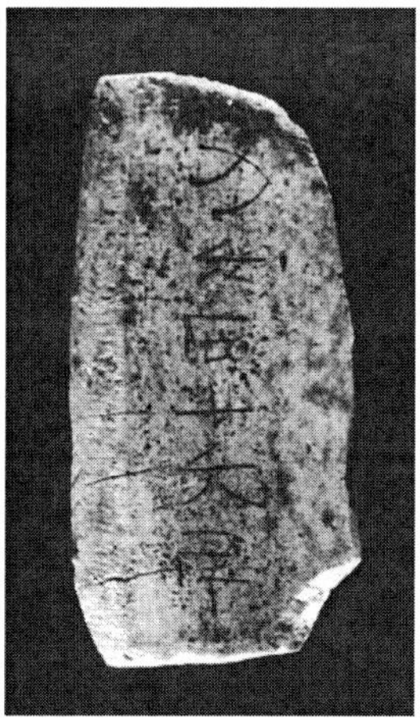		力六石廿六斤
01026	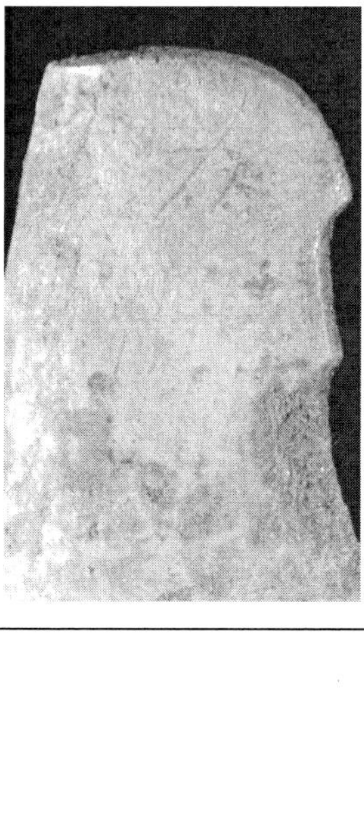		力八石

00054	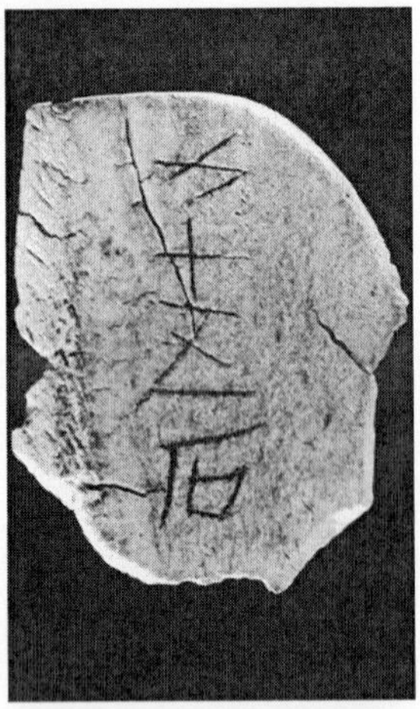	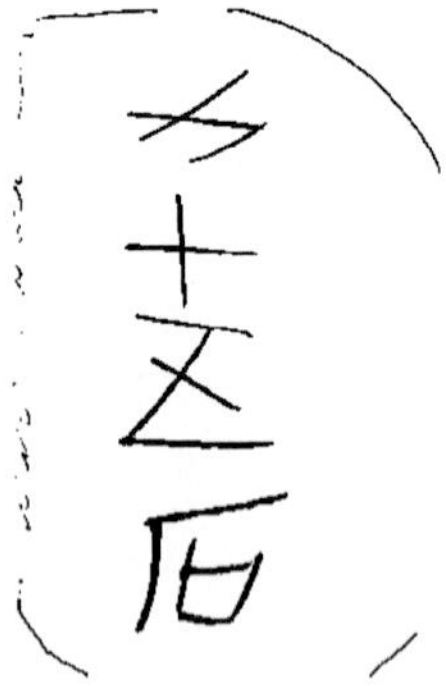	力十五石
11070			力十五石
00040			力□石

〔大黃類〕2片

編號	實　物	摹　本	釋　文
13143			大黃力廿石
13574			大黃廿石

〔乘輿類〕9片

編號	實物	摹本	釋文
11159	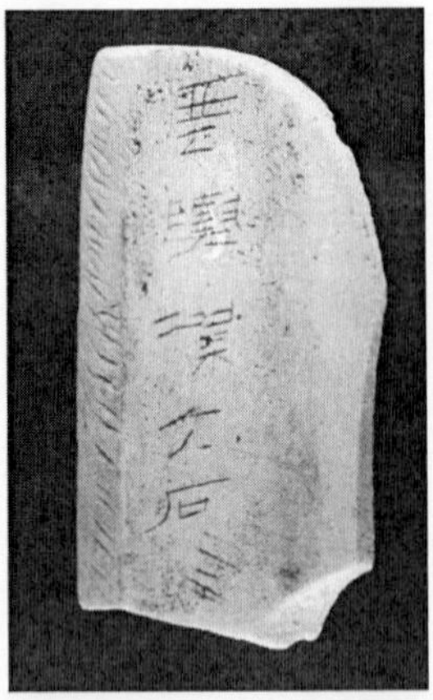	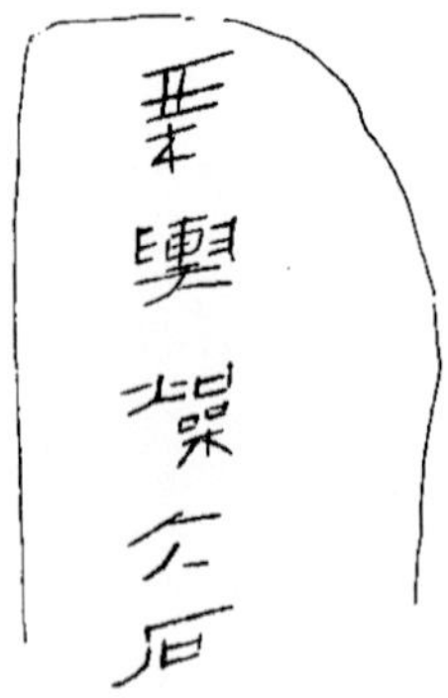	乘輿燥六石
01223	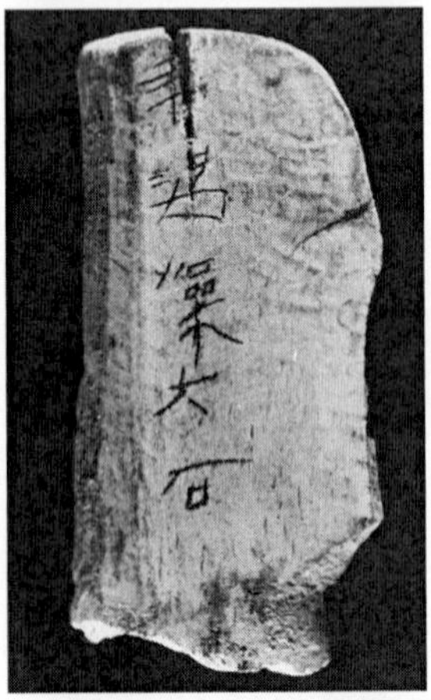	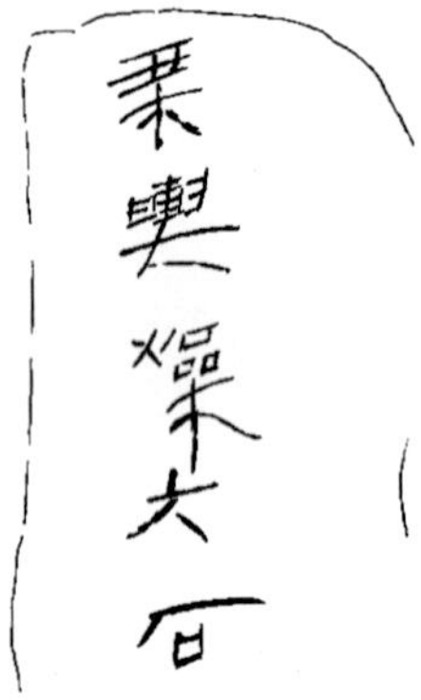	乘輿燥六石
01219	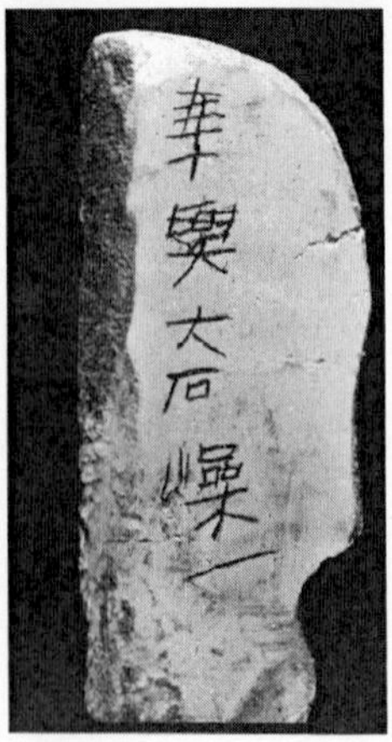	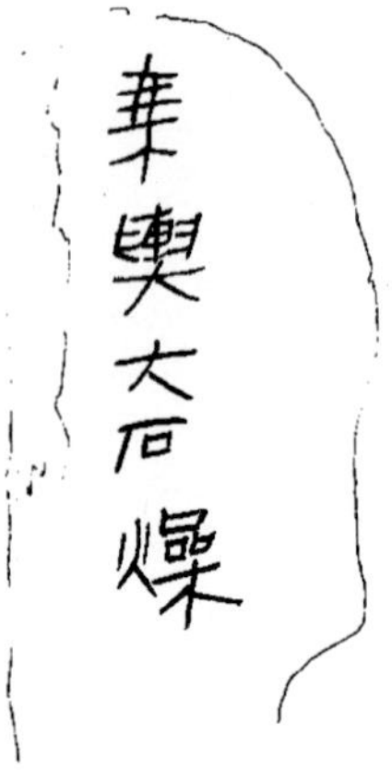	乘輿六石燥

01838		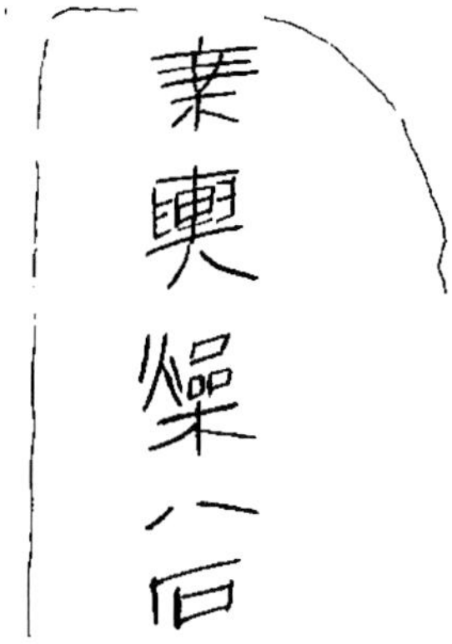	乘輿燥八石
00315		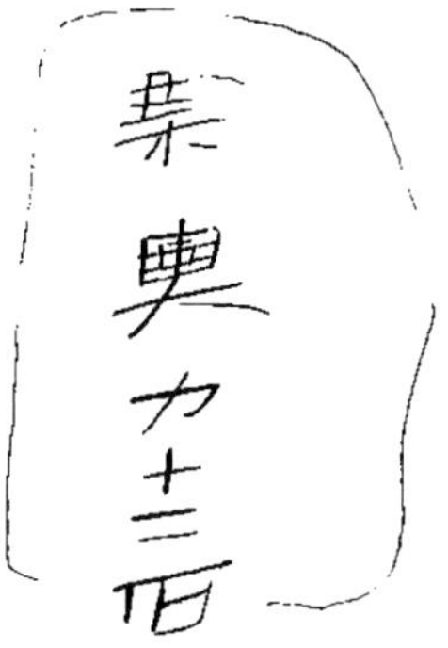	乘輿力十二石
09448	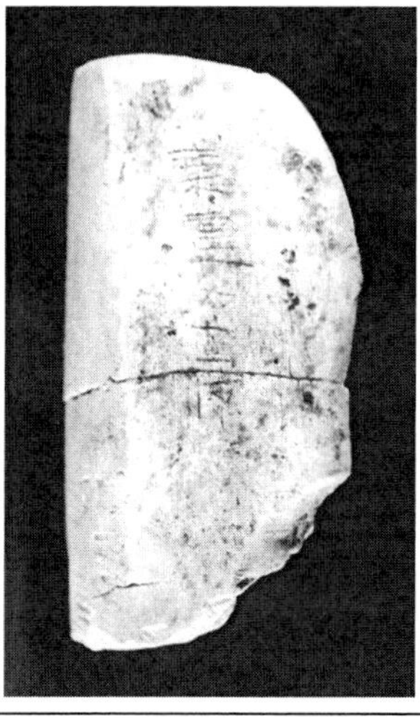	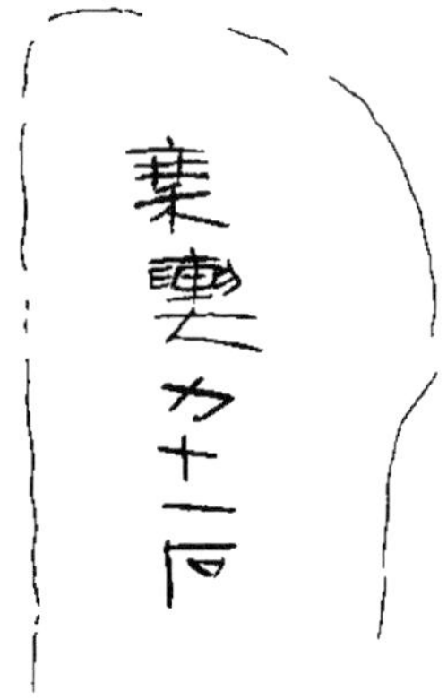	乘輿力十一石

11126	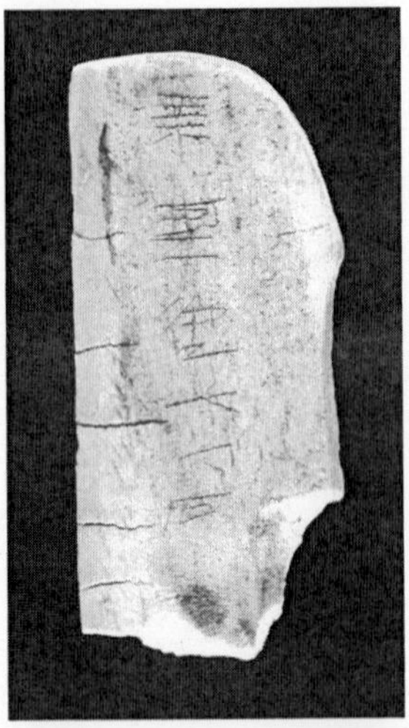	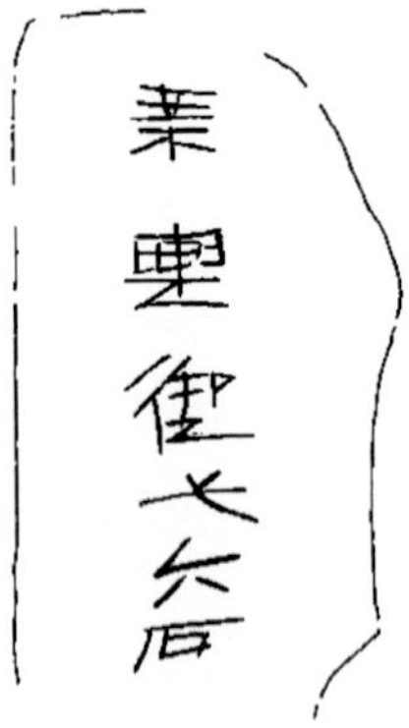	乘輿御弋六石
11358	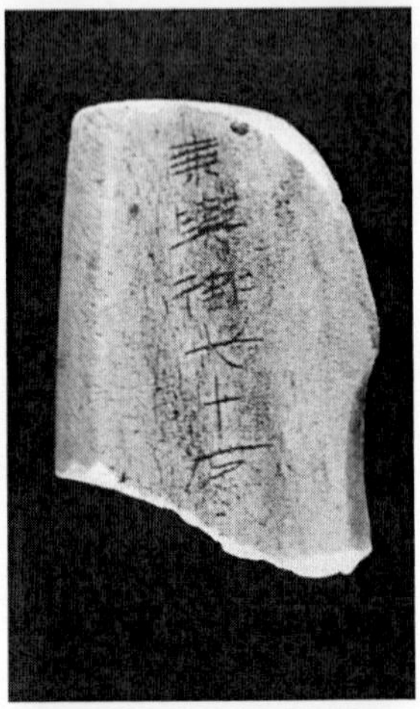	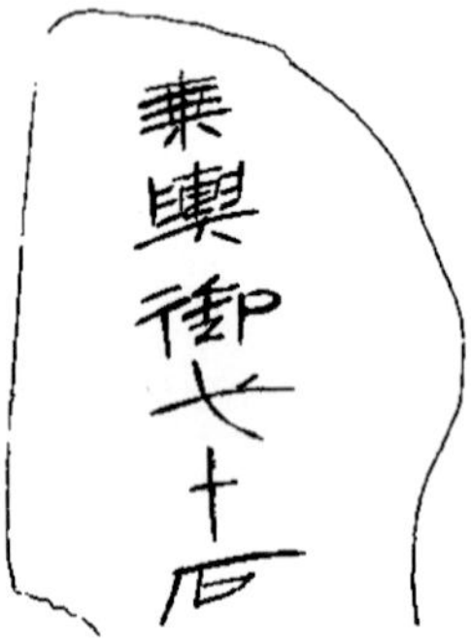	乘輿御弋十石
11078	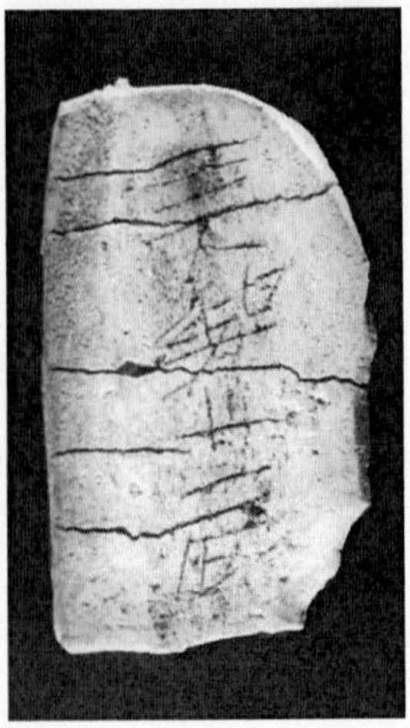		乘輿廿二石

〔射類〕12片

編號	實　物	摹　本	釋　文
06250	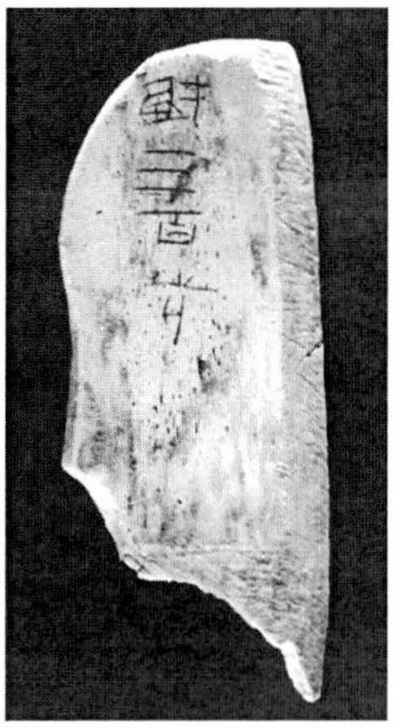		射三百步
10243	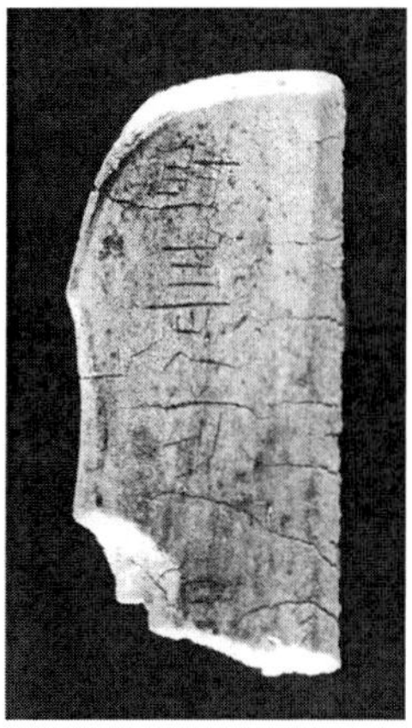	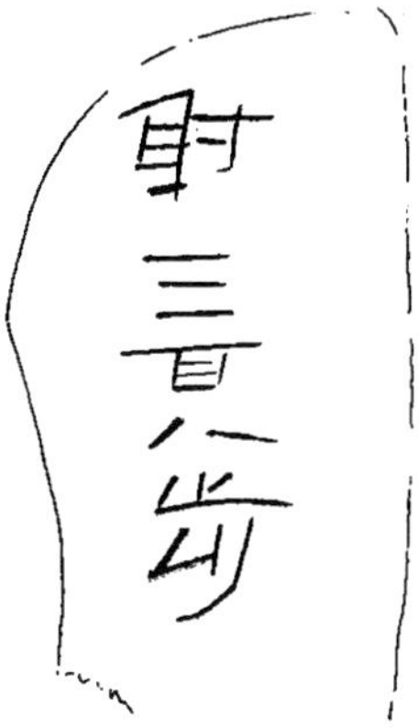	射三百八步
11643	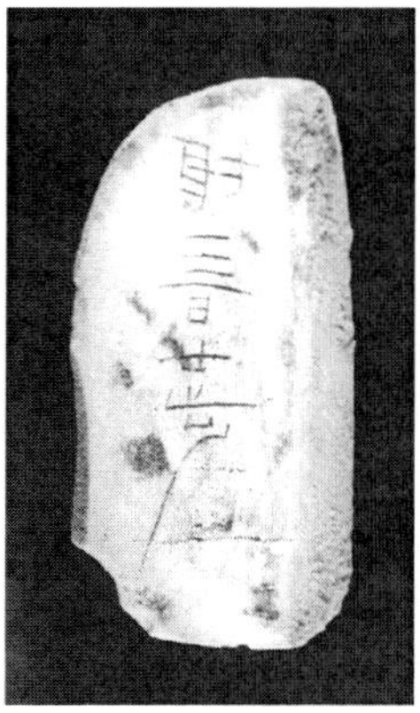		射三百廿步

07172		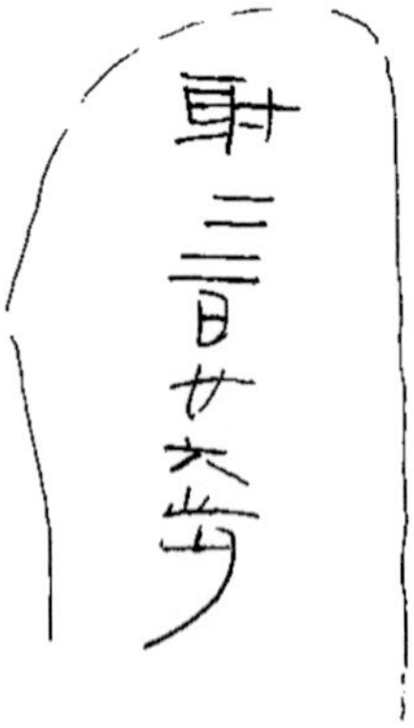	射三百廿六步
05232		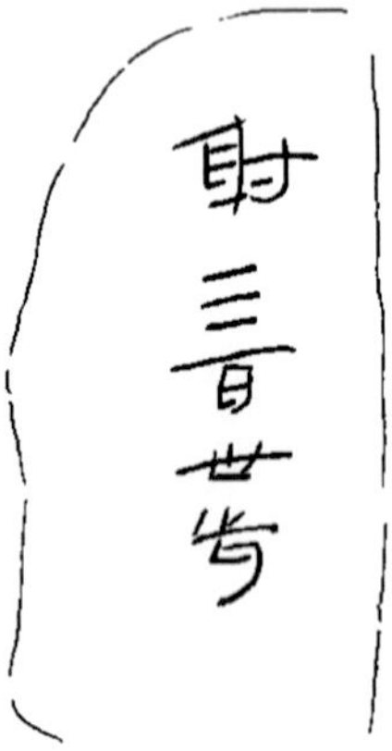	射三百卅步
05738		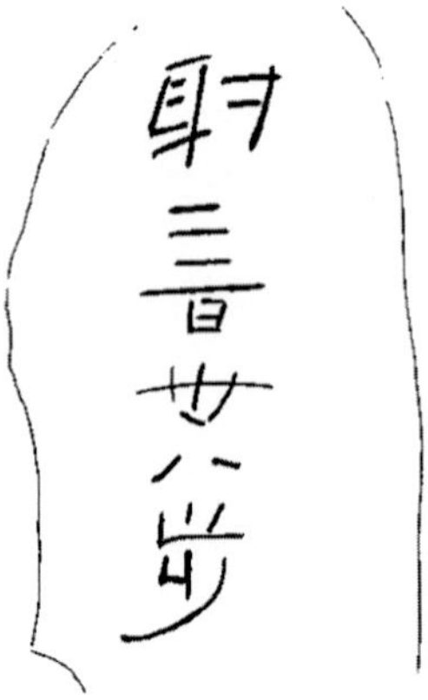	射三百卅八步

05718		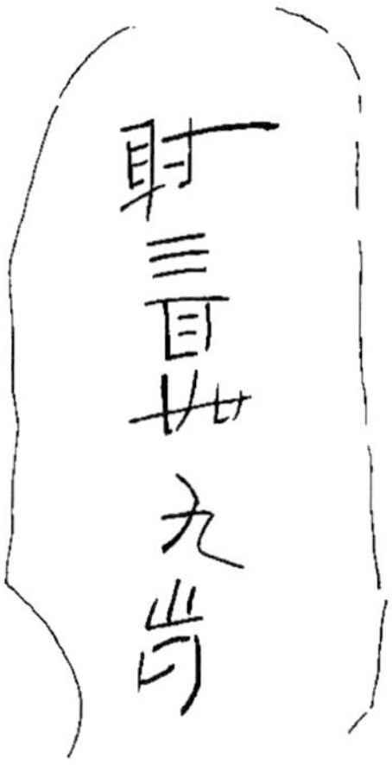	射三百卌九步
10229		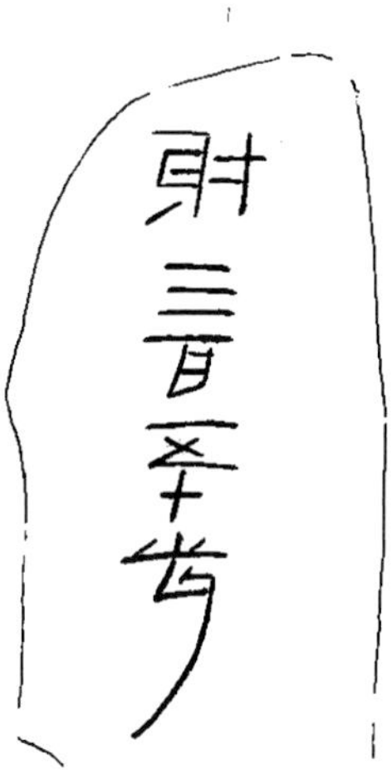	射三百五十步
05710	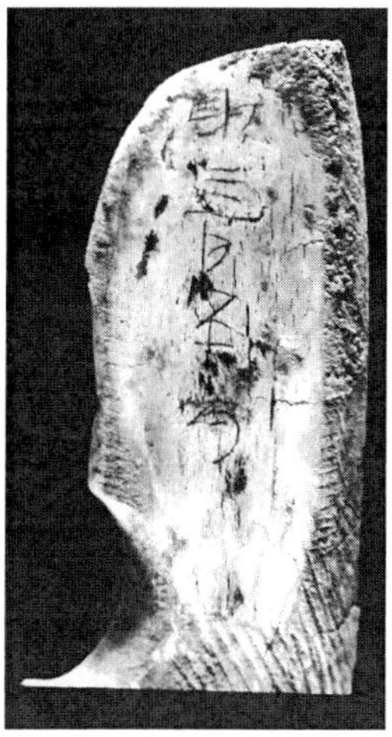		射三百六十步

09943	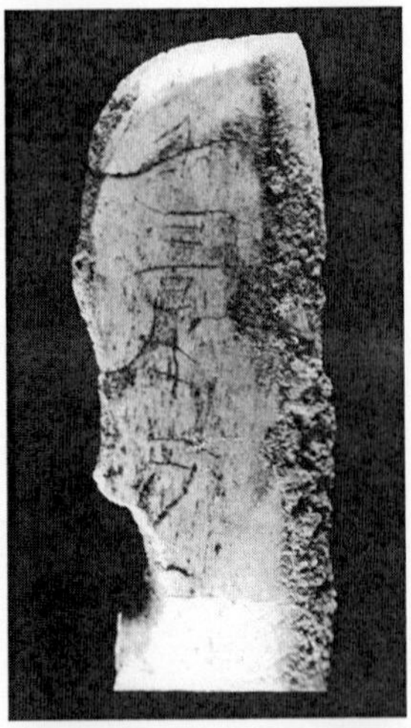		射三百七十步
10659	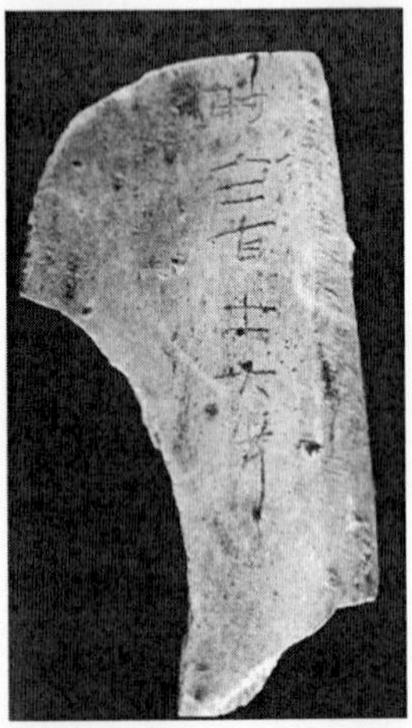		射三百七十六步
08647	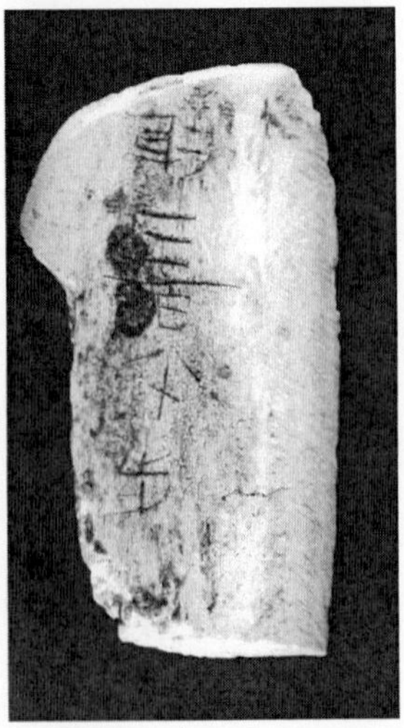		射三百八十步

〔甲類〕8片

編號	實　物	摹　本	釋　文
01713			甲八
00234		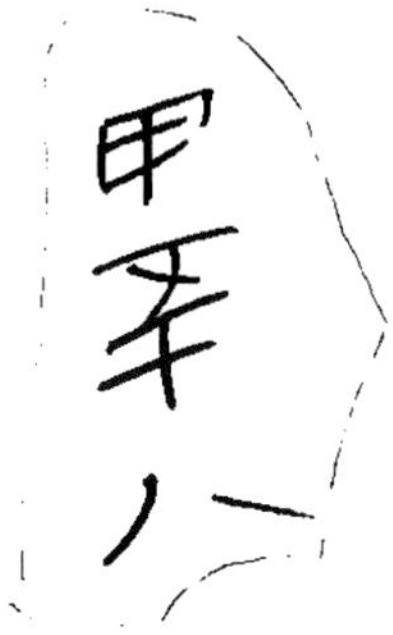	甲五十八
10995			甲百

00672	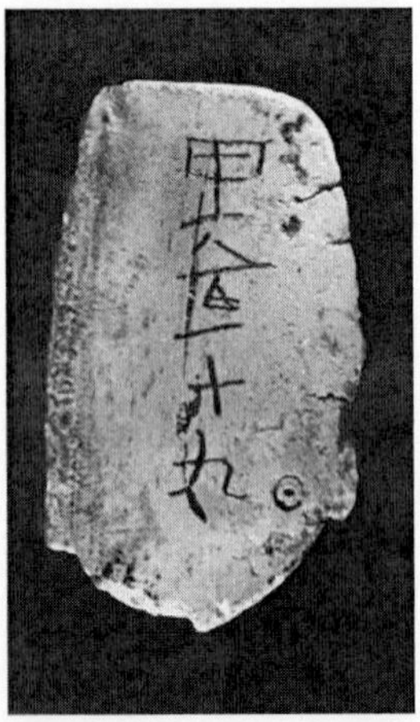	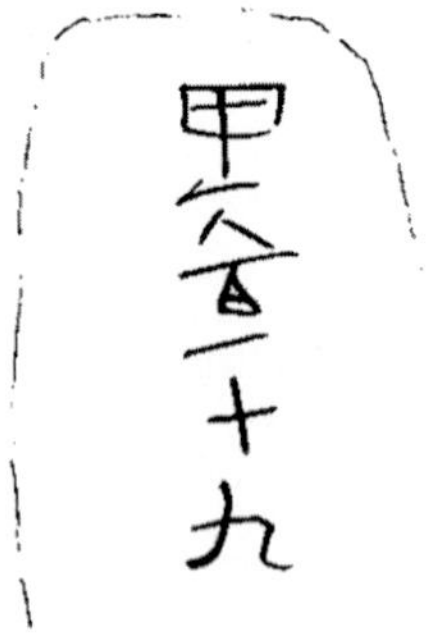	甲六百一十九
02257			甲八百
02779	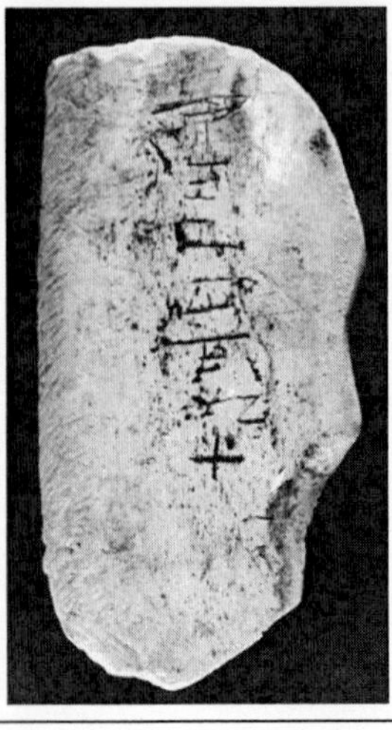	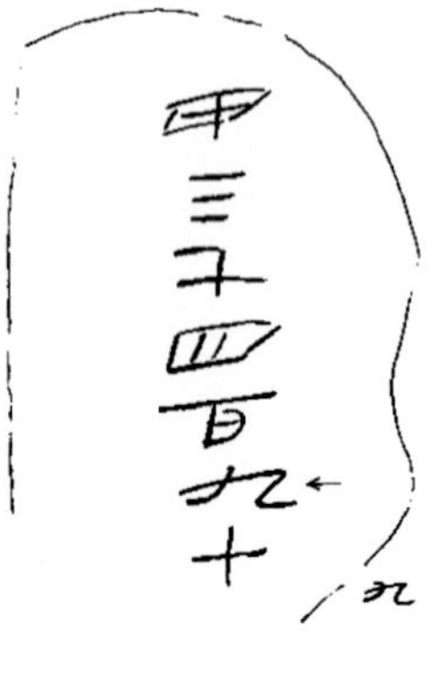	甲三千四百九十

02972			甲九千九百卌十
03507	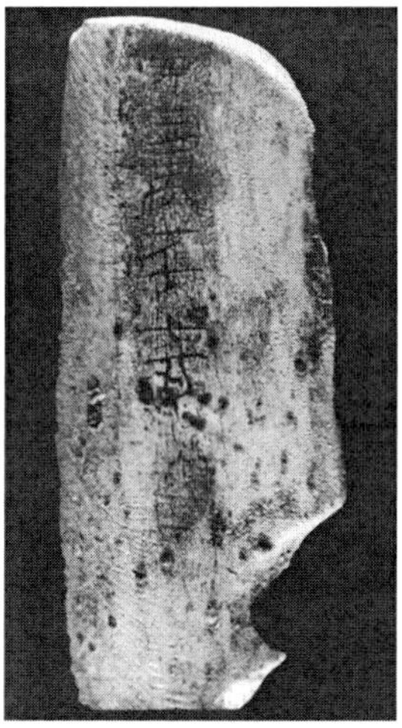	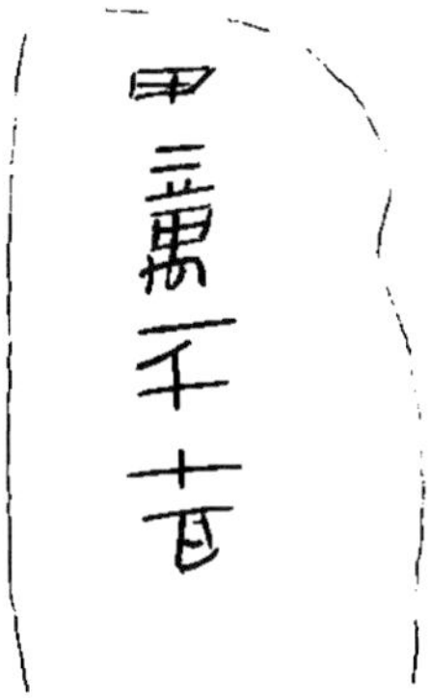	甲二萬一千十百

〔乙類〕11 片

編號	實物	摹本	釋文
09769			乙三百卌四
09682	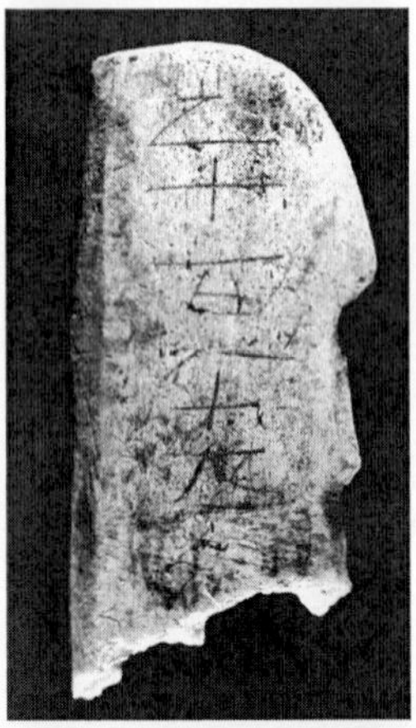	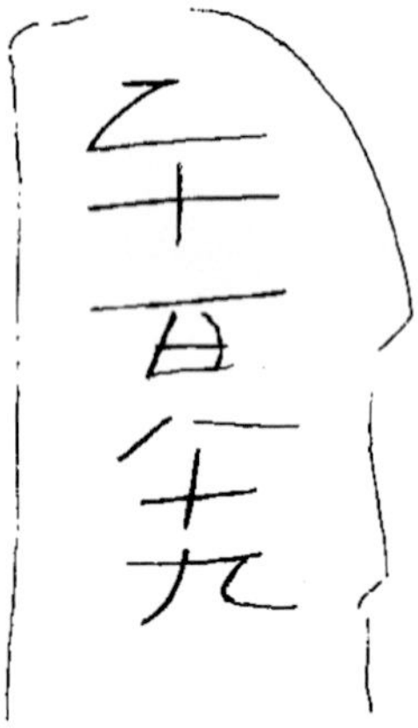	乙十百八十九
10096	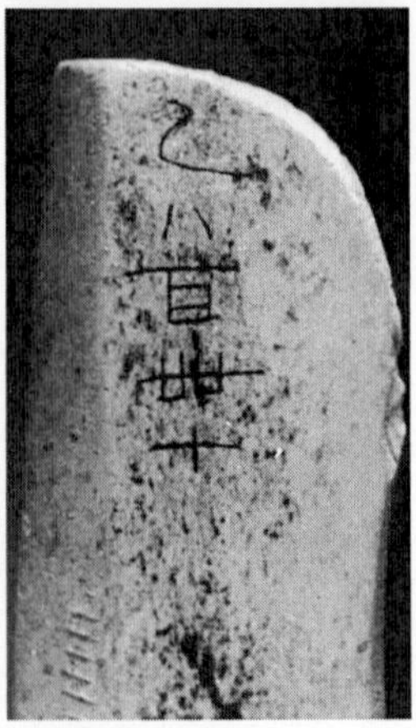		乙八百卌十

10026	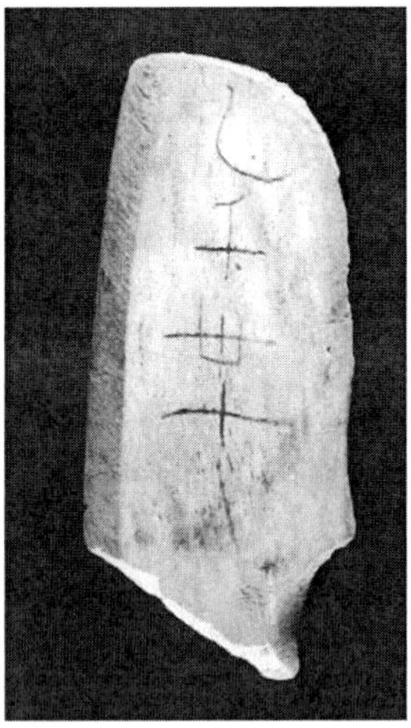	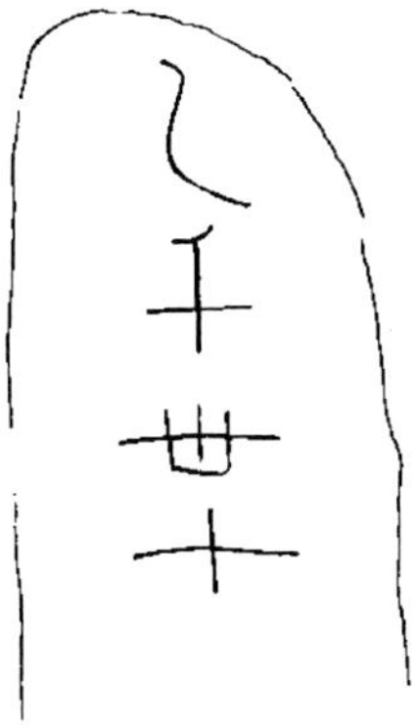	乙千卌十
06708	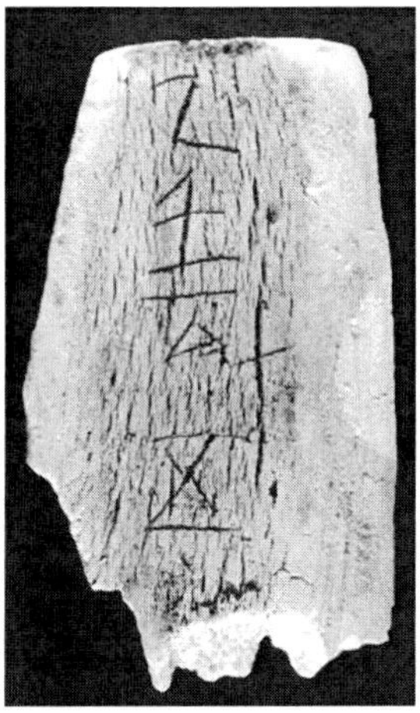		乙千七百七十五
11492	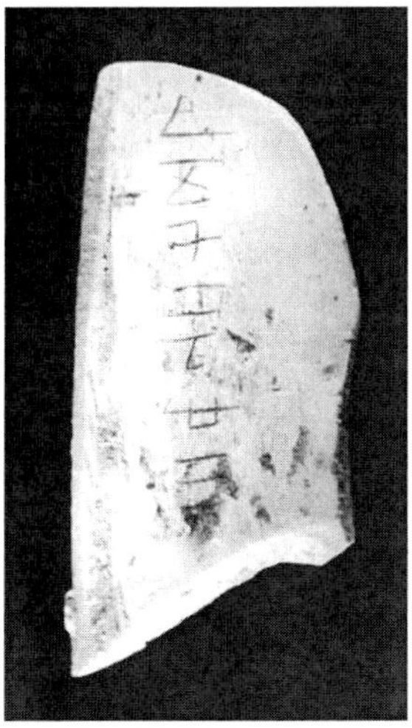	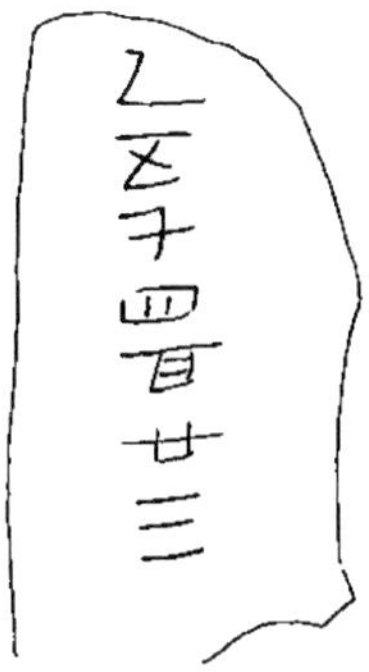	乙五千四百廿三

07044			乙八千二百五十七
11968			乙八千三百六十九
09429		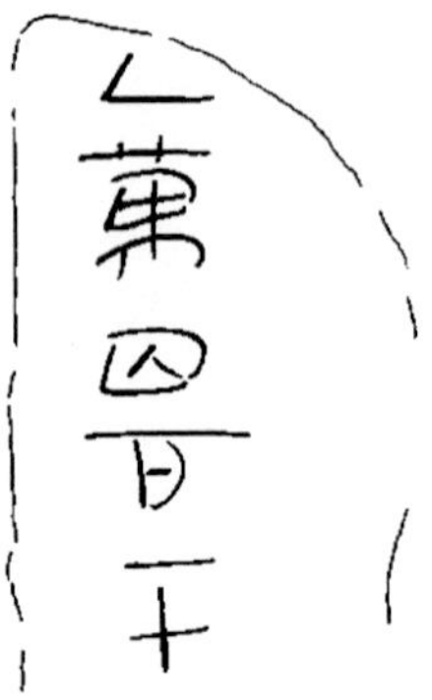	乙萬四百一十

03777	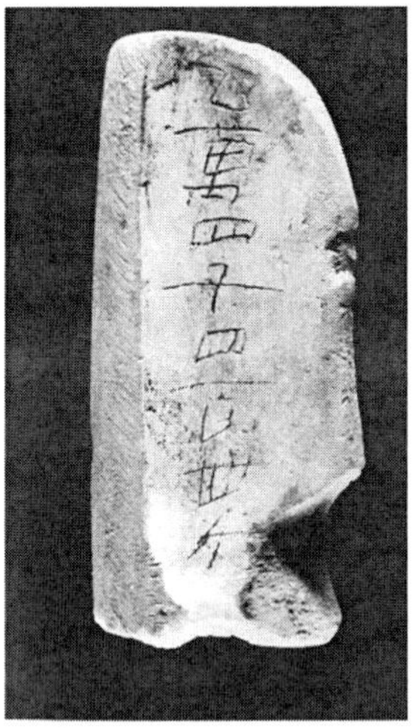	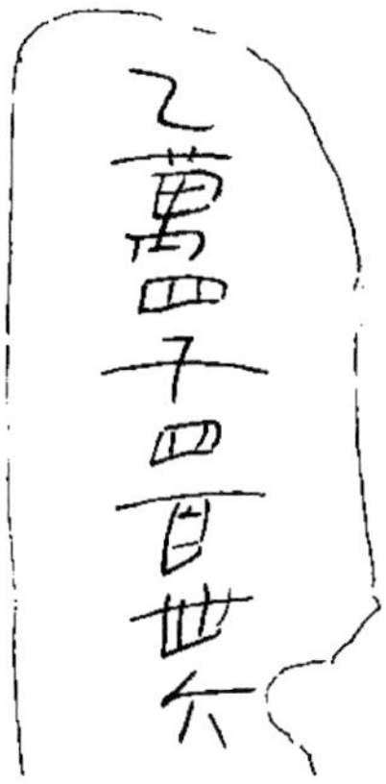	乙萬四千四百卌六
01121		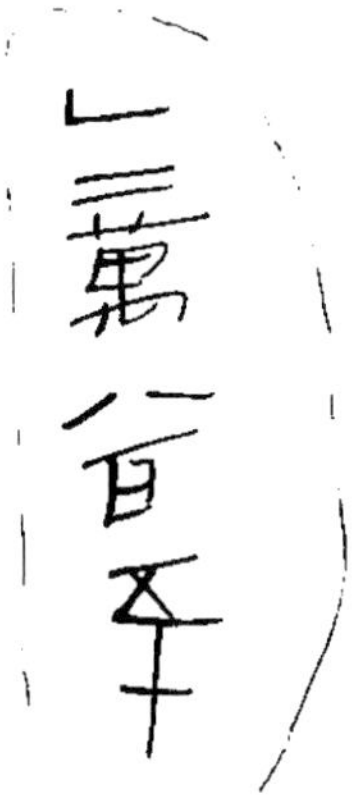	乙二萬八百五十

〔丙類〕9片

編號	實　物	摹　本	釋　文
00070			丙二百十一
01163			丙六百九十
03268			丙二千三百七十七

12172	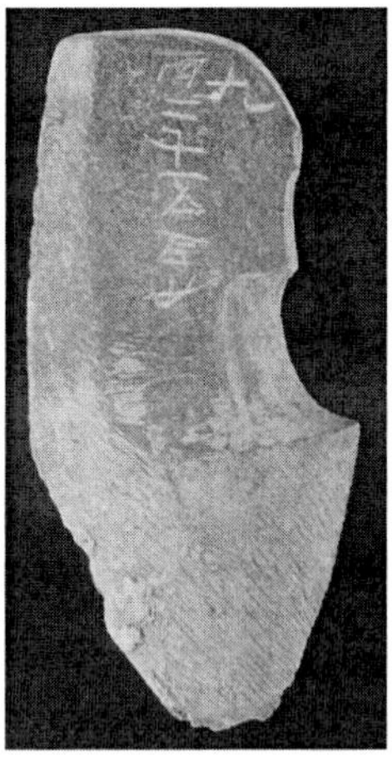	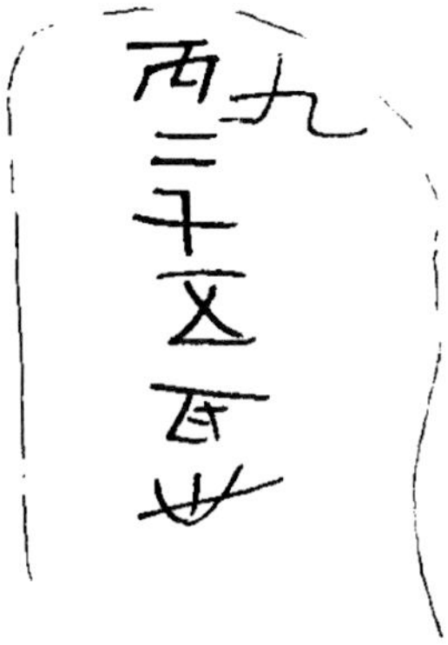	丙二千五百卌九
02883			丙三千五百六十六
05445	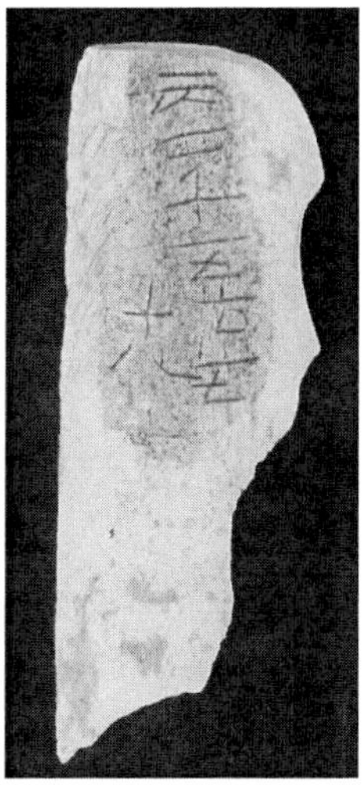	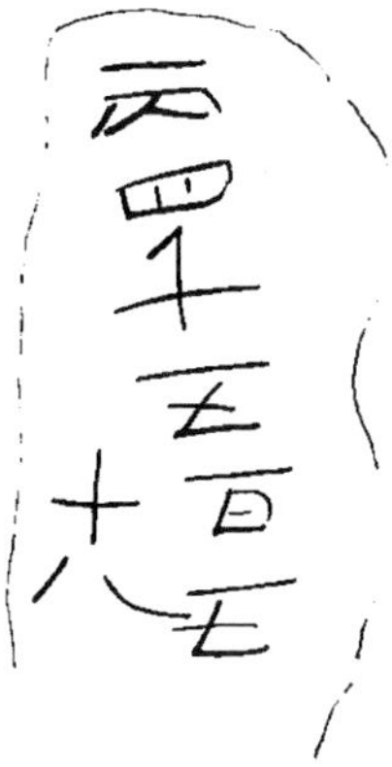	丙四千五百五十八

03058		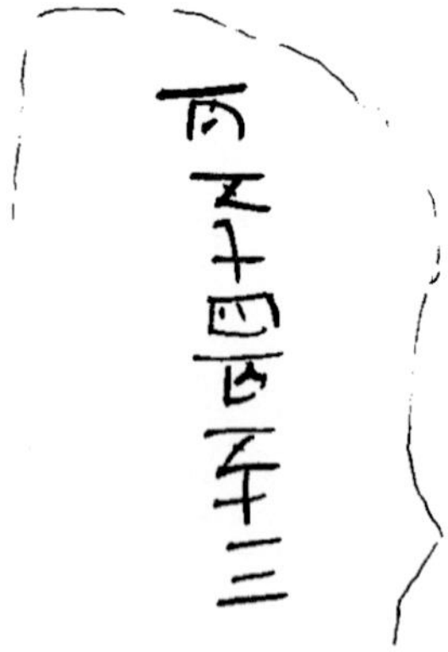	丙五千四百五十三
01332	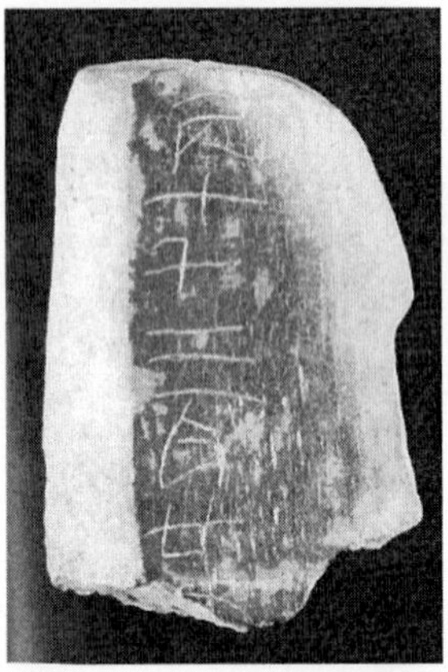	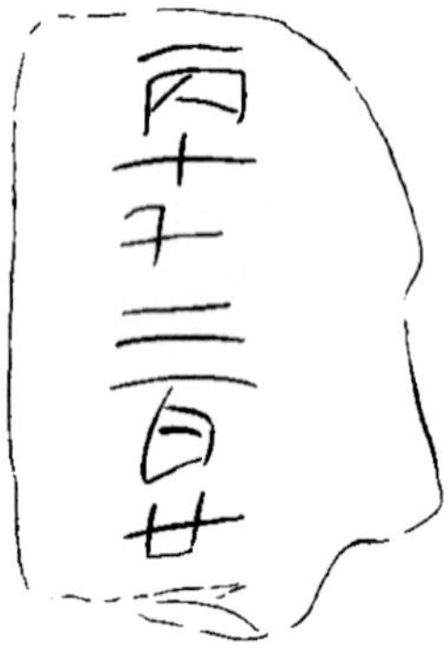	餅十千二百廿
03333			丙八千五百五十三

〔丁類〕8片

編號	實　物	摹　本	釋　文
11342			丁百九十五
11155	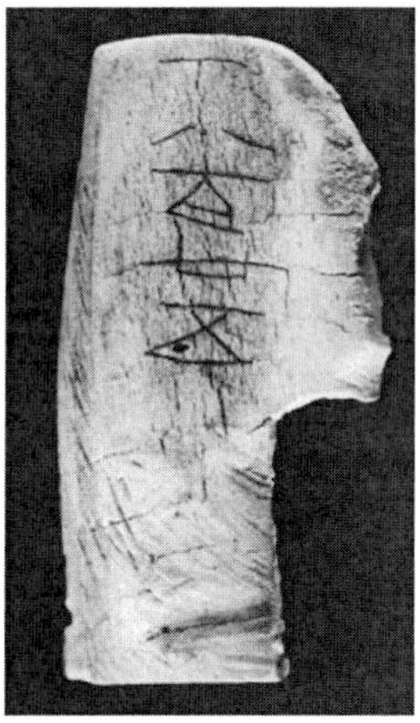	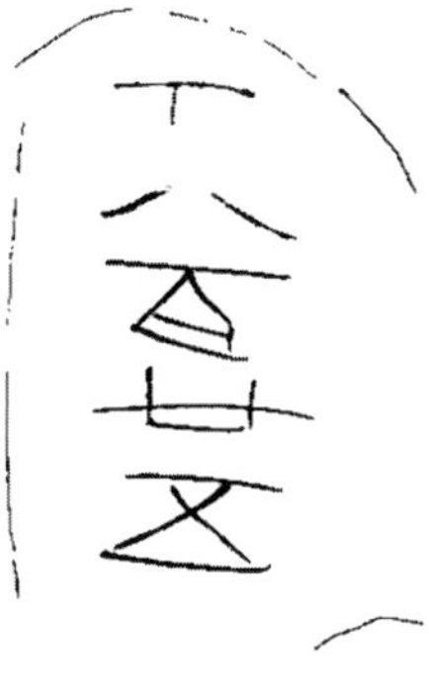	丁八百廿五
00358		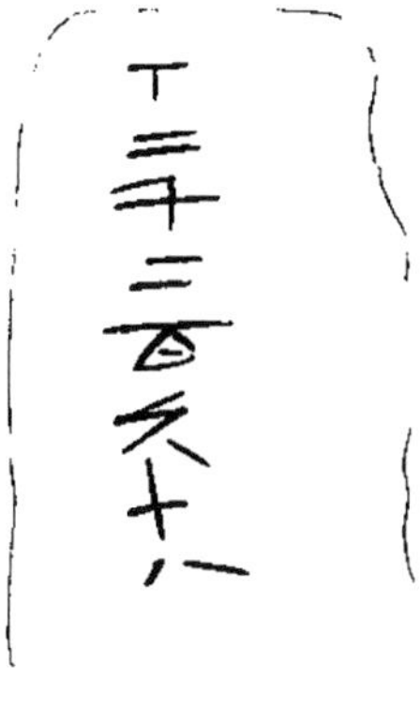	丁二千二百六十八

10032			丁四千五百九十
07459	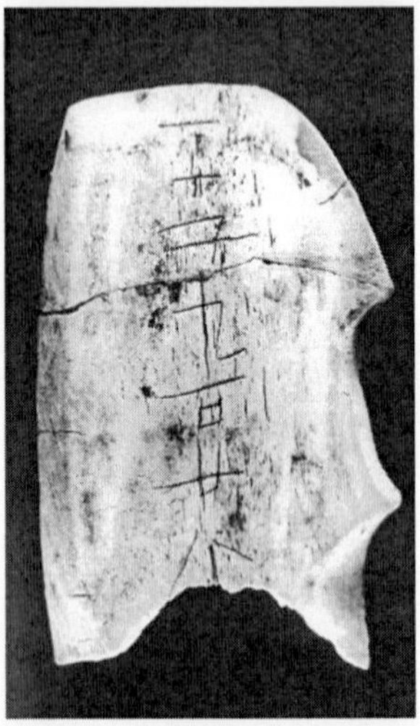	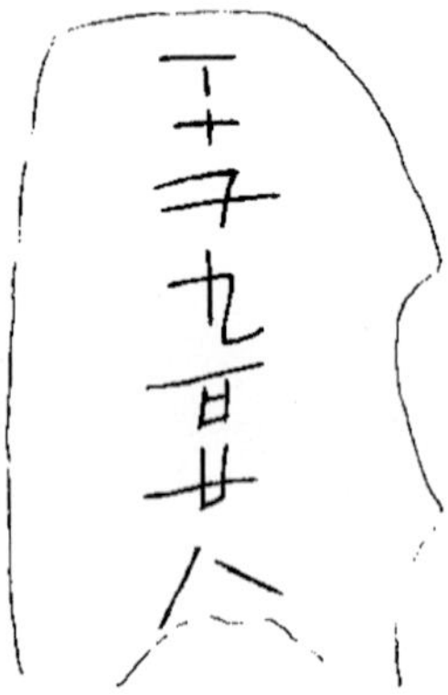	丁十千九百廿八
05267	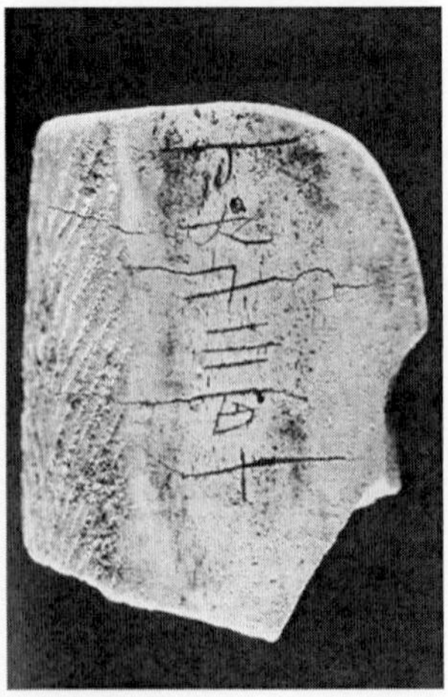		丁九千三百十

07916		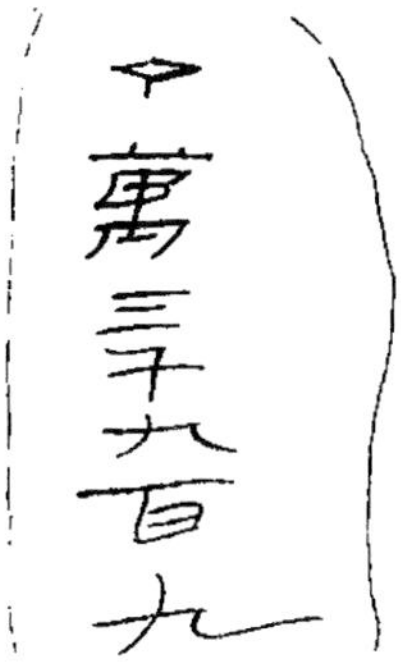	丁萬三千九百九
07952			丁二萬二千三八卌八

〔第類〕7片

編號	實物	摹本	釋文
00161	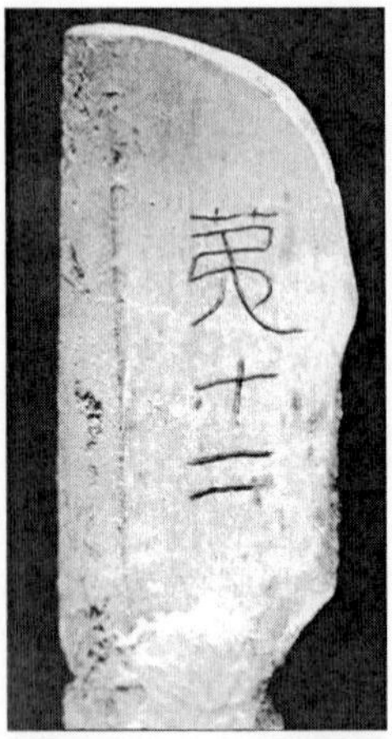		第十二
06565	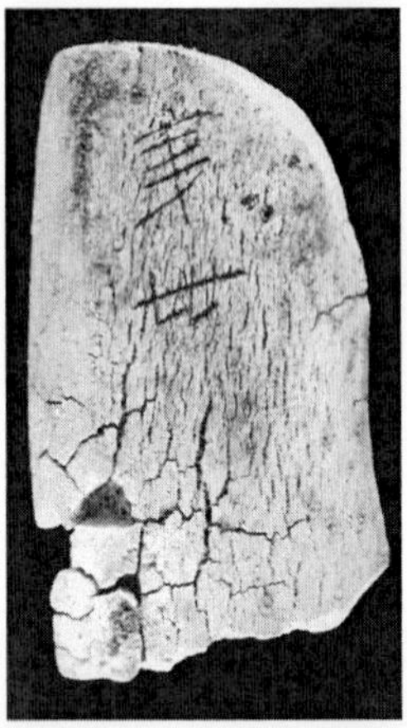		第卌
08450	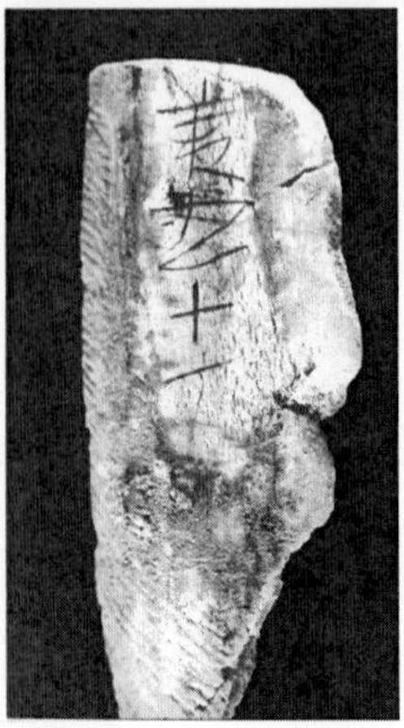		第九十一

00263	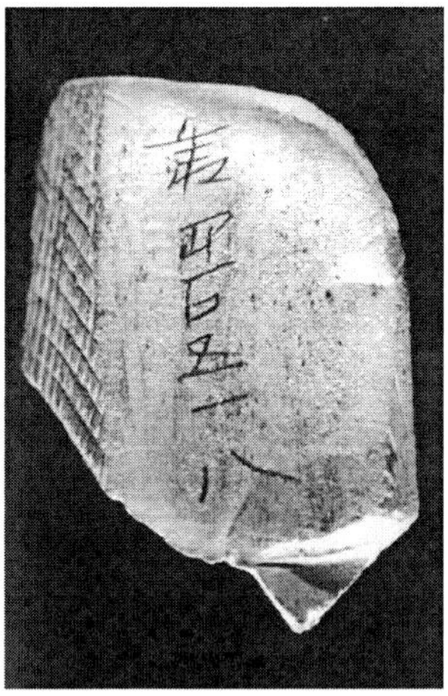		第四百五十八
04810	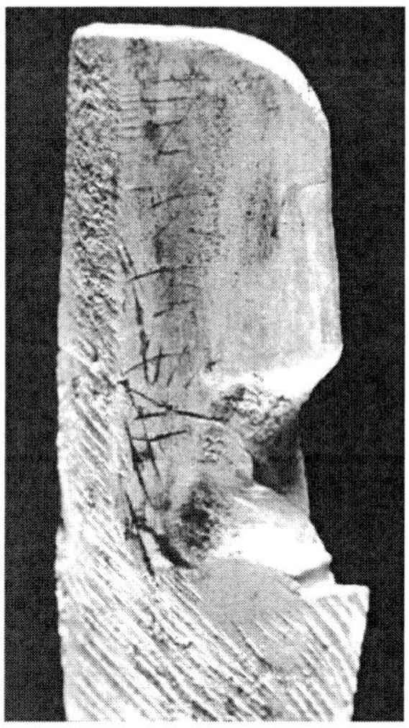	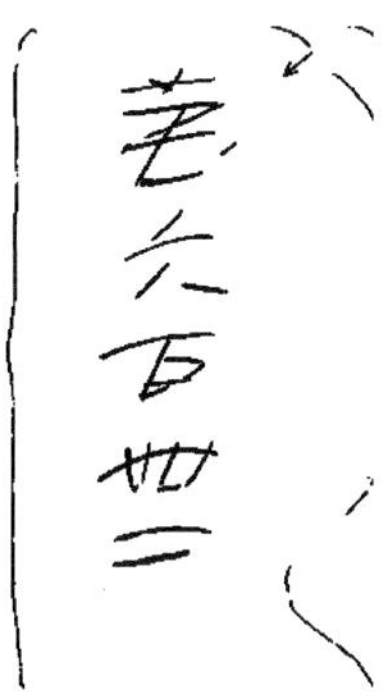	第六百卌二
13041	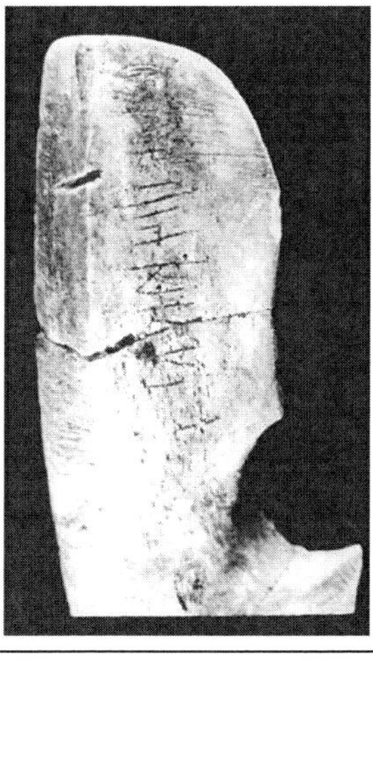	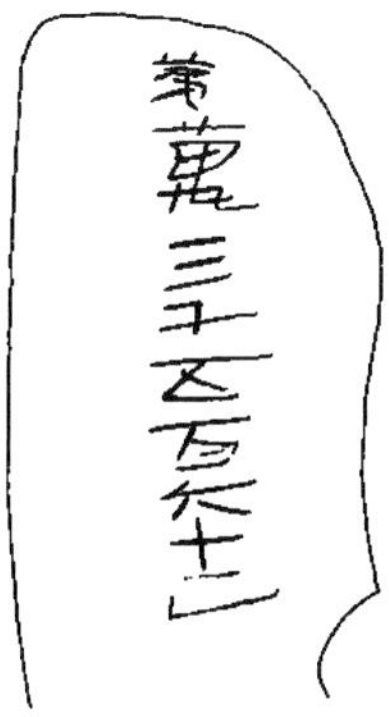	第萬三千五百六十二

03228		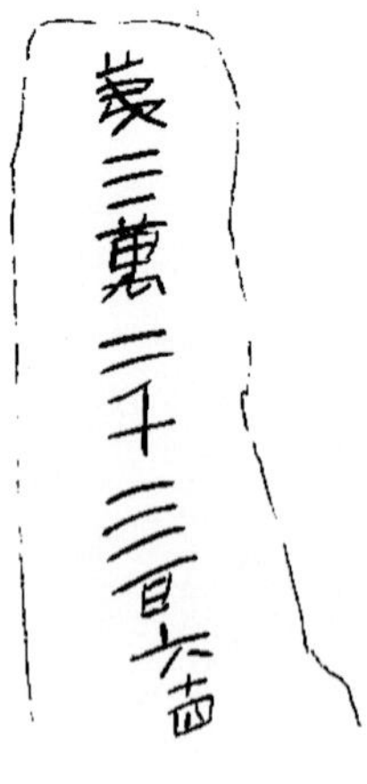	第三萬二千三百六十四

〔少府類〕2片

編號	實　物	摹　本	釋　文
01514	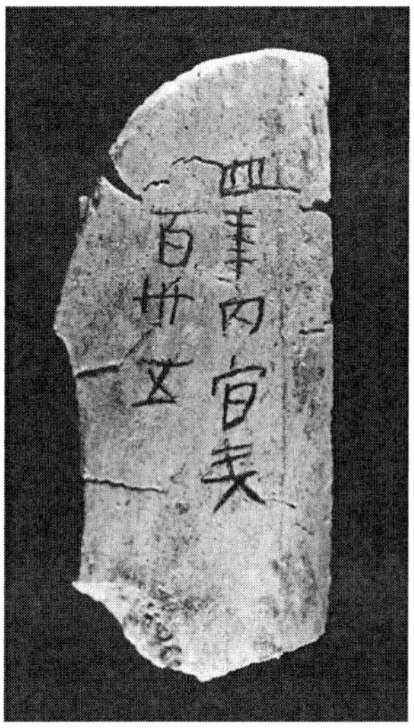		四年內官第百卅五
12460	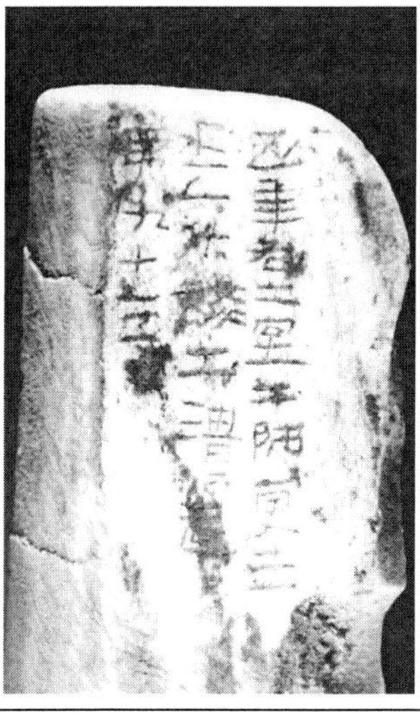	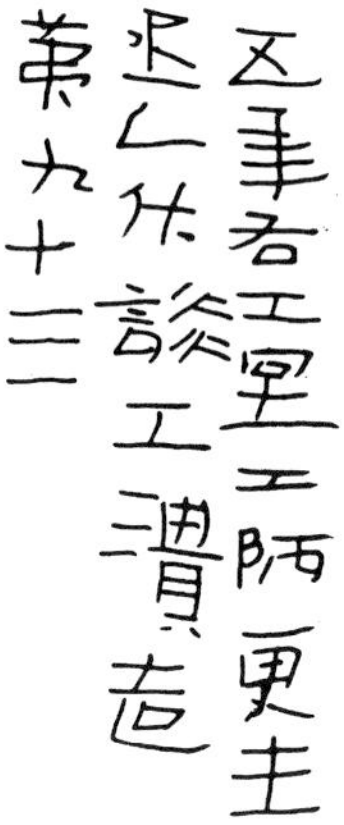	五年右工室工陑更主丞乙佐談工潰造第九十三

〔衛尉類〕4片

編號	實物	摹本	釋文	備註
08354			六年衛尉工猪繕	
00359		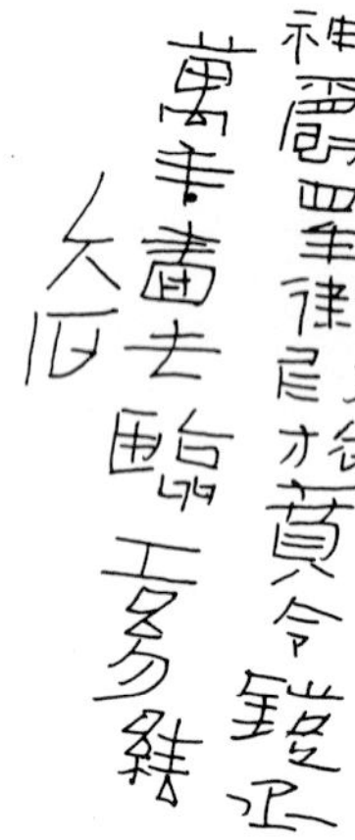	神爵四年衛尉旅賁令鎧丞萬年嗇夫臨工幼繕六石	58 B.C.
00555		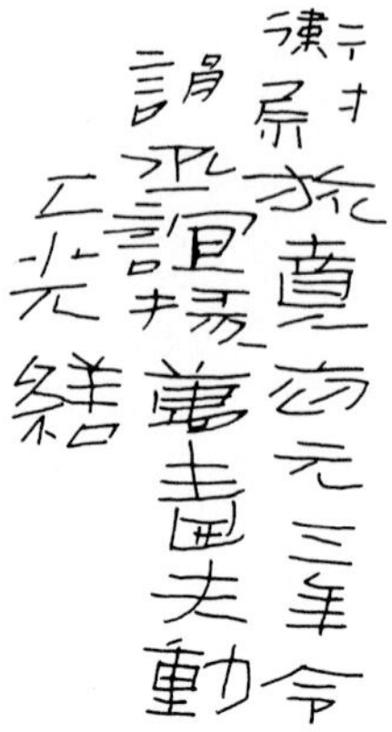	衛尉旅賁初元五年令丞誼祿萬嗇夫動工光繕	46 B.C.

00683	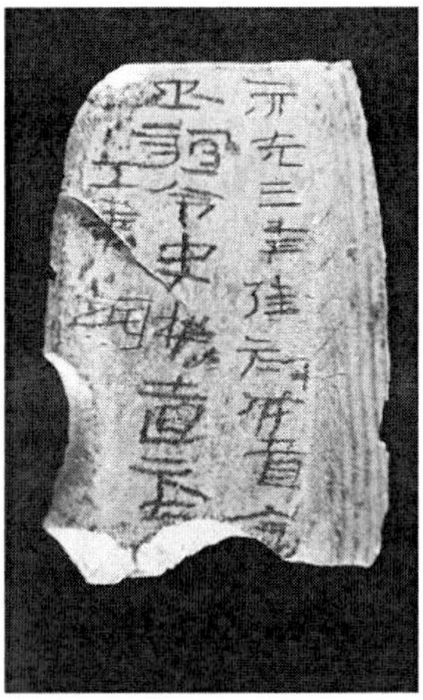	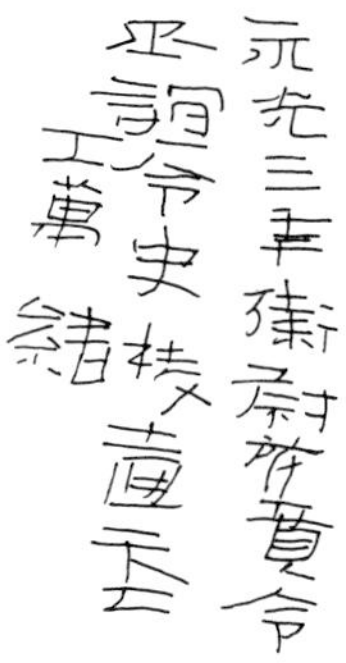	永光三年衛尉旅賁令丞誼令史棱嗇夫志工萬繕	41 B.C.

〔光祿類〕1片

編號	實　物	摹　本	釋　文	備註
00495		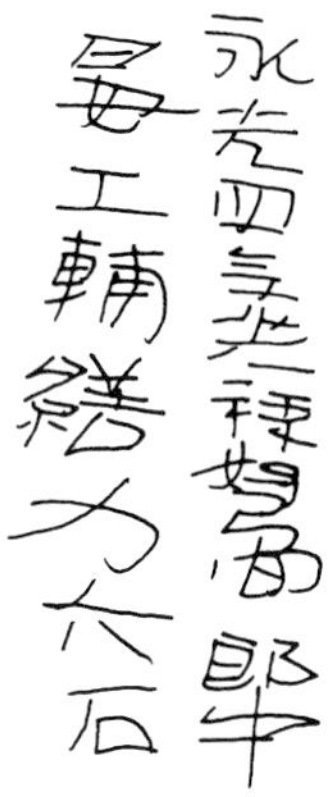	永光四年光祿弩官郎中晏工輔繕力六石	40 B.C

二、武庫出土骨簽（共 31 片，2 片刻文難辨未載錄。）

〔考工類〕1 片

編　號	骨 簽 圖 版	骨簽釋文	形制	備註
4：T4③：1		鴻嘉元年考工制作工壽王繕嗇夫霸佐咸主丞惲掾放省	Ⅰb 型	20B.C.

〔工官類〕13 片

編　號	骨 簽 圖 版	骨簽釋文	形制	備註
4：T4③：4B	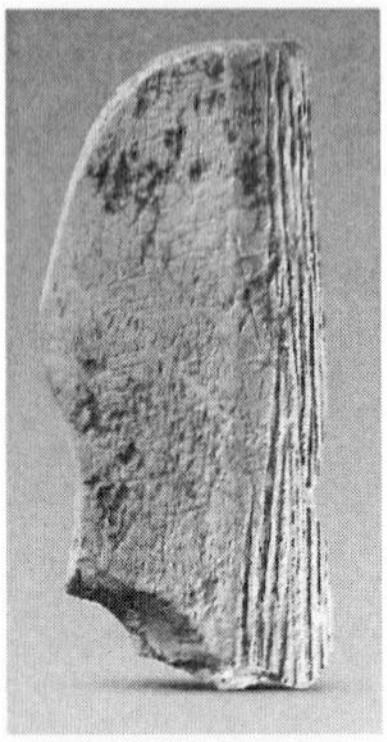	元年穎川工官令廣……工……	Ⅰa 型	
4：T4③：7		三年穎川工官丞□工□冗工玄黃造	Ⅱa 型	

4：T4③：9		六年穎川工官⍁……⍁	Ⅱa 型	
4：T4③：3		□年穎川工〔官〕令〔咸〕丞……工從之造	Ⅰa 型	
4：T4③：12		□□穎川工官令□丞□……工□造	Ⅰa 型	
4：T4③：6B	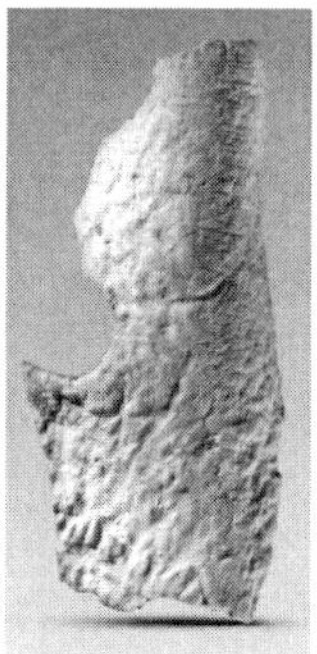	三年河南工官令……⍁……	Ⅱb 型	

4：T4③：10B		五年河南工官長令丞□ ☐……造	IIa 型	
4：T4③：11		元始㆔年武威工官…… ☐……掾林主……省	I a 型	A.D.2
4：T4③：23		東平工官六十六	IIb 型	

4：T4③：27		五年[河]內工☑ ……☑	不明	
4：T4③：2B		……丞□□□ ……工□造	Ⅰa 型	
4：T4③：5		☑工官丞凌☑ ☑工[應]工弱造	Ⅱa 型	

4：T4③：13		⍁……[清] ⍁……	不明	

〔梗榆力類〕10片

編　號	骨　簽　圖　版	骨簽釋文	形制	備註
4：T4③：14		梗榆力二百[斤]	IIb 型	
4：T4③：15	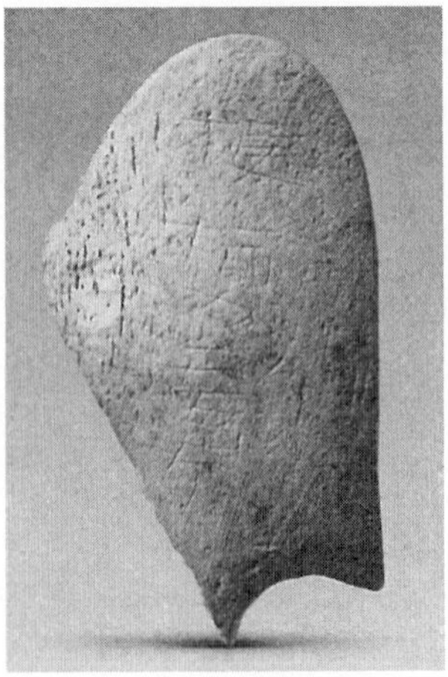	梗榆力二百斤	IIb 型	

4：T4③：16		梗榆力二亘☐	IIb 型	
4：T4③：17		梗榆☐	IIb 型	
4：T4③：19		力二百斤	IIb 型	
4：T4③：24		☐力二百斤	IIb 型	

4：T4③：25		力二百斤	IIb 型	
4：T4③：22		⧄力三石	IIb 型	
4：T4③：28		三石	Ⅰb 型	
4：T4③：8		第千八百卌五 力二百⧄	Ⅰb 型	

〔編號類〕3 片

編　號	骨　簽　圖　版	骨簽釋文	形制	備註
4：T4③：18		□四千七百▨	不明	
4：T4③：20		▨三□	IIb 型	
4：T4③：21		▨卌四	IIb 型	

〔其他〕2片

4：T4③：26		三……	IIb 型
4：T4③：29		☐省	不明

三、骨簽十三片－宗鳴安藏

編號	骨簽圖版	摹　本	釋　文	備註
宗 01		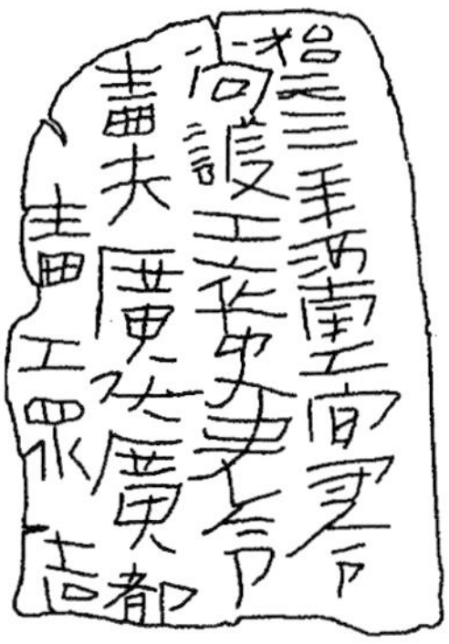	始元三年河南工官守令□尚護工卒史吏令嗇夫廣佐廣都嗇工眾造	84 B.C.
宗 02		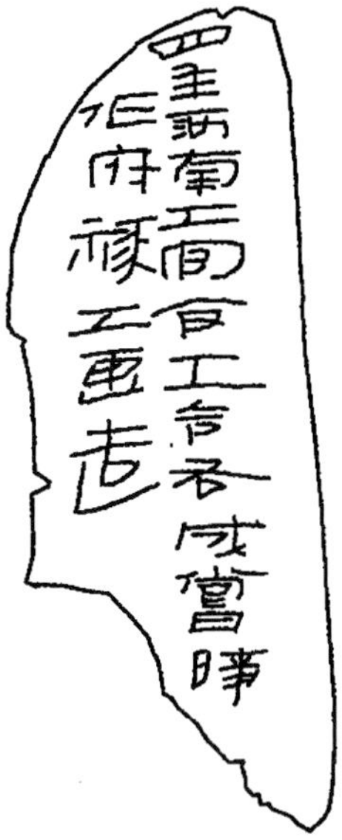	四年河南工官令工令右成嘗事作府祿工畫造	
宗 03		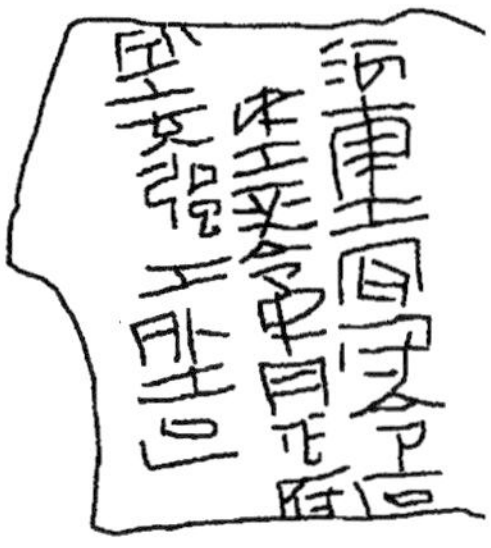	河南工官守令石□吏工卒令史日作府成充強工外造	

宗 04		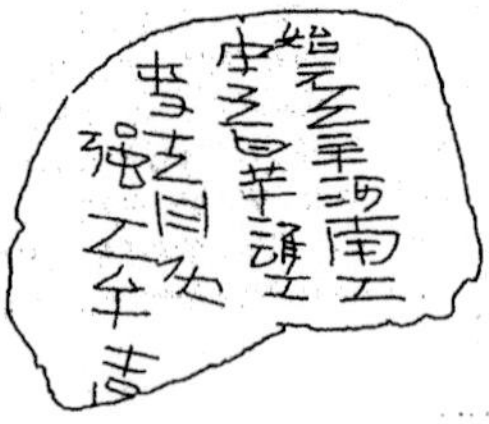	始元六年河南工史夫日芊護工史夫日佐□強工牟造	81 B.C.
宗 05	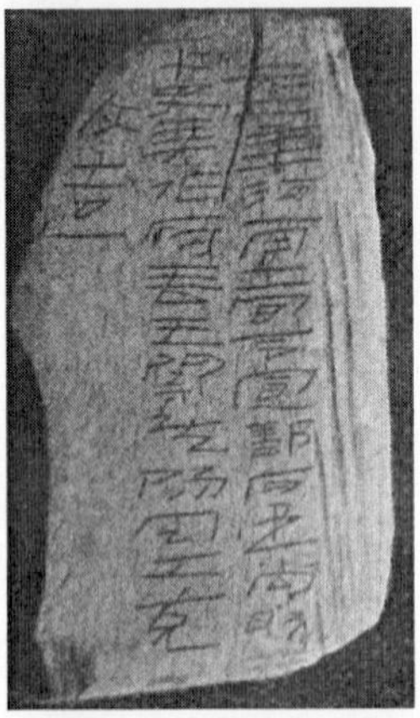	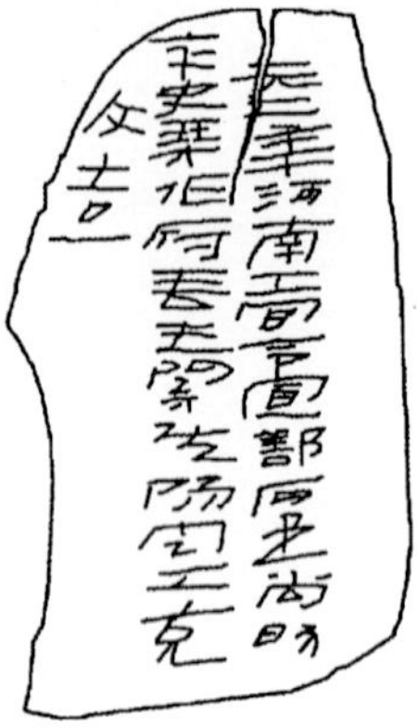	元二年河南工官令宣鄗石丞尚暘□卒史琹作府嗇夫關佐陽冗工充□父造	*85 B.C.
宗 06			石丞尚暘待夫關作楊冗	
宗 07	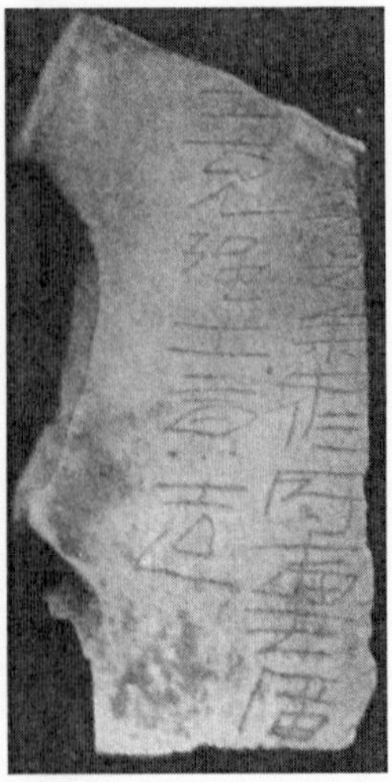	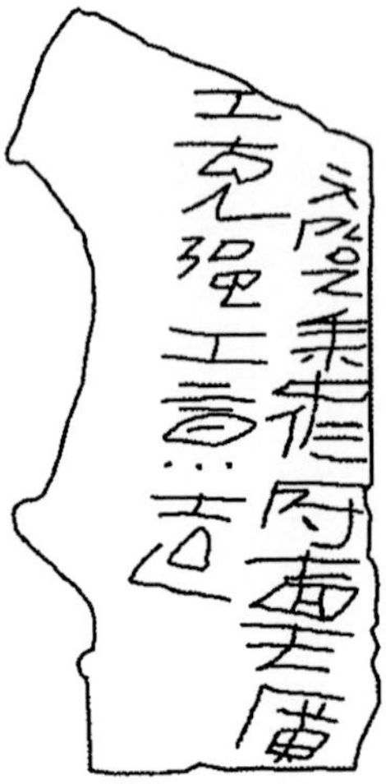	夫關乘中作府嗇夫廣工充強工□造	

宗 08			始元二年穎川工官令廣守望推工當令史造作府	85 B.C.
宗 09	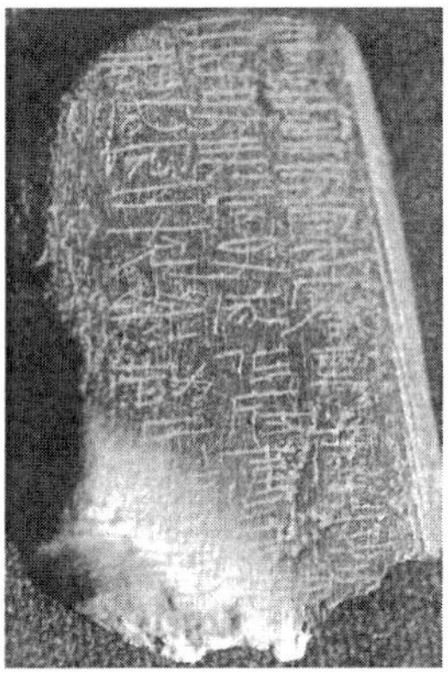	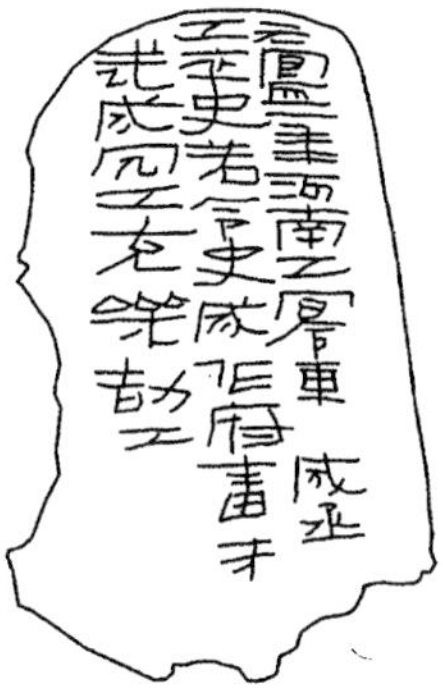	元鳳二年河南工官令廣成丞□工卒史若令史成作府嗇夫□武成冗工充素劾工□	79 B.C.
宗 10		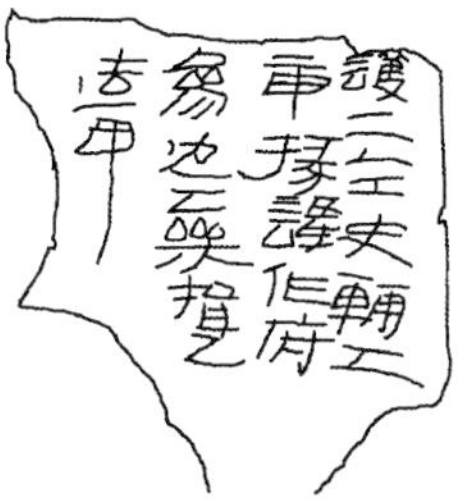	護工卒史輔工曹掾護作府參冗工素揖工造甲	
宗 11			守令若秦安世作府嗇昌□工世	

宗 12		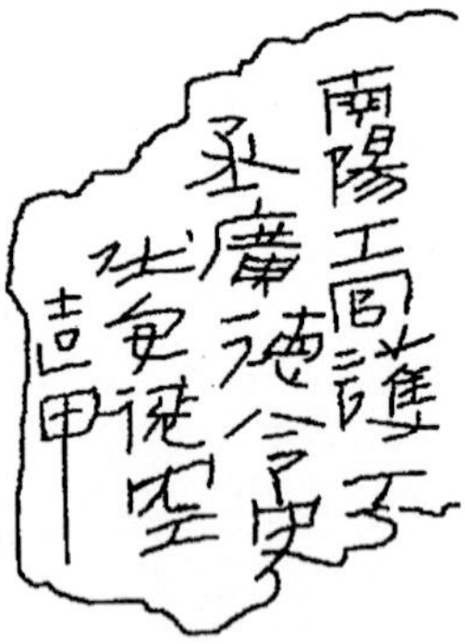	南陽工官護工□丞廣德令史佐安徒冗工造甲	
宗 13	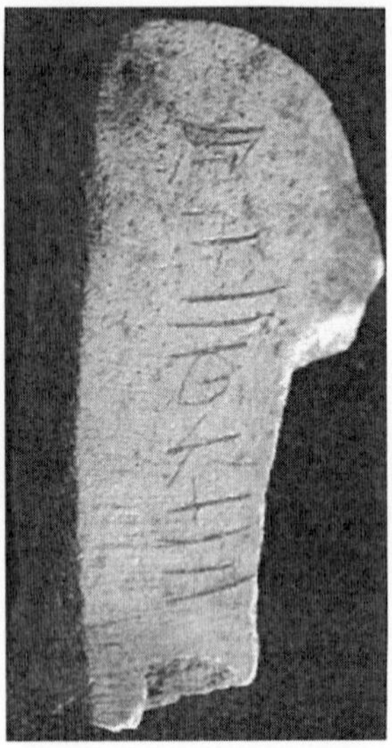		兩千二百六十三	

四、《雙劍誃古器物圖錄》中骨簽(三組，共 34 片。)

〈漢日辰骨簽十二枚一〉

代 號	骨簽圖版	拓　本	釋　文	備註
12-1-1	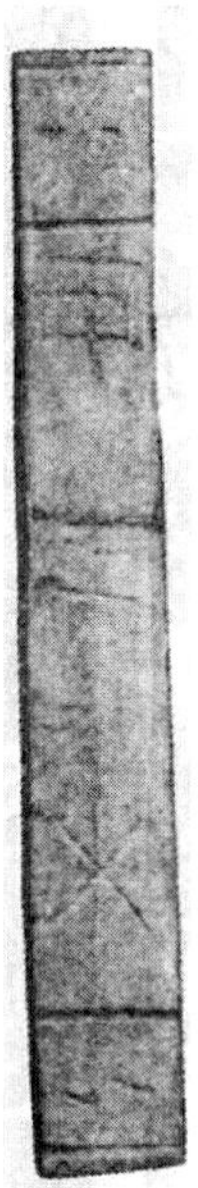		甲子木	*
12-1-2	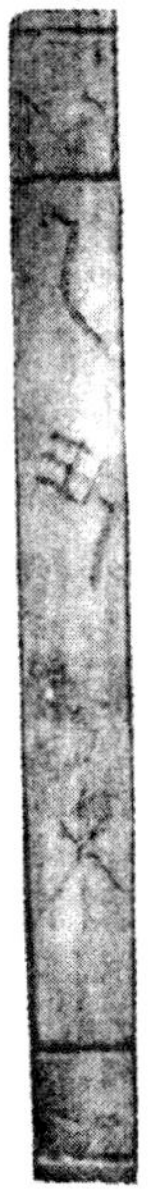		乙丑木	

12-1-3			丙寅火	*
12-1-4	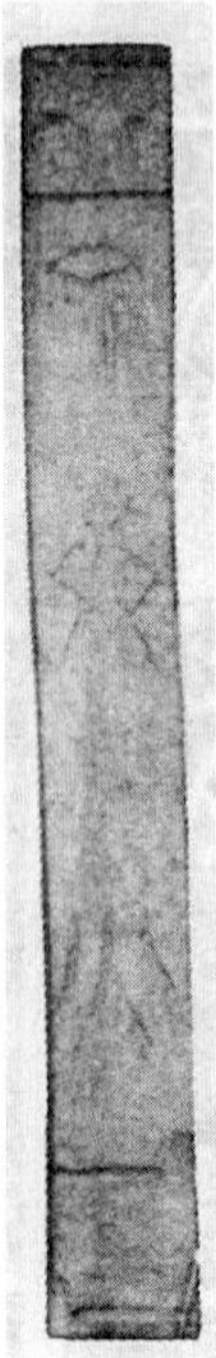		丁卯火	*

12-1-5			戊辰土	
12-1-6	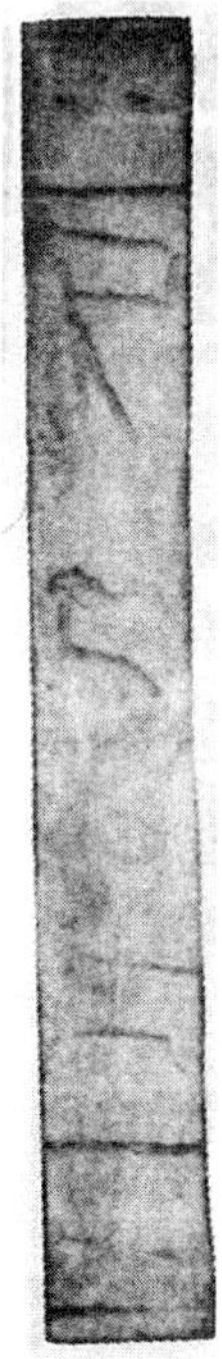		己巳土	*

12-1-7	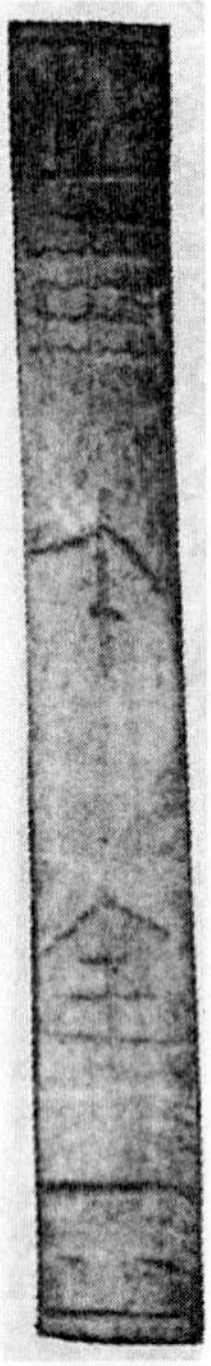		庚午金	＊
12-1-8			辛未金	＊

12-1-9			壬申水	＊
12-1-10			癸酉水	＊

12-1-11			甲戌木	*
12-1-12	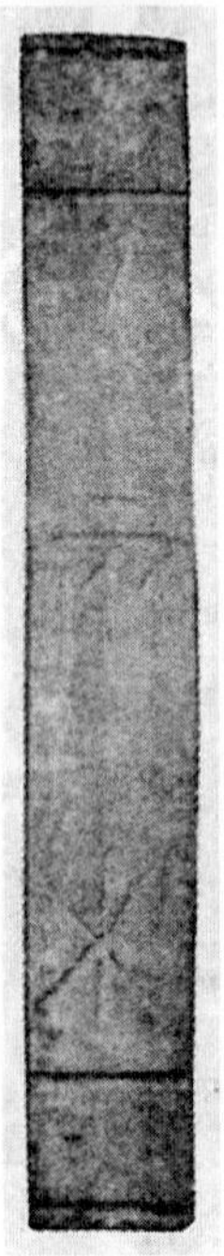		乙亥木	*

*爲邯鄲市博物館徵集之骨簽，共 11 片，惟 1 片過度殘缺無法辨認釋文。

〈漢日辰骨簽十二枚二〉

代 號	骨簽圖版	拓　本	釋　文	備註
12-2-1	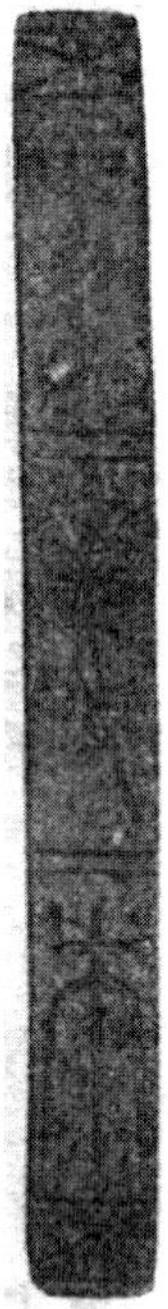		甲子木	
12-2-2			乙丑木	

12-2-3	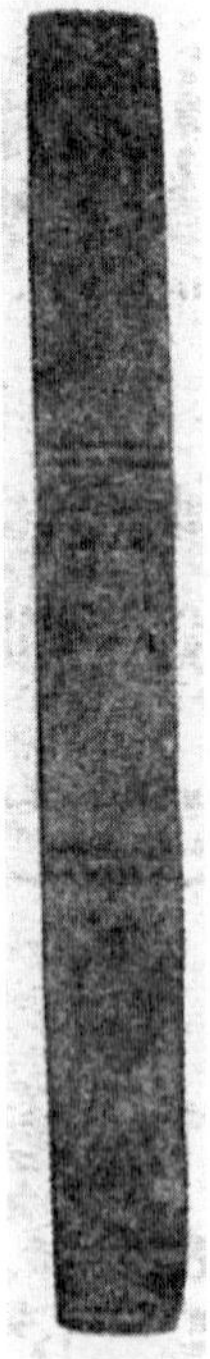		丙寅火	
12-2-4	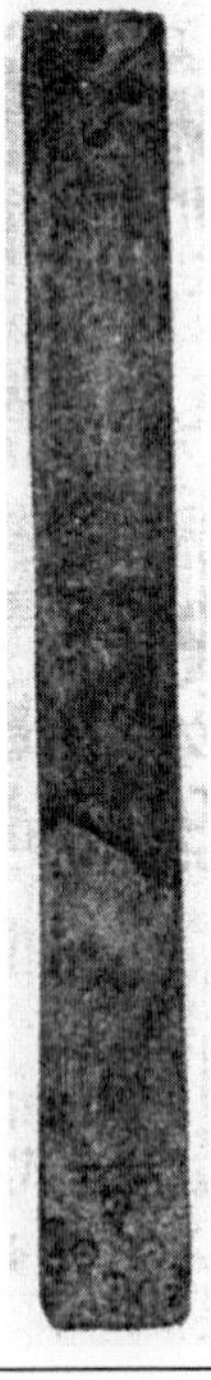		丁卯火	

12-2-5	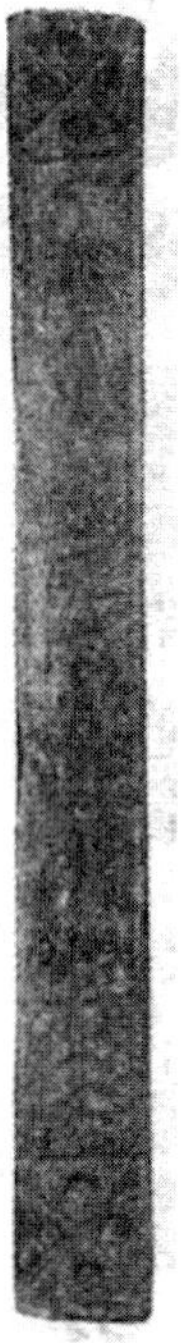		戊辰土	
12-2-6	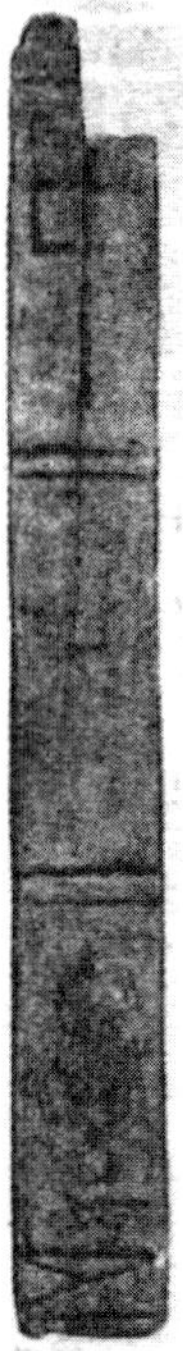		己巳土	

12-2-7		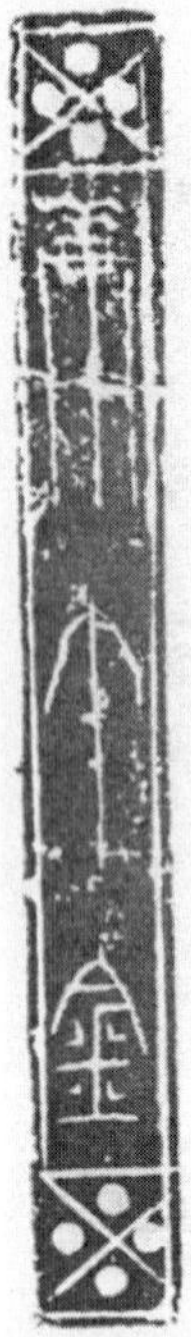	庚午金	
12-2-8	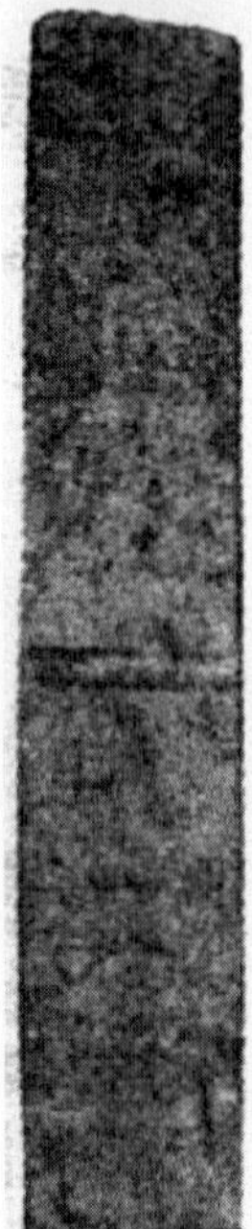		辛未	

12-2-9			壬申水	
12-2-10	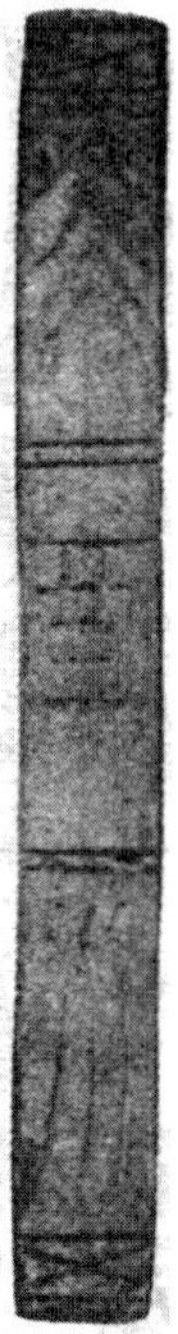		癸酉水	

12-2-11	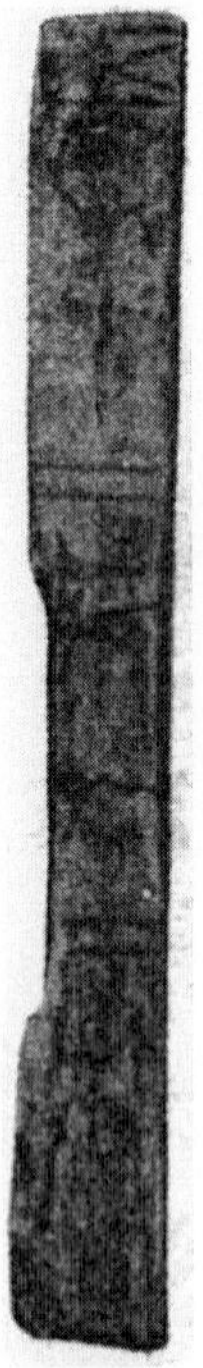		甲戌木	
12-2-12	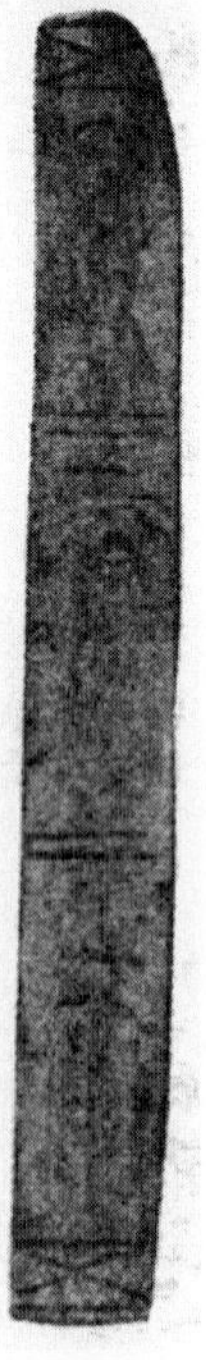		乙亥木	

〈漢日辰骨簽十片〉

代號	骨簽圖版	拓本	釋文	備註
10-1			甲子木	
10-2			乙丑木	

10-3		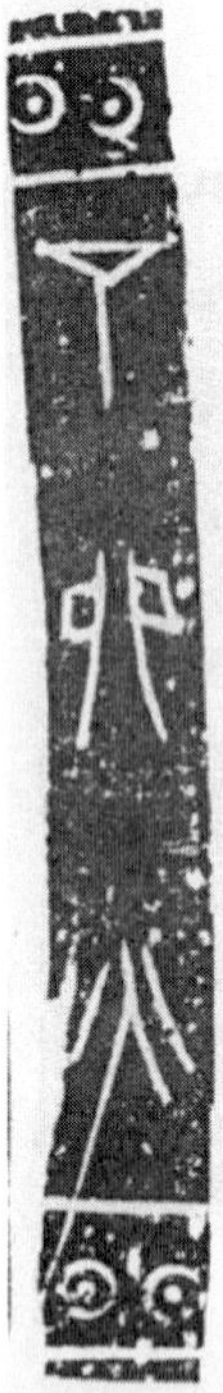	丁卯火	
10-4	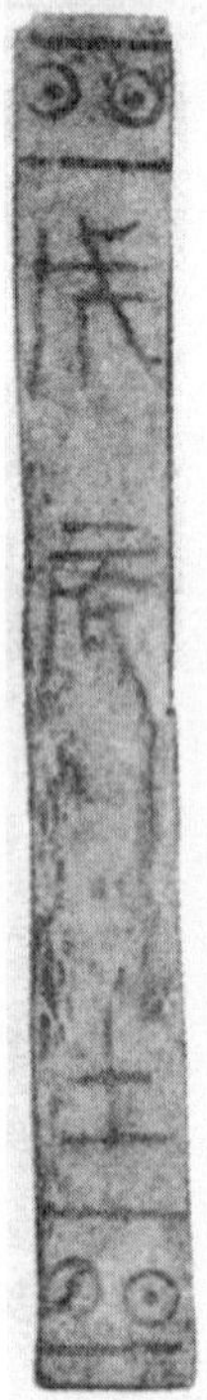		戊辰土	

10-5	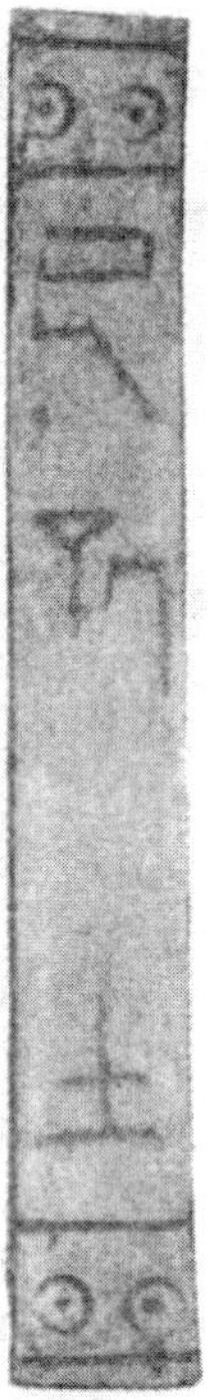	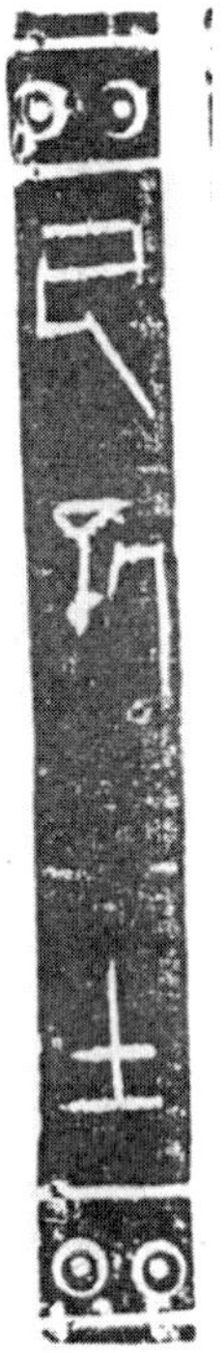	己巳土	
10-6	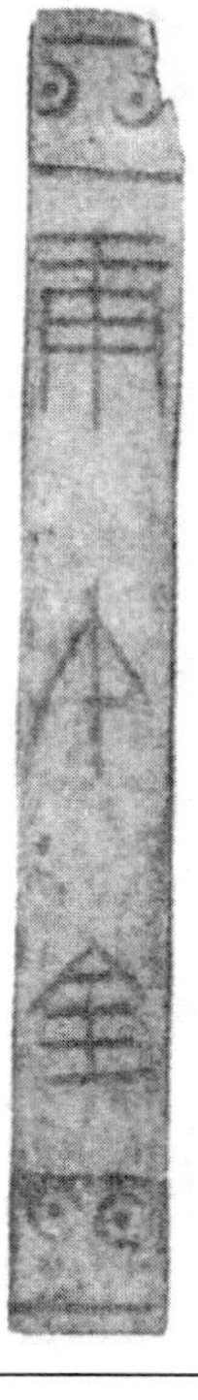	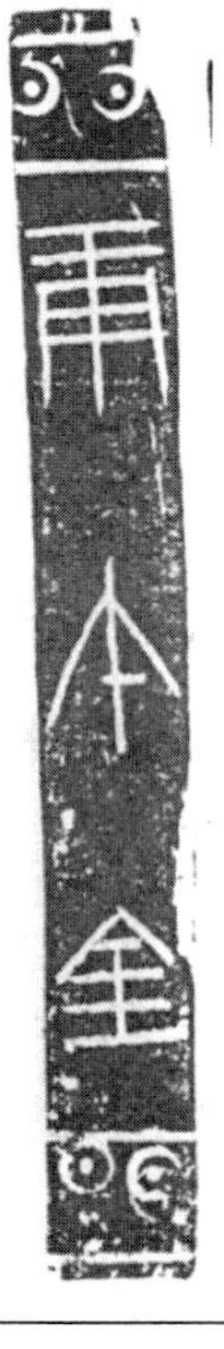	庚午金	

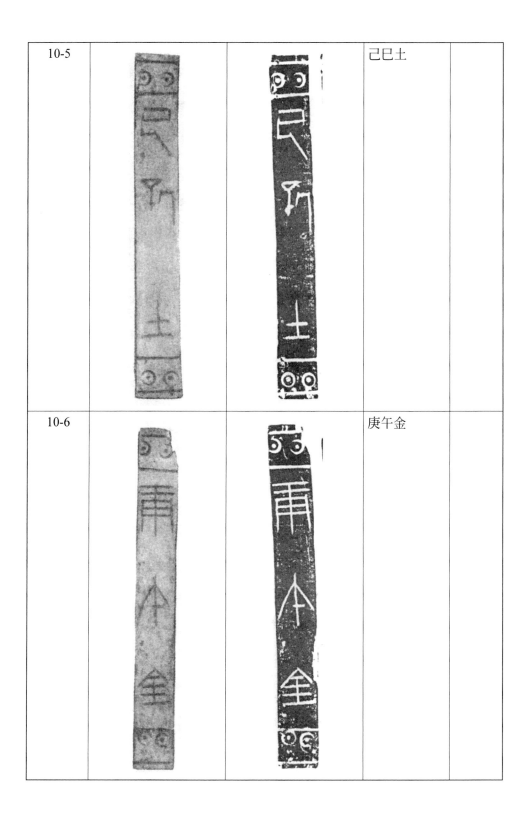

10-7			辛未金	
10-8			壬申水	

10-9			甲戌木	
10-10			乙亥木	

附錄二　骨簽單字字庫

	字例					
元	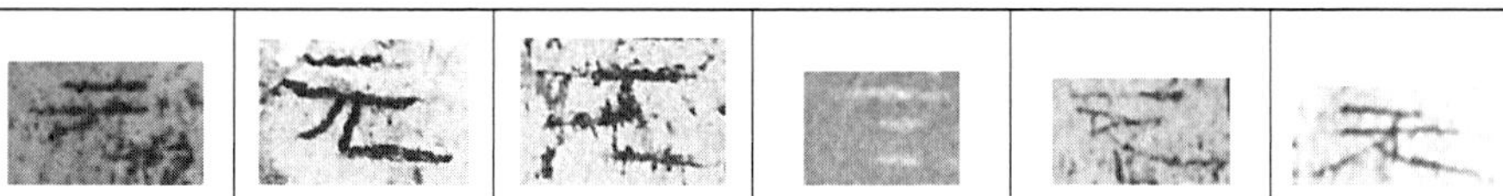					
	00555	01132	01484	02244	02534	02632
	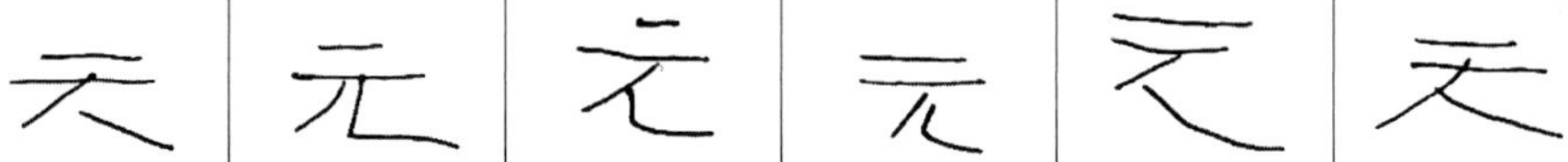					
	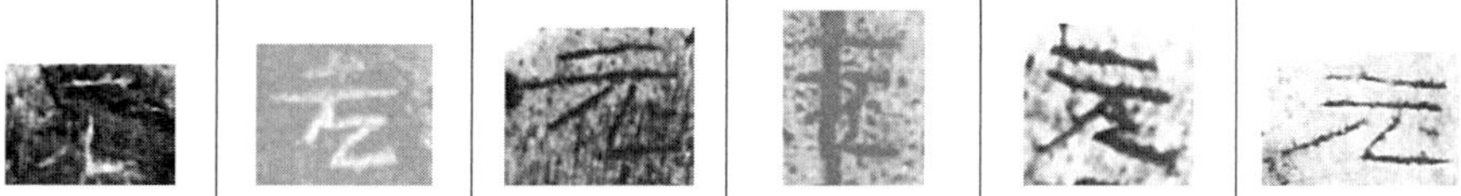					
	02824	02858	03662	04684	04899	05247
	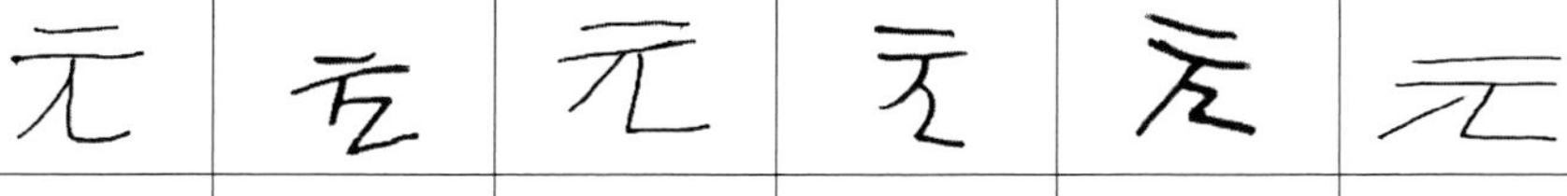					
	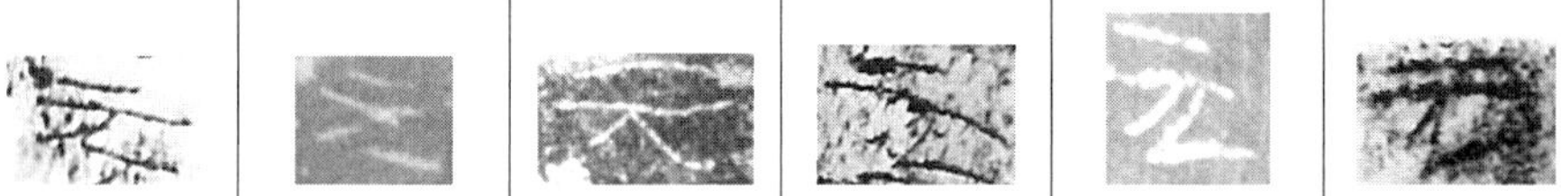					
	06441	06549	06550	06651	07103	07194
	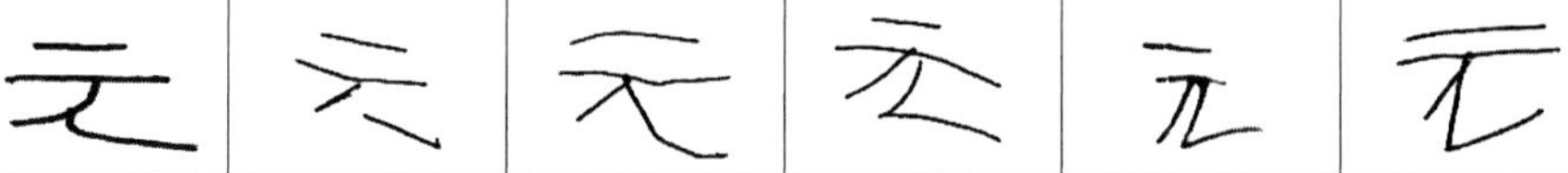					
	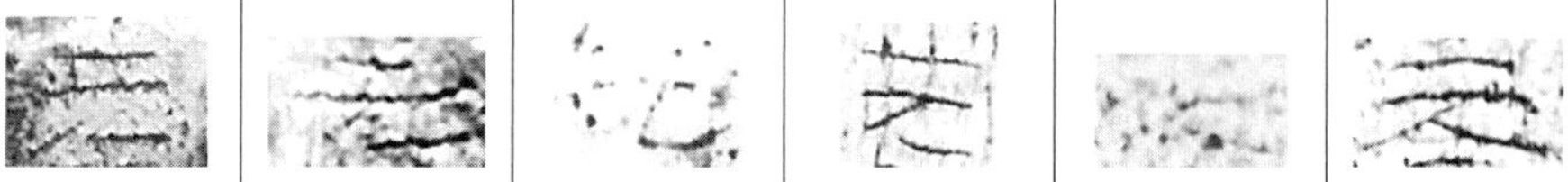					
	07566	07658	08189	08194	08265	08265
	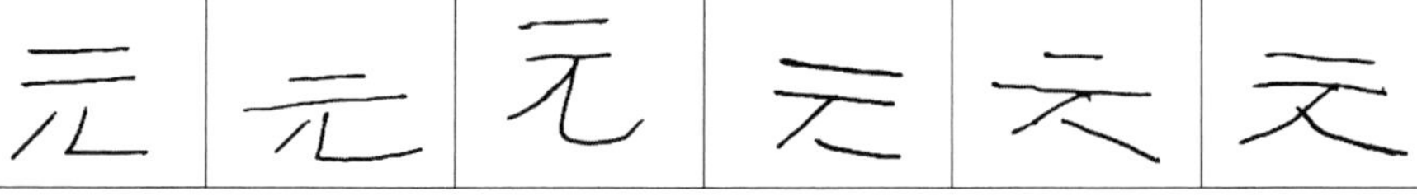					

	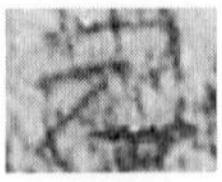 08506	 08934	 08937	 09065	 09109	 09180
	 09229	 09542	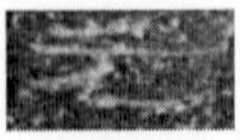 10826	 10950	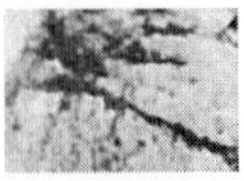 11410	 12682
	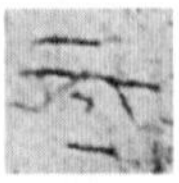 12698	 13274	 13274	 13357	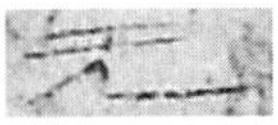 13358	 13469
	 13476	 13601	 13602	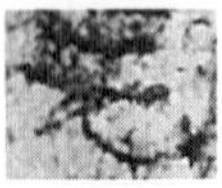 13944	 13959	 14050
	 08384					

	字例					
一	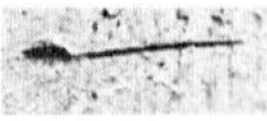 00070	 00672	 03507	 07188	 08450	 09448

	字　　例					
二	00070	00161	00315	00358	00358	00667
	00715	01121	01326	01332	02018	02883
	03228	03268	03507	04810	04839	06549
	07044	07103	07952	07952	08047	08181
	08194	08558	08651	08937	09040	09429
	09542	11078	11492	12172	13448	13469
	13602	14050				

	字　　例					
三	00555	00683	01337	01484	02534	02779
	03058	03228	03228	03268	03333	03608
	04345	04899	05232	05267	05710	05718

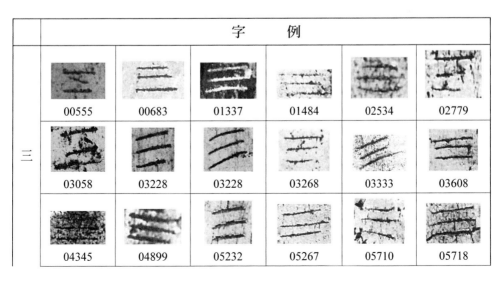

	05738	06250	06332	06725	06780	07172
	07916	07952	08506	08647	08934	09769
	09927	09943	10229	10243	10371	10371
	10659	10950	11006	11031	11492	11643
	11919	11968	12319	12460	13041	

	字例					
四	00263	00359	00470	00495	01132	01514
	01595	01802	02244	02779	02825	03058
	03174	03228	03662	03777	03777	04987
	05445	08500	09180	09229	09429	09769
	10032	11265	11401	12682	13355	13959

	字　　例					
五	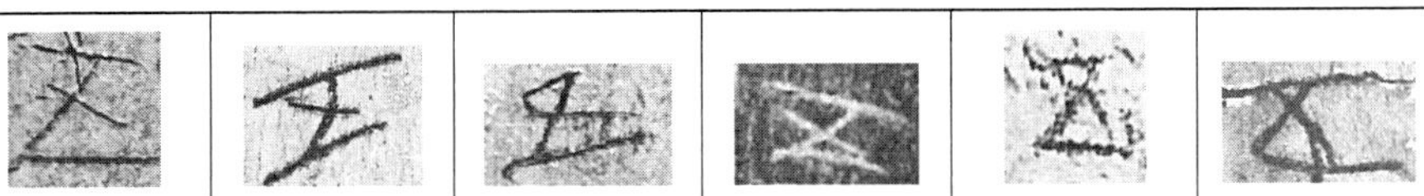					
	00054	00234	00263	00335	00667	01121
	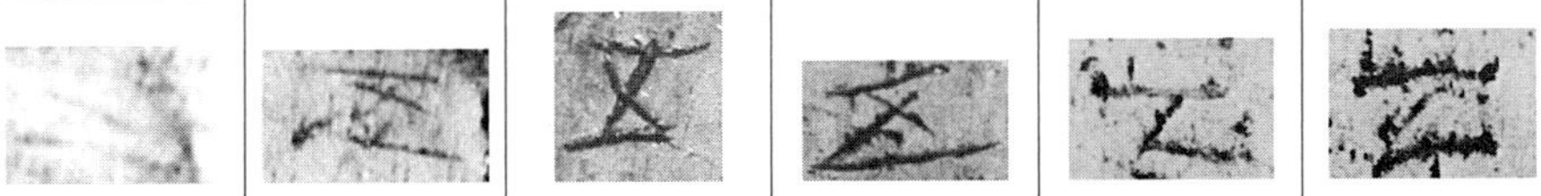					
	01390	01505	01514	02883	03058	03058
	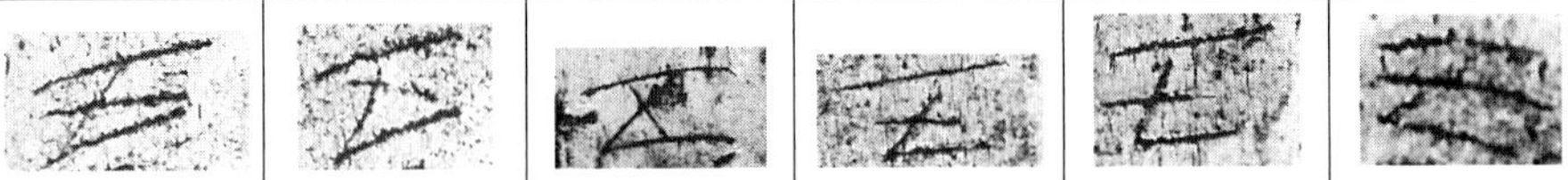					
	03333	03333	03608	05445	05445	06017
	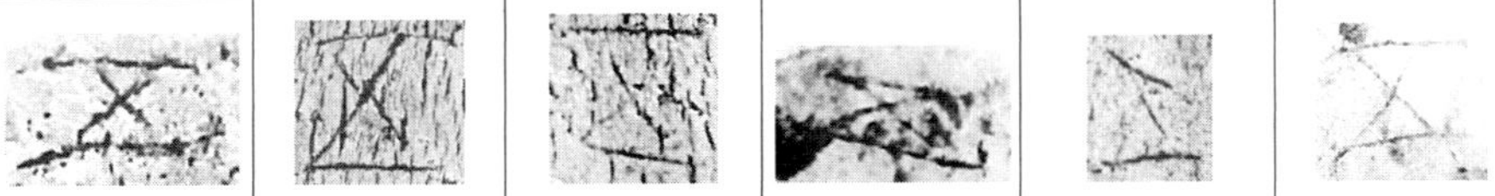					
	06286	06708	07044	08461	08675	10032
	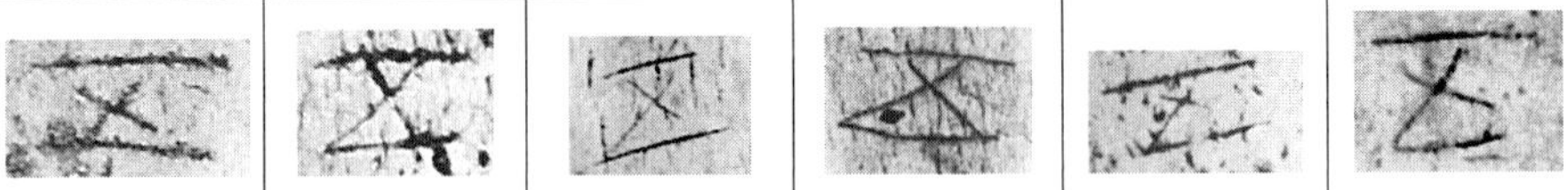					
	10229	10371	11070	11155	11342	11492
	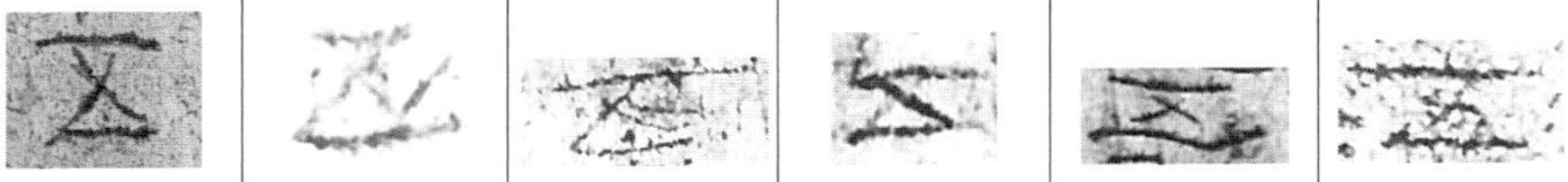					
	12172	12460	13041	13476	13601	13690

	13944					

	字　　例					
六	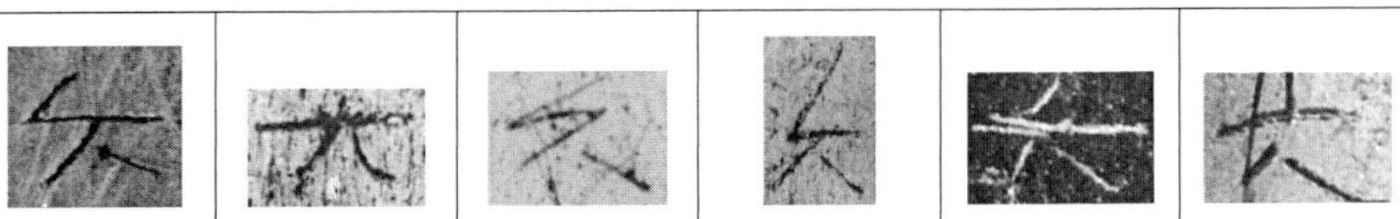					
	00041	00348	00358	00359	00495	00672
	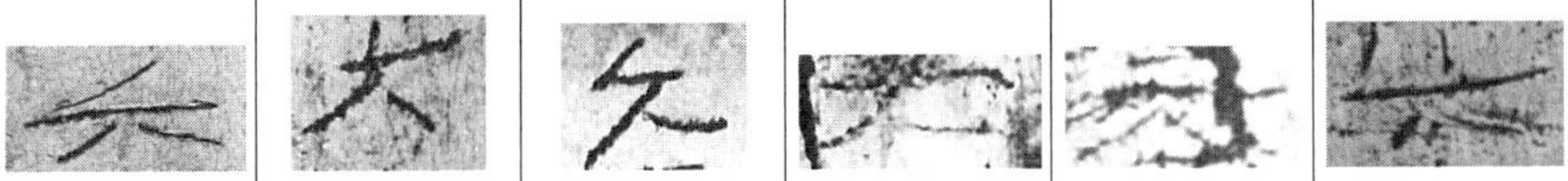					
	01163	01223	01258	02268	02632	02883

	02283	03228	03777	04587	04810	05182
	05182	05294	05710	06441	06640	07172
	07188	07353	08354	08675	08934	09927
	10659	11126	11159	11286	11410	11968
	12465	13041	13099	13357	13358	13359
	09109					

	字例					
七	01332	03268	06708	06708	07044	07459
	09943	10096	10659			

	字例					
八	00234	00263	00358	01026	01121	01713

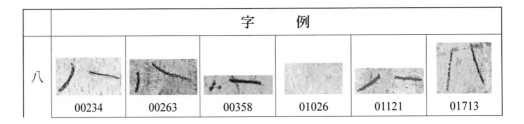

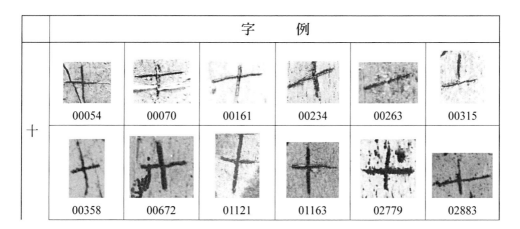

	01838	02257	03333	05445	05738	07044
	07459	07952	08647	09682	10096	10243
	11155	11968				

	字　　例					
九	00672	01163	02779	02972	02972	03608
	05267	05718	07459	07916	07916	08450
	09682	10032	11342	11968	12172	12460

	字　　例					
十	00054	00070	00161	00234	00263	00315
	00358	00672	01121	01163	02779	02883

	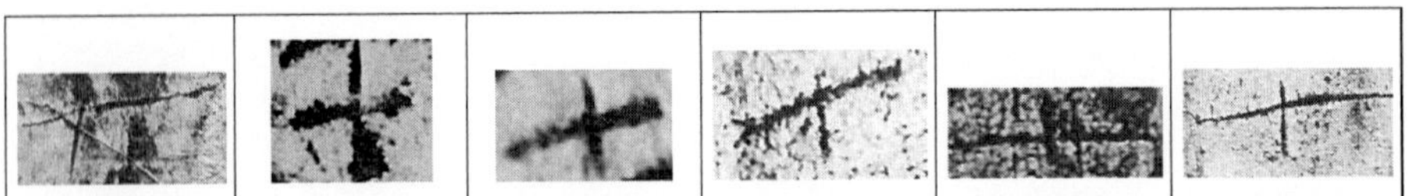					
	02972	03058	03228	03333	03507	05267
	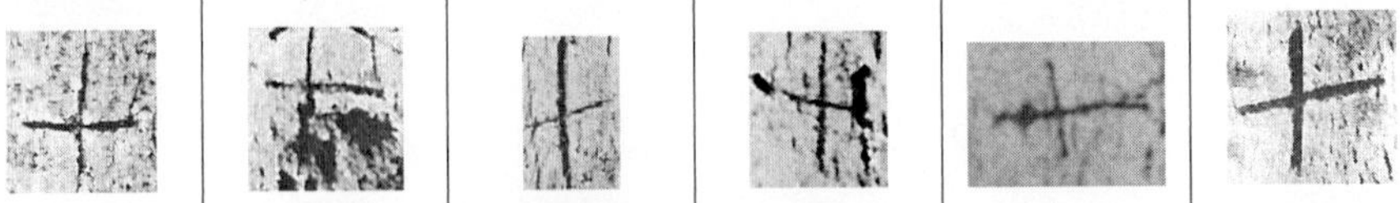					
	05445	05710	06708	07044	07353	08450
	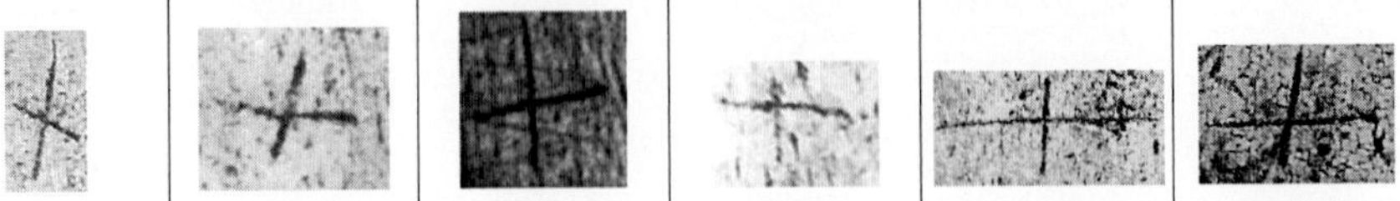					
	08647	08675	09429	09448	09682	09682

	09943	10026	10032	10229	10659	11070
	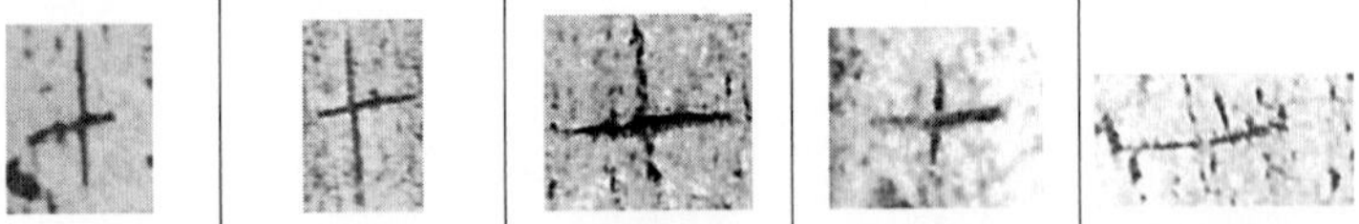					
	11342	11358	11968	12460	13041	

	字　　例					
廿	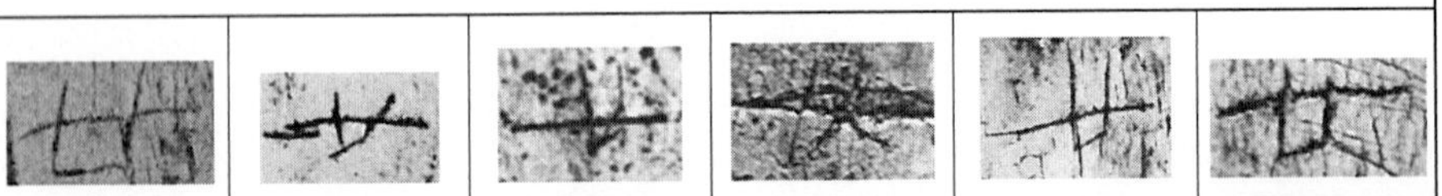					
	01332	03608	05182	07172	07459	10371
	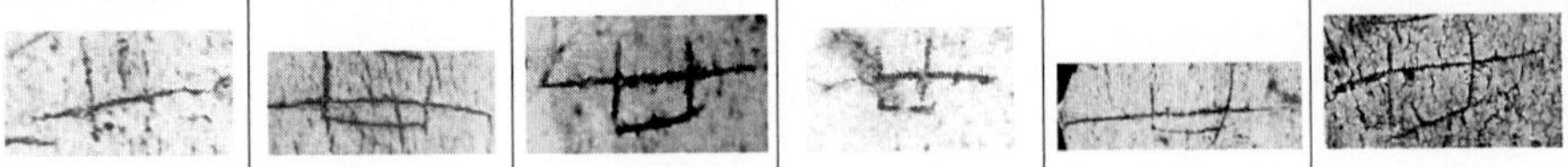					
	11078	11155	11492	11643	13143	13574

	字　　例					
卅	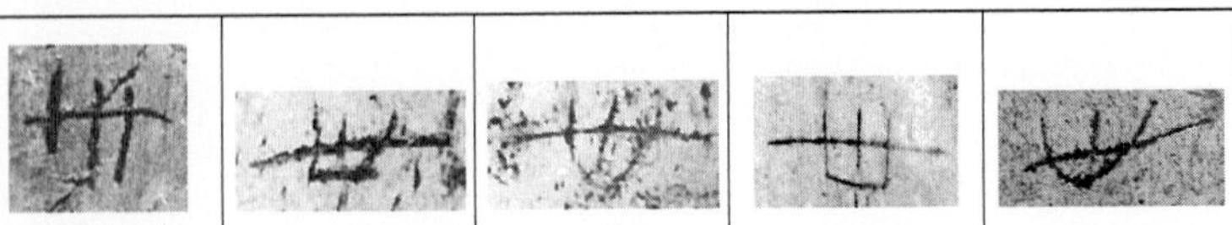					
	01514	05232	05738	10026	12172	

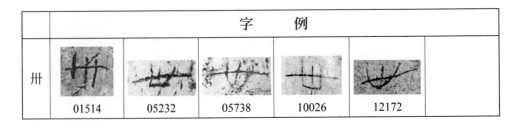

	字　例					
冊	 02972	 03777	 04810	 05718	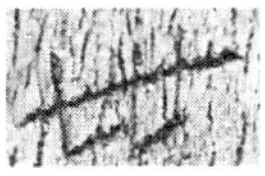 06565	 07952
	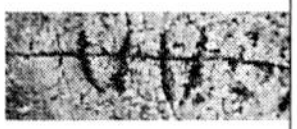 09769	 10096				

	字　例					
七十	 03268	 09943	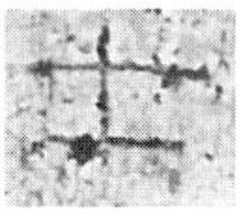 10659			

	字　例					
八十	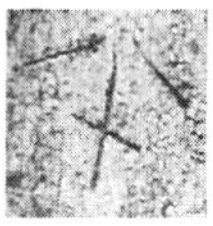 08647					

	字　例					
百	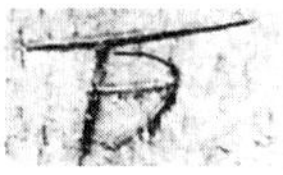 00070 	 00263 	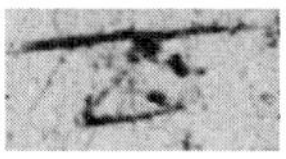 00358 	 00672 	 01121 	 00163 
	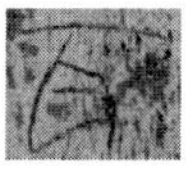 01332 	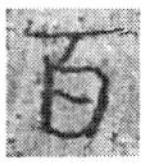 01514 	 02257 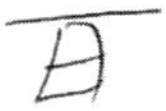	 02779 	 02883 	 02972

 03058	 03228	 03268	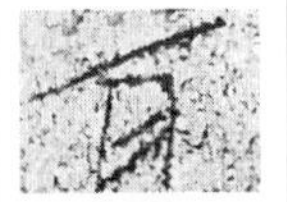 03333	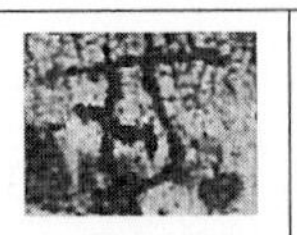 03507	 03777
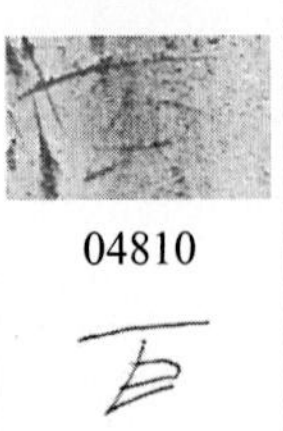 04810	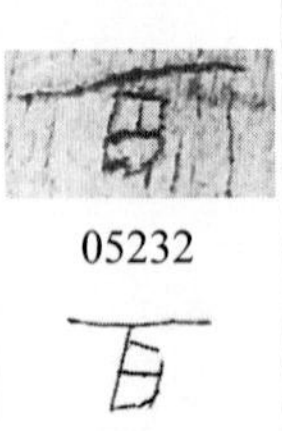 05232	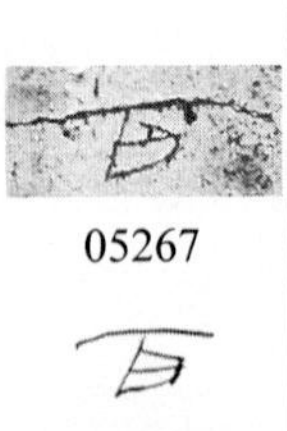 05267	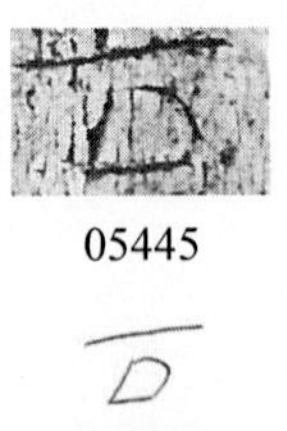 05445	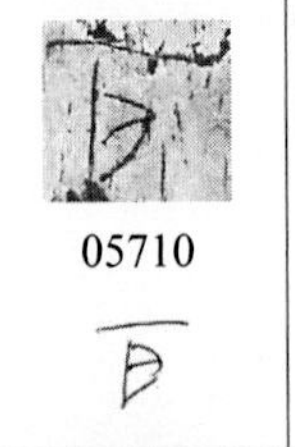 05710	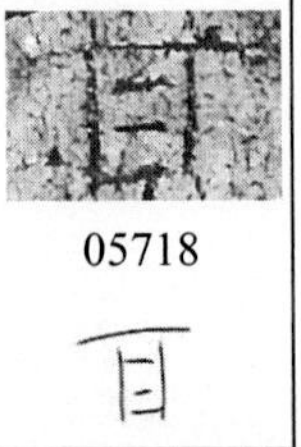 05718
 05738	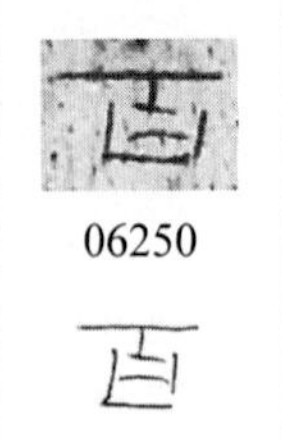 06250	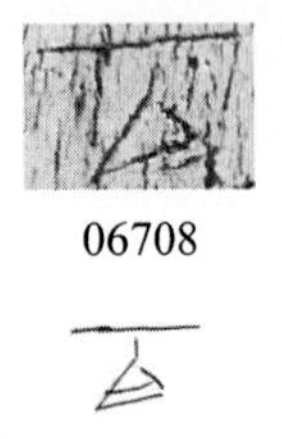 06708	 07044	 07172	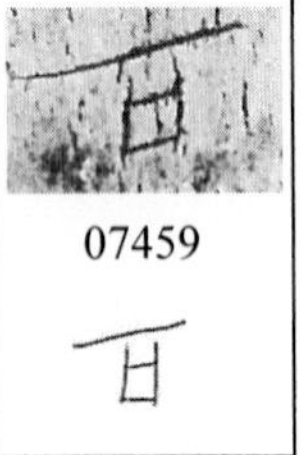 07459
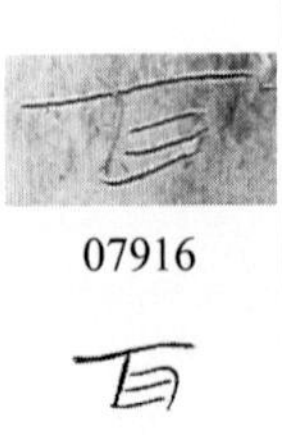 07916	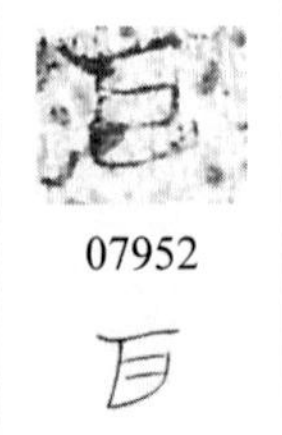 07952	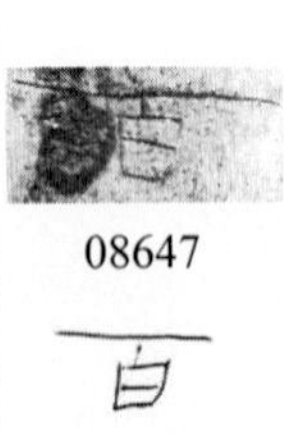 08647	 09429	 09682	 09769
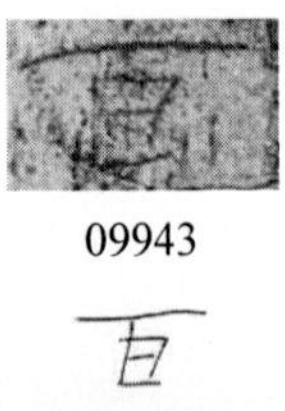 09943	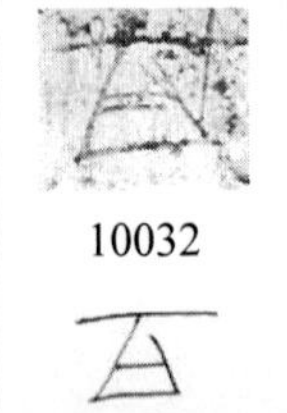 10032	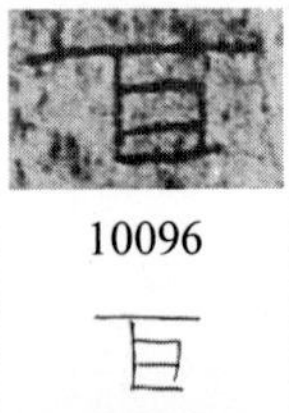 10096	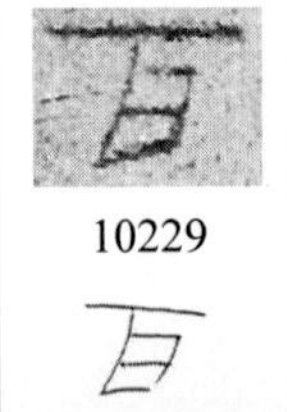 10229	 10243	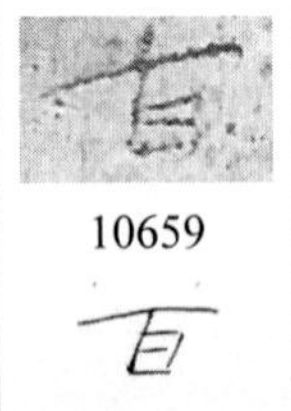 10659
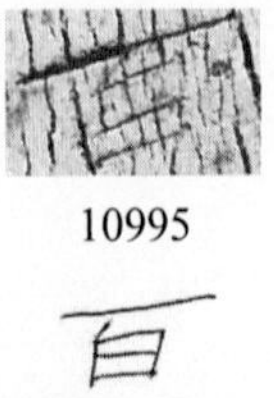 10995	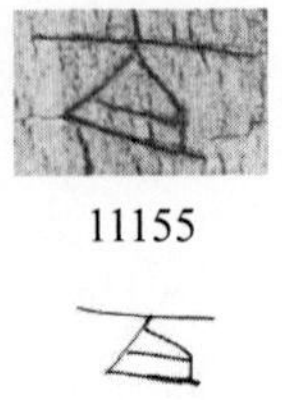 11155	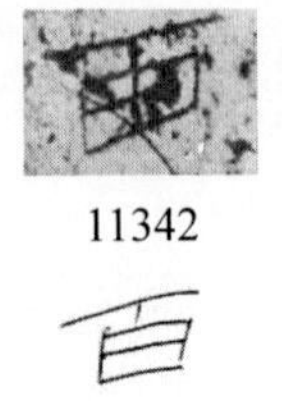 11342	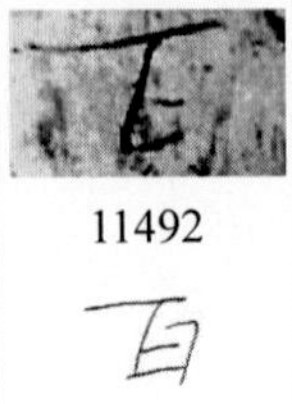 11492	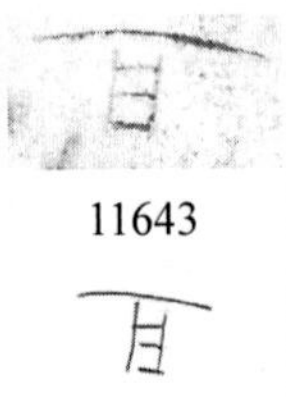 11643	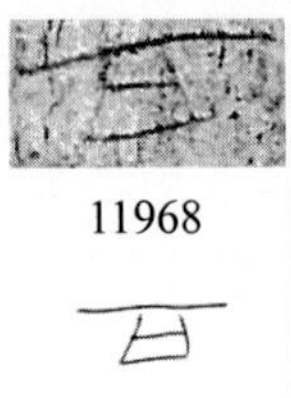 11968
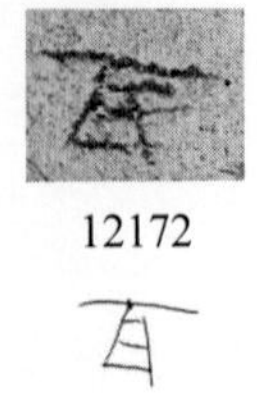 12172	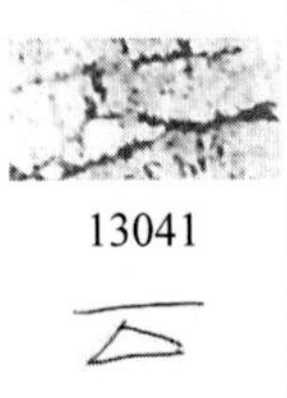 13041				

	字　　例					
千	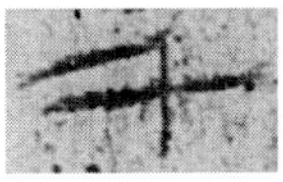 00358	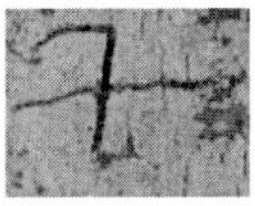 01332	 02632	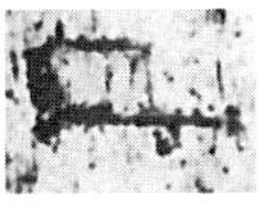 02779	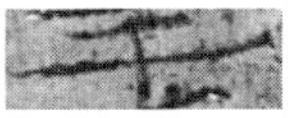 02883	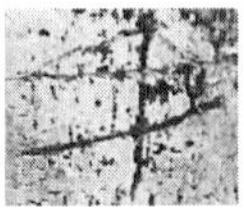 02972
	 03058	 03328	 03268	 03333	 03507	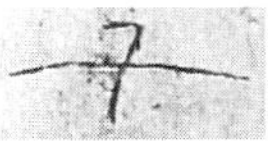 03777
	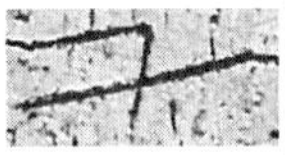 05267	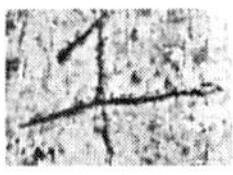 05445	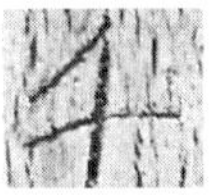 06708	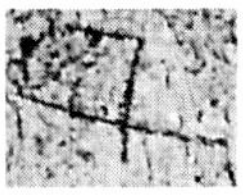 07044	 07459	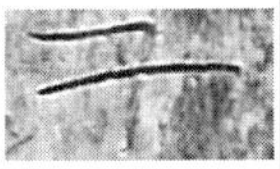 07916
	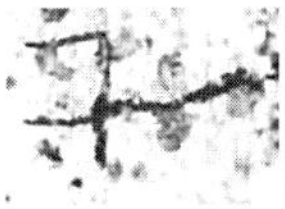 07952	 08265	 10026	 10032	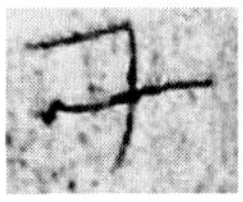 11492	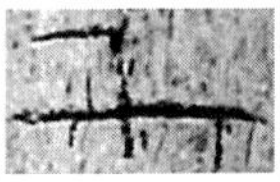 11968
	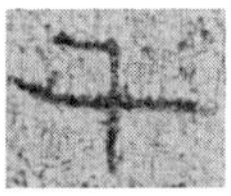 12172	 13041	 13601	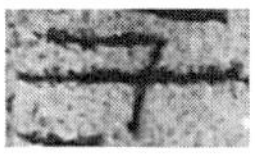 13601		

	字　　例					
萬	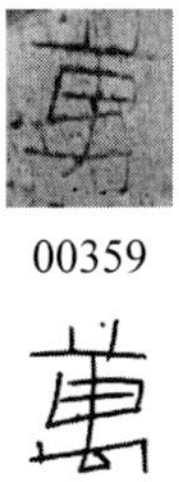 00359	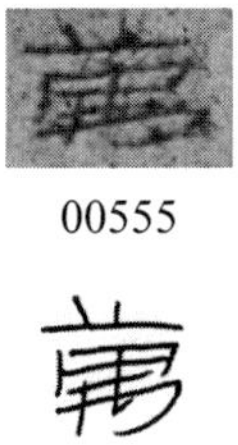 00555	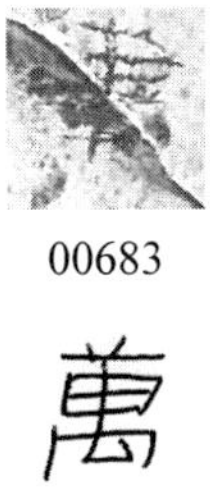 00683	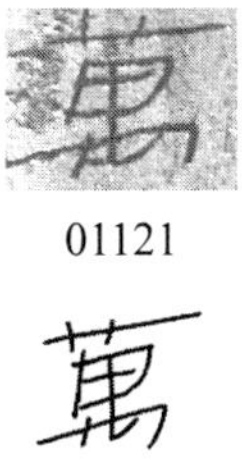 01121	 03228	 03507
	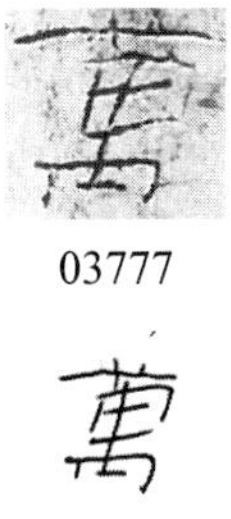 03777	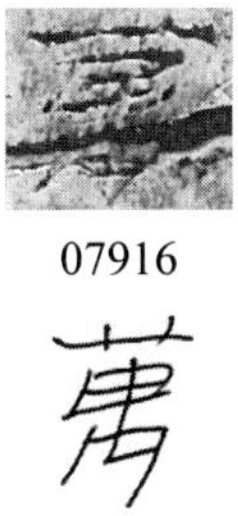 07916	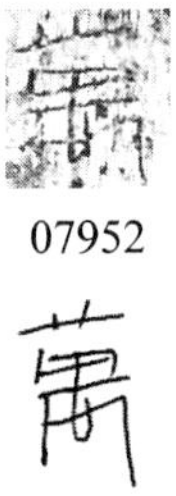 07952	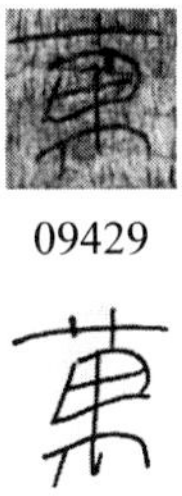 09429	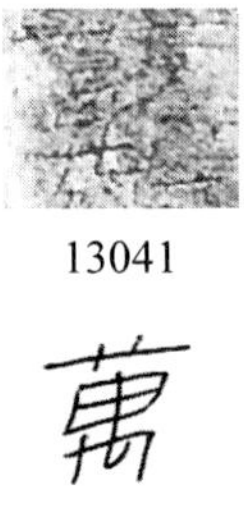 13041	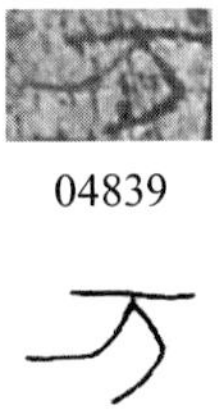 04839

	字例					
甲	 00234	 00672	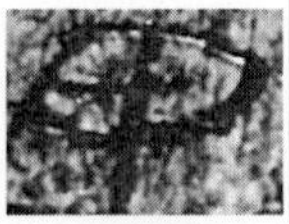 00715	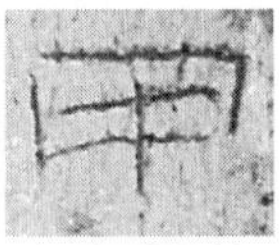 01713	 02257	 02779
	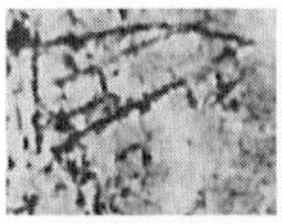 02972	 03507	 06549	 06550	 06725	 08047
	 08194	 08506	 08934	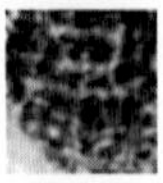 08937	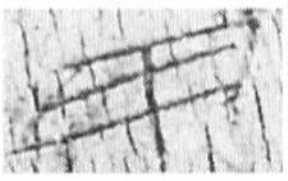 10995	 13355
	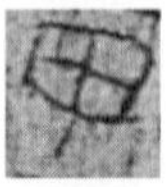 13448	 13476				

	字例					
乙	 00667	 01121	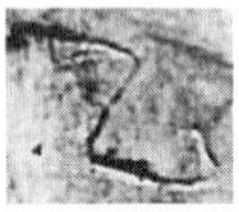 03777	 04899	 06708	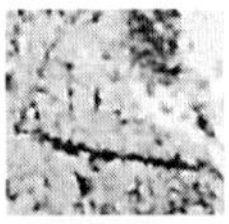 07044
	 08189	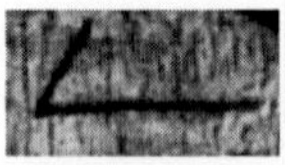 09429	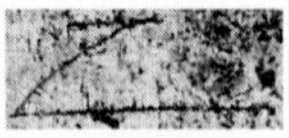 09682	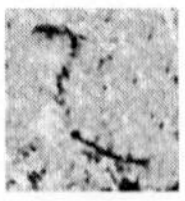 09769	 10026	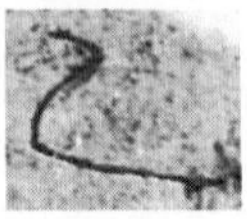 10096
	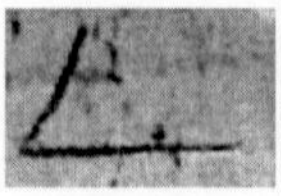 11492	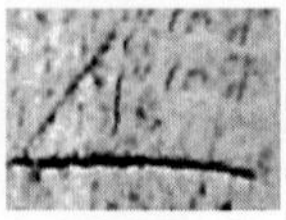 11968	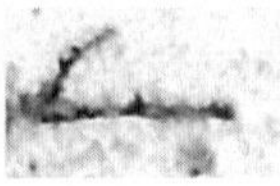 12460	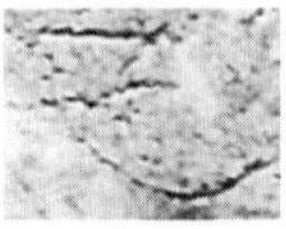 13357	 13469	

	字例					
丙	 00070	 00715	 01163	 01332	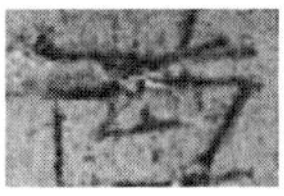 02283	 03058
	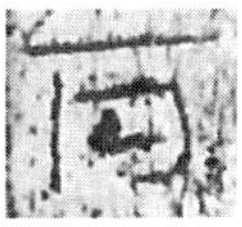 03268	 03333	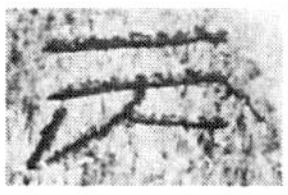 05445	 12172	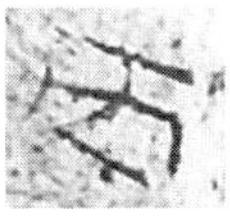 13274	

	字例					
丁	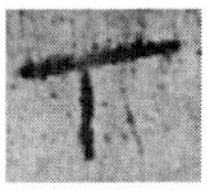 00358	 05267	 07459	 07916	 07952	 08506
	 10032	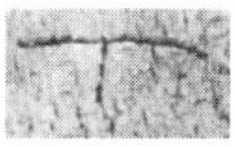 11155	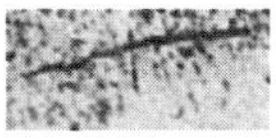 11342	 13476		

	字例					
服	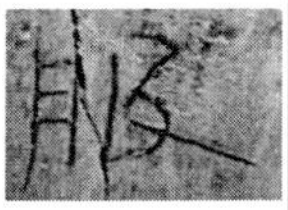 00041 	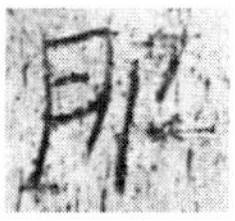 00348 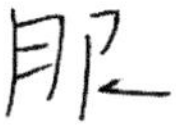	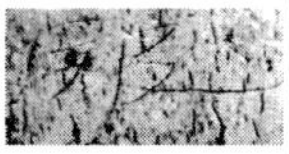 13359 			

	字例					
弩	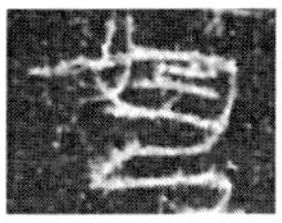 00495	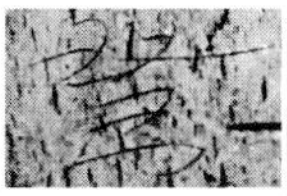 13359				

	字例					
夷	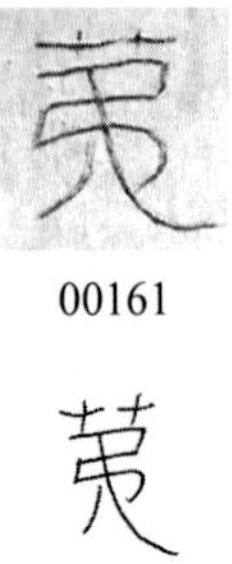 00161	 00263	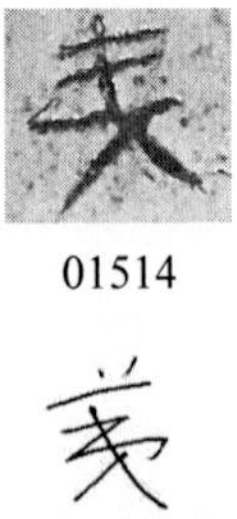 01514	 03228	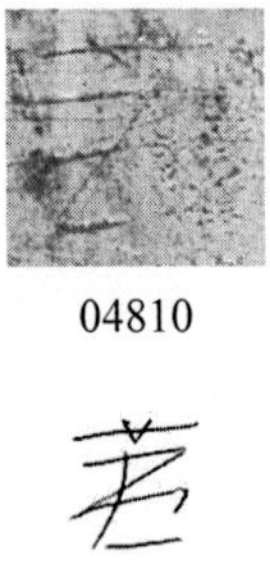 04810	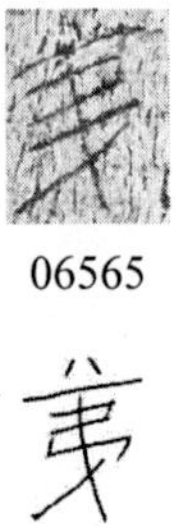 06565
	 08450	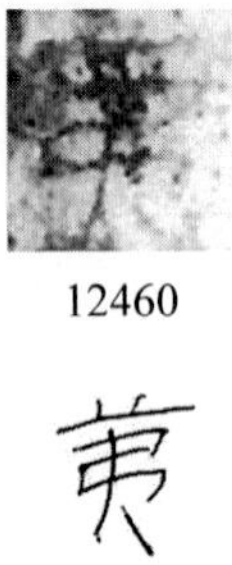 12460	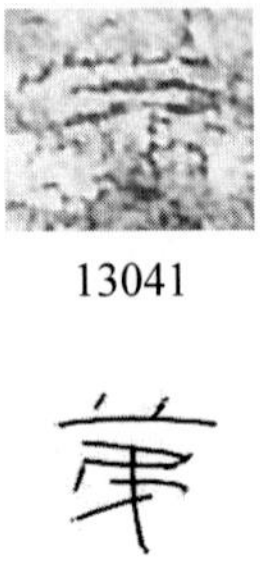 13041			

	字例					
射	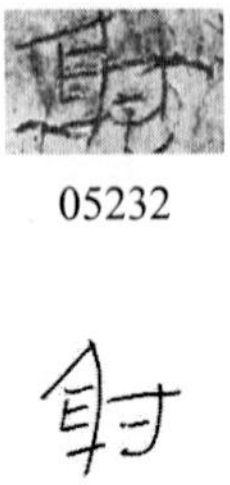 05232	 05710	 05718	 05738	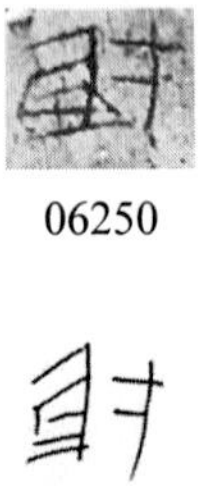 06250	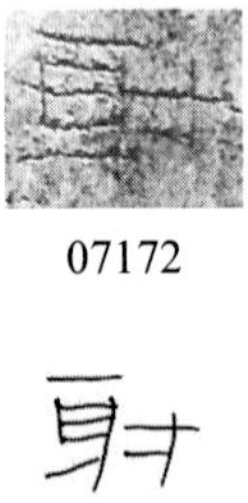 07172
	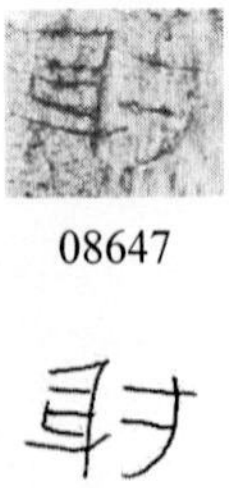 08647	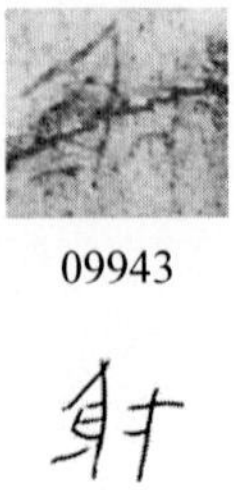 09943	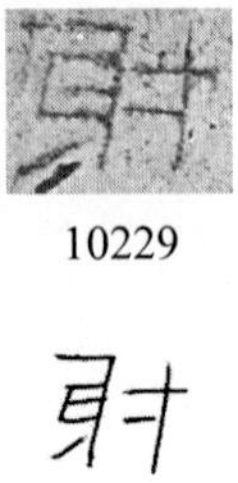 10229	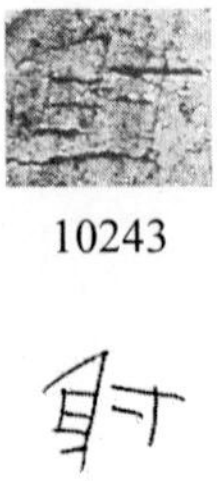 10243	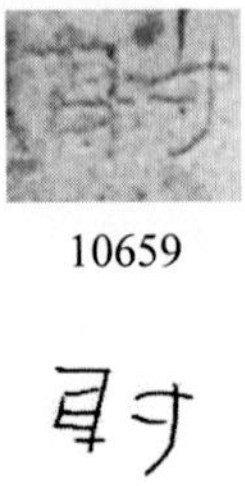 10659	 11643

	字　　例					
步	 05232 	 05710 	 05718 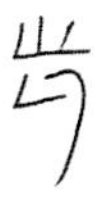	 05738 	 06250 	 07172 
	 08647 	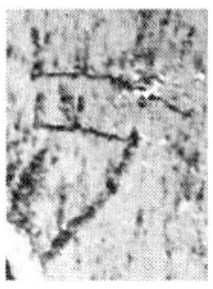 09943 	 10229 	 10243 	 10659 	 11643 

	字　　例					
力	 00040	 00054	 00315	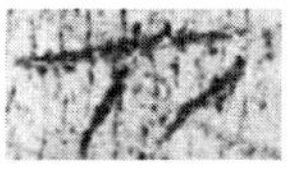 00348	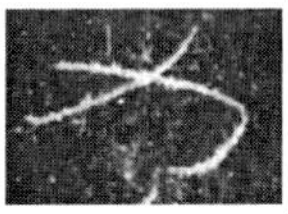 00495	 01026
	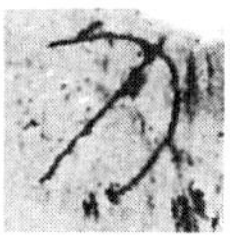 03608	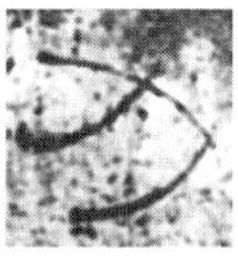 05182	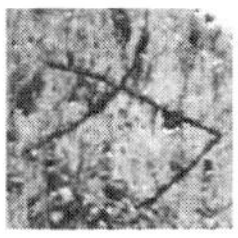 07188	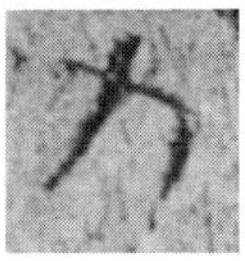 07353	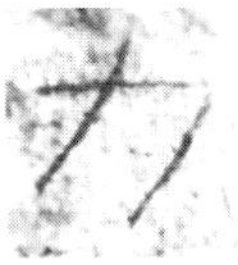 08675	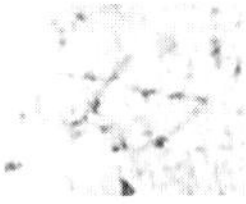 09448
	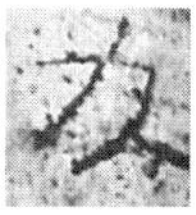 09927	 10371	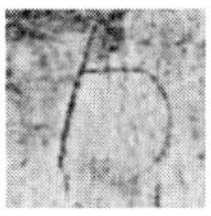 11070	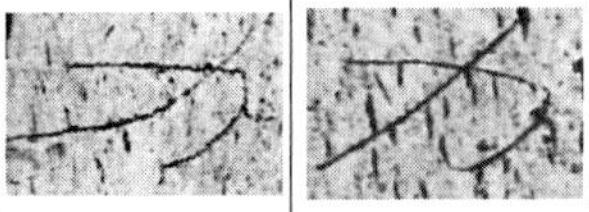 13143	13359	

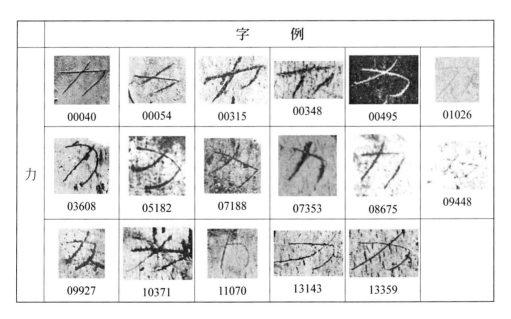

	字例					
石	 00040	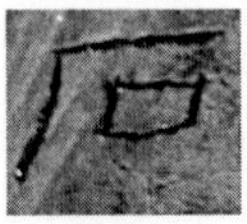 00041	 00054	 00315	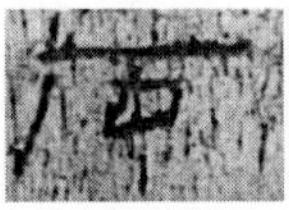 00348	 00359
	 00495	 01026	 01219	 01223	 01838	 03608
	 05182	 07188	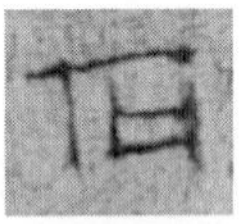 07353	 08675	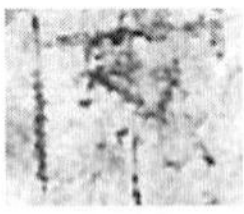 09448	 09927
	 10371	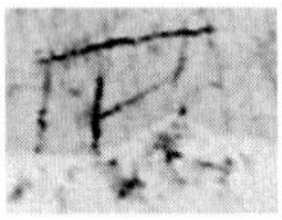 11070	 11078	 11126	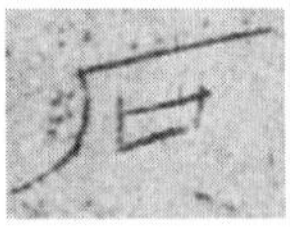 11159	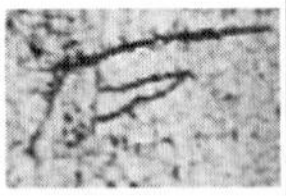 11358
	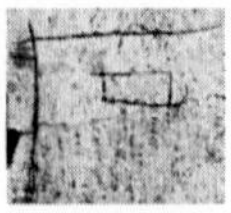 13143	 13274	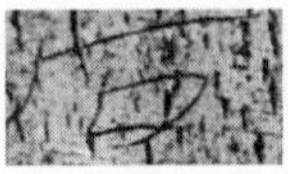 13359	 13574		

	字例					
乘	 00315 	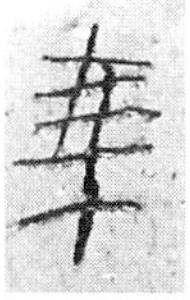 01219 	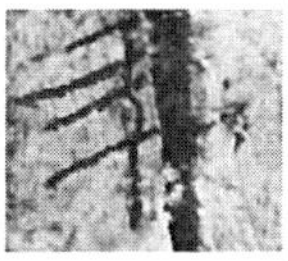 01223 	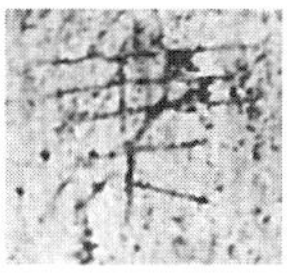 01838 	 09448 	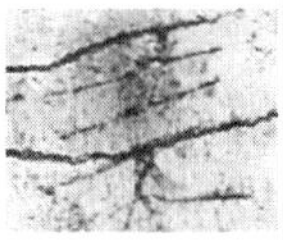 11078 
	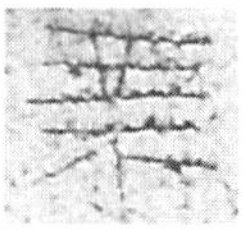 11126 	 11159 	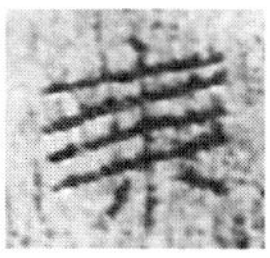 11358 			

	字例					
輿	 00315 	 01219 	 01223 	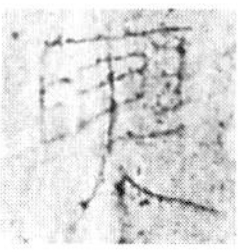 01838 	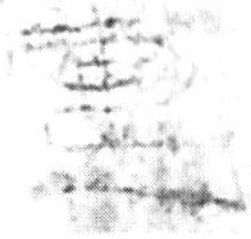 09448 	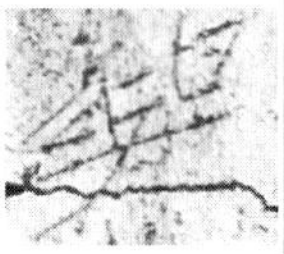 11078 
	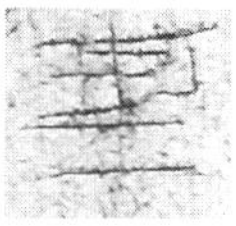 11126 	 11159 	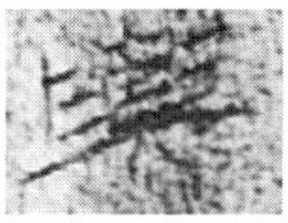 11358 			

	字例					
御	 06549 	 08194 	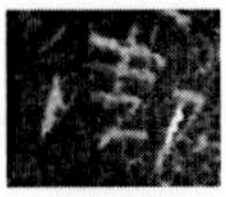 08937 	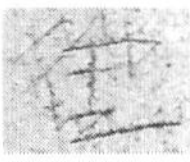 11126 	 11358 	

	字例					
弋	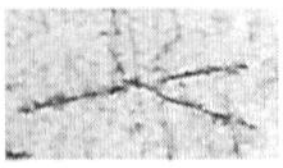 11126	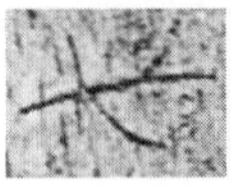 11358				

	字例					
燥	 01219	 01223	 01838	 11159		

	字例					
大	 01219	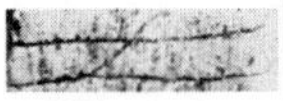 13143	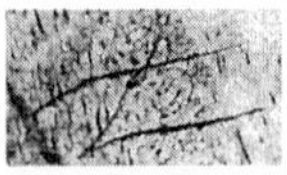 13574			

	字例					
黃	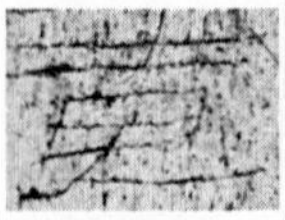 13143 	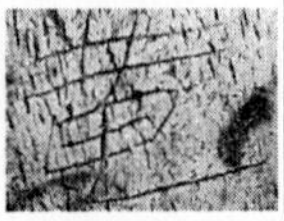 13574 				

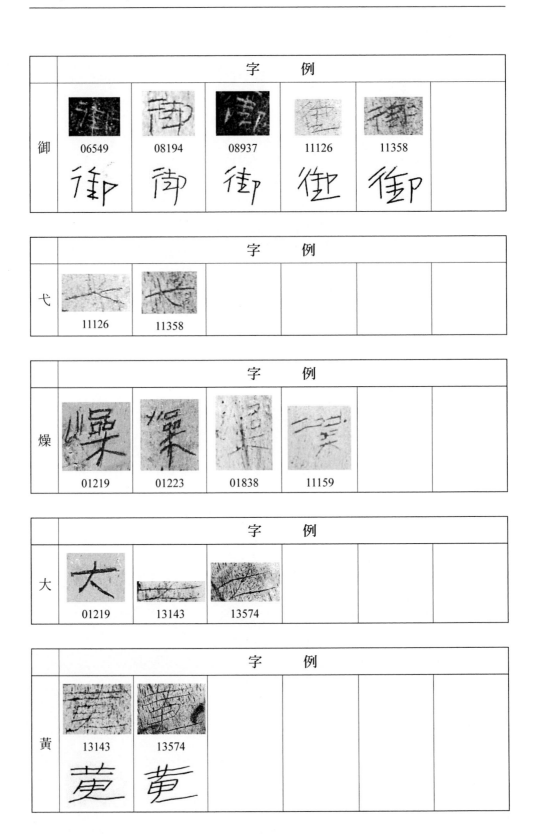

	字　　例					
斤	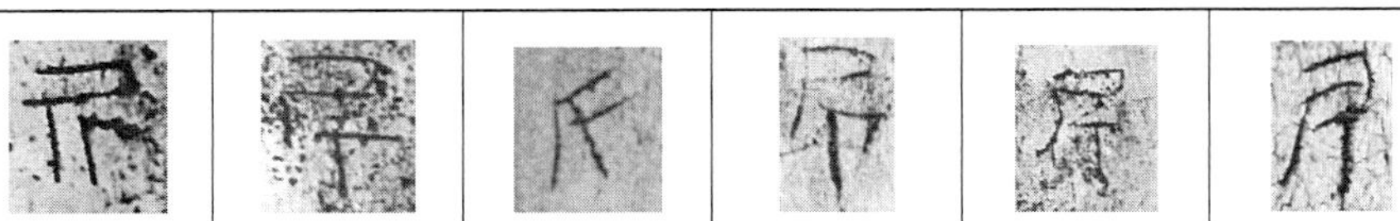					
	03608	05182	07353	08675	09927	10371
	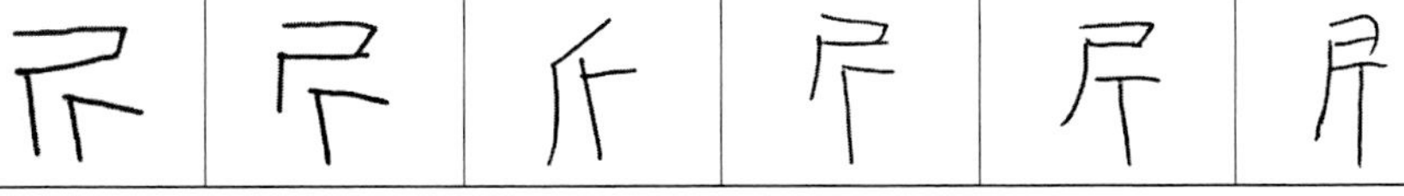					

	字　　例					
鈞	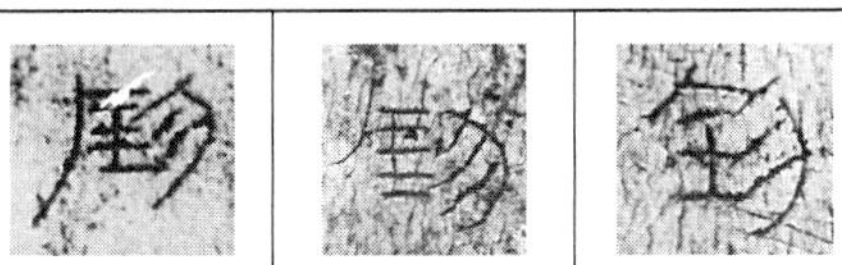					
	03608	07188	10371			

	字　　例					
河	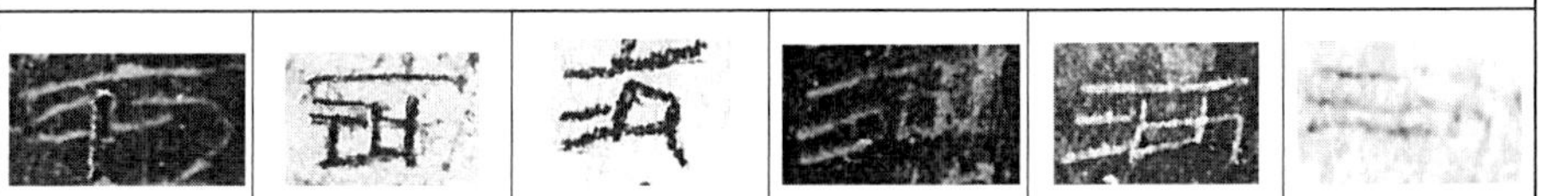					
	00470	01132	01258	01326	01337	01390
	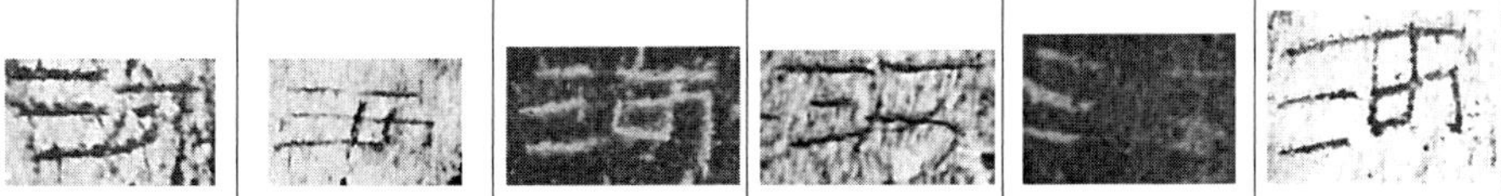					
	01484	01505	01595	01802	02244	02268
	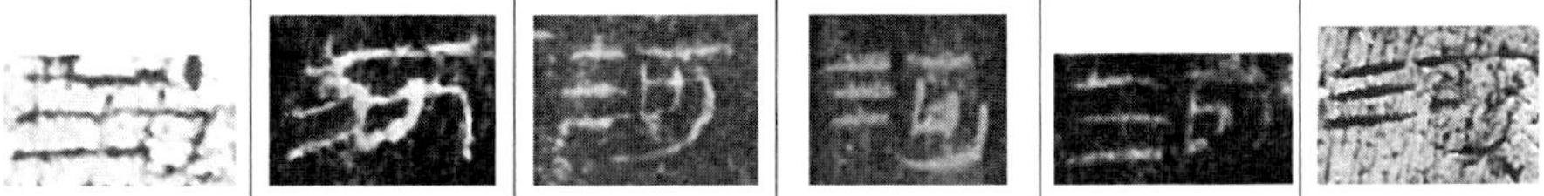					
	02632	02824	02825	02858	03174	03662
	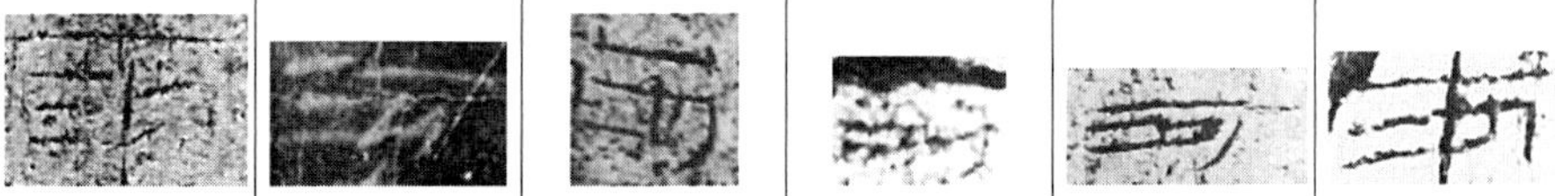					
	04345	04587	04684	04987	05247	05294
	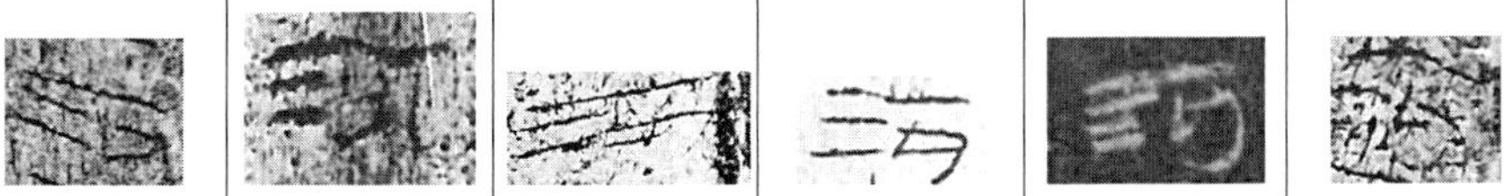					
	06017	06286	06332	06441	06640	06651

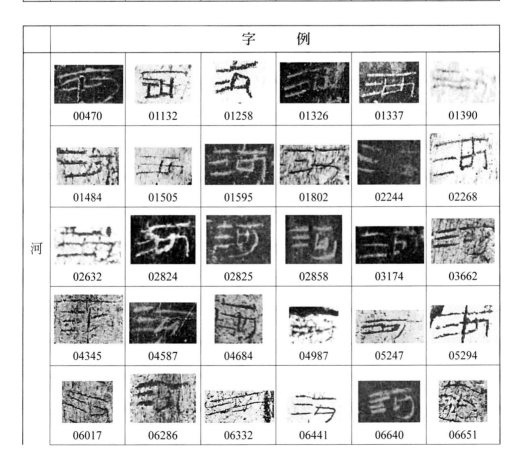

	06725	06780	07194	07566	07658	08265
	08384	08461	08558	08651	09040	09109
	09180	09229	09542	10826	10950	11006
	11031	11265	11286	11401	11410	11919
	12465	12682	12698	13358	13601	

	字例					
南	00470	01132	01258	01326	01337	01390
	01484	01505	01595	01802	02244	02268
	02632	02824	02825	02858	03174	03662
	04345	04587	04684	08937	05247	05294

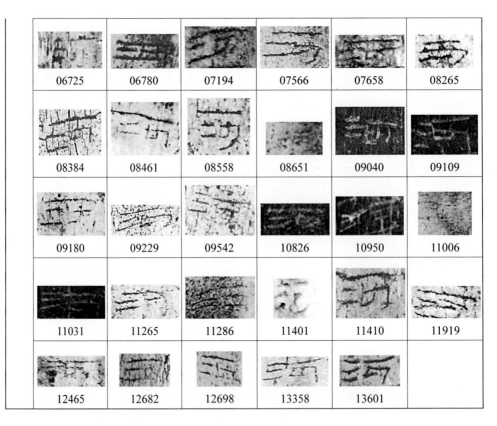

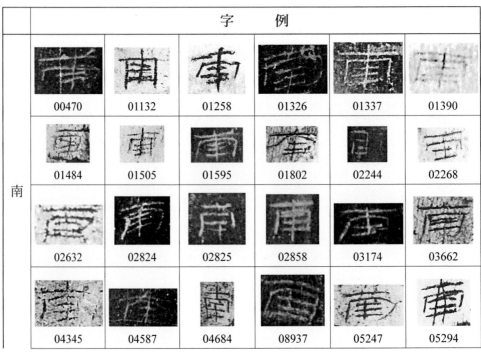

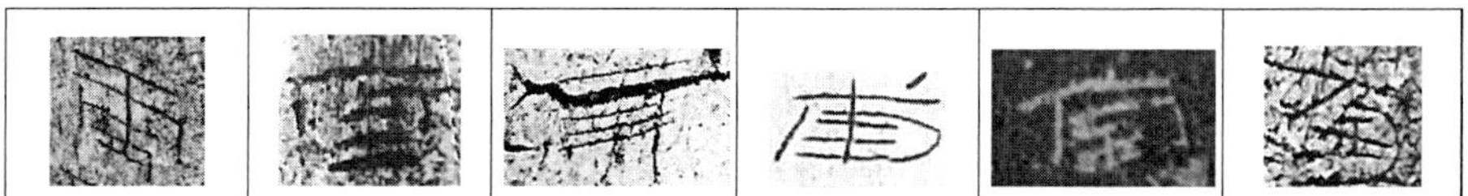					
06017	06286	06332	06441	06640	06651
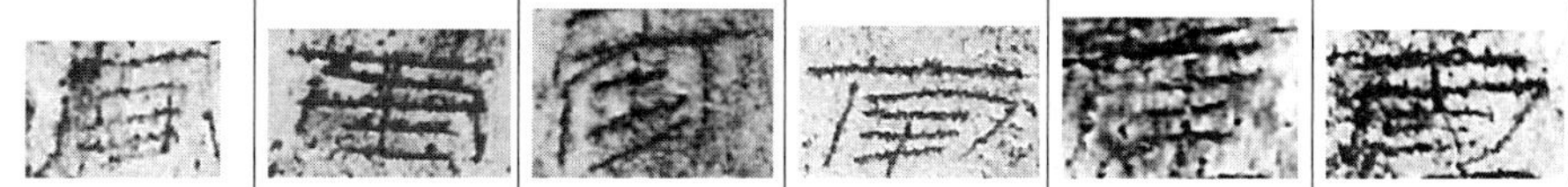					
06725	06780	07194	07566	07658	08265
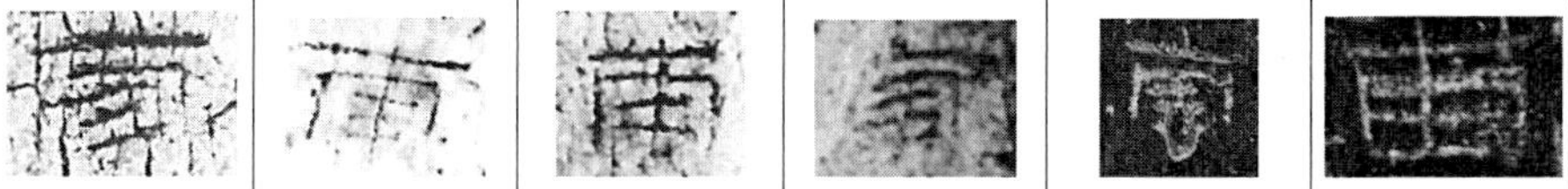					
08384	08461	08558	08651	09040	09109
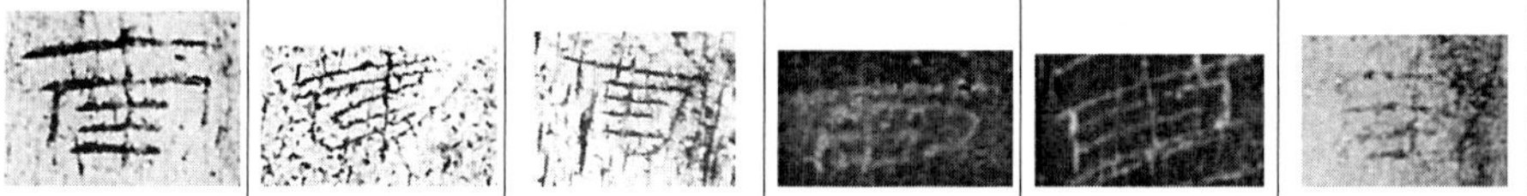					
09180	09229	09542	10826	10950	11006
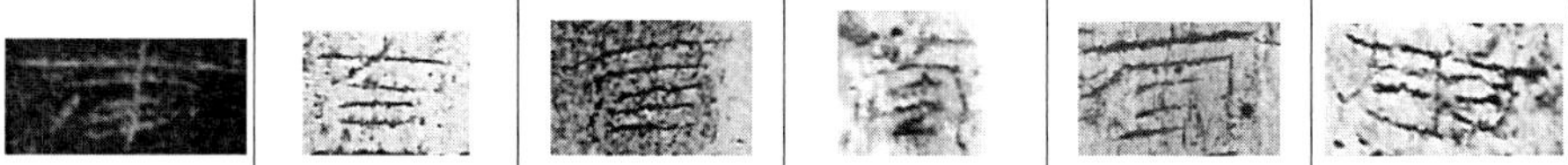					
11031	11265	11286	11401	11410	11919
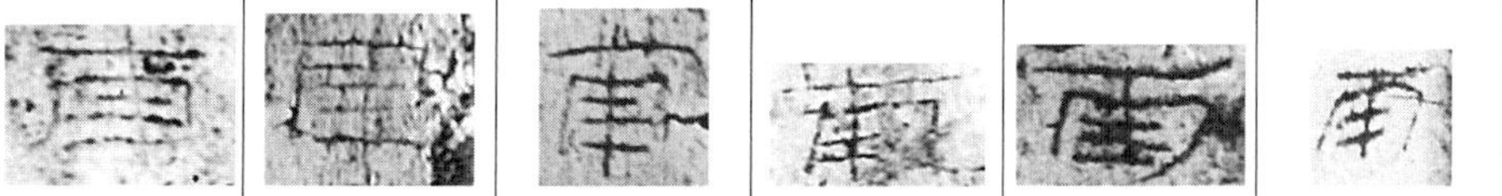					
12465	12682	12698	13358	13601	13476
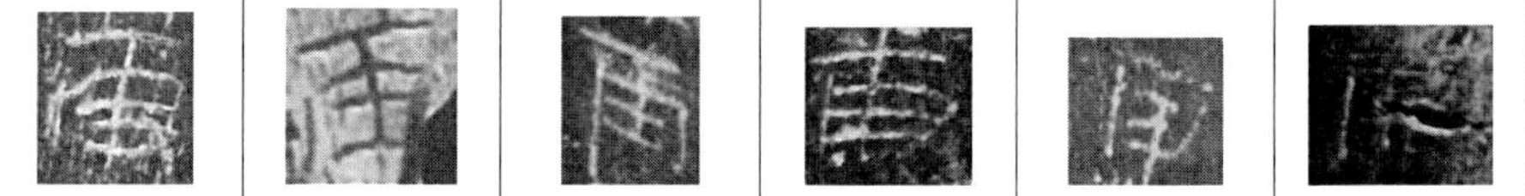					
00335	04839	06549	06550	07103	08047
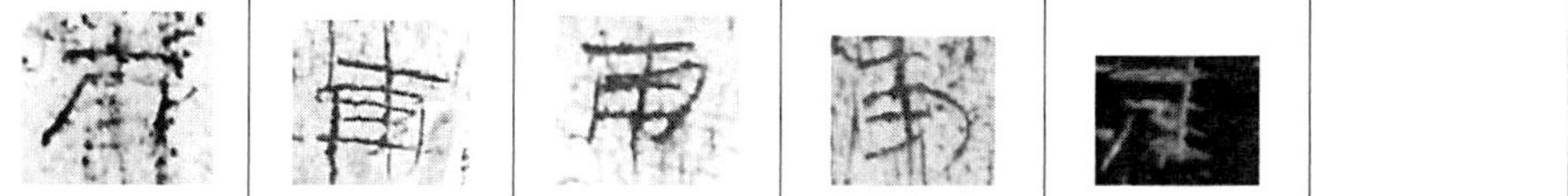					
08189	08194	08500	08506	08934	

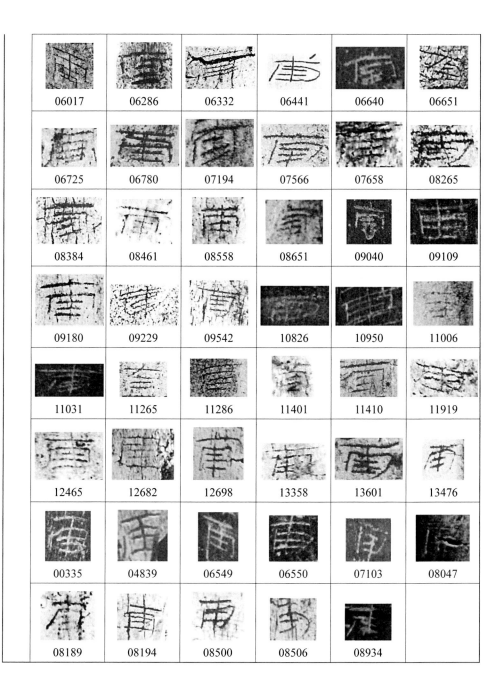

	字例					
穎	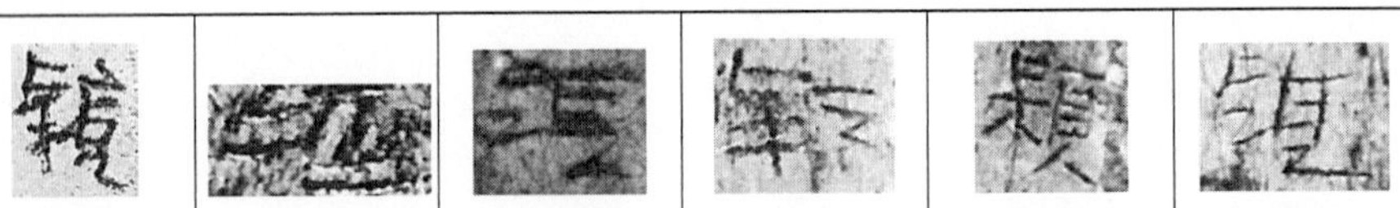					
	00667	00715	02018	02534	04899	08181
	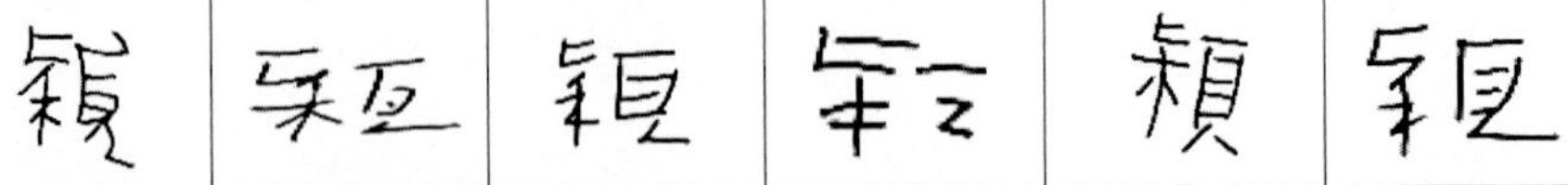					
	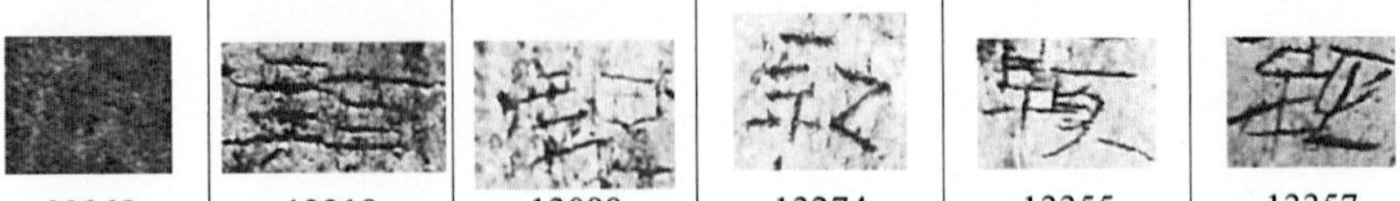					
	09065	12319	13099	13274	13355	13357
	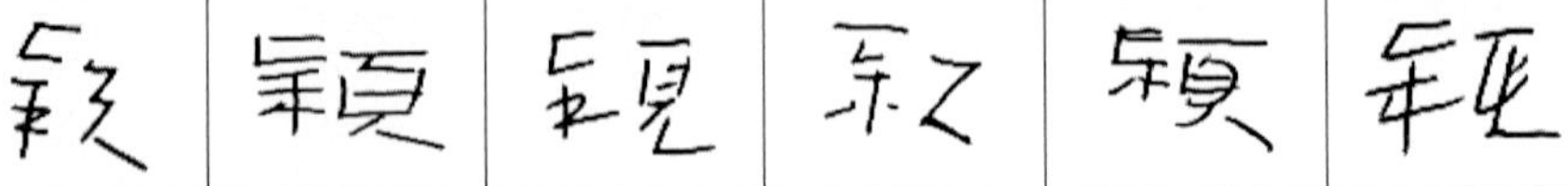					
	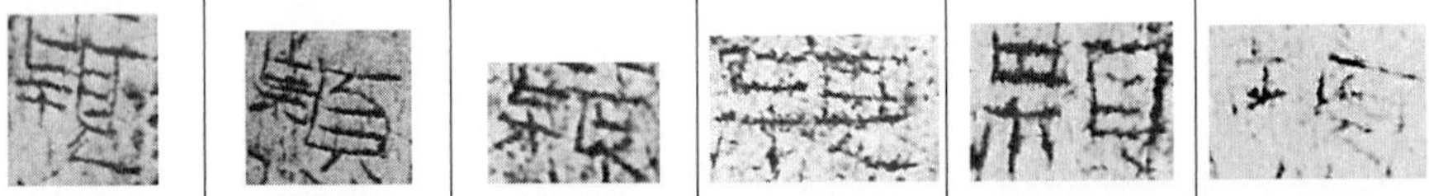					
	13448	13469	13602	13690	13944	13959
	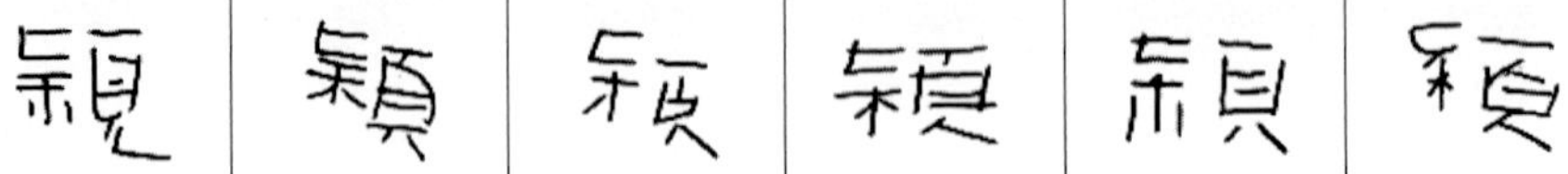					

	14050					

	字例					
川	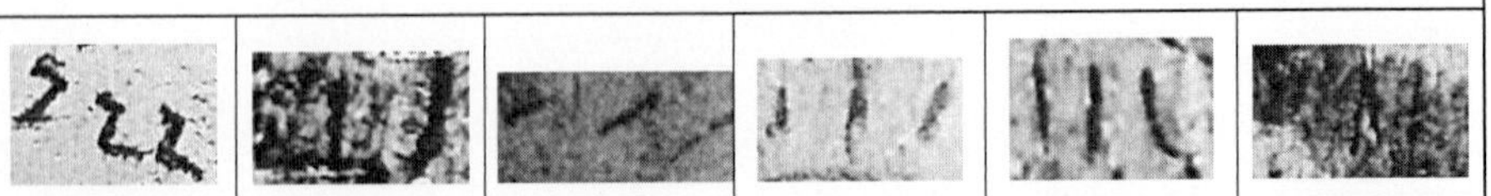					
	00667	00715	02018	02534	04899	08181
	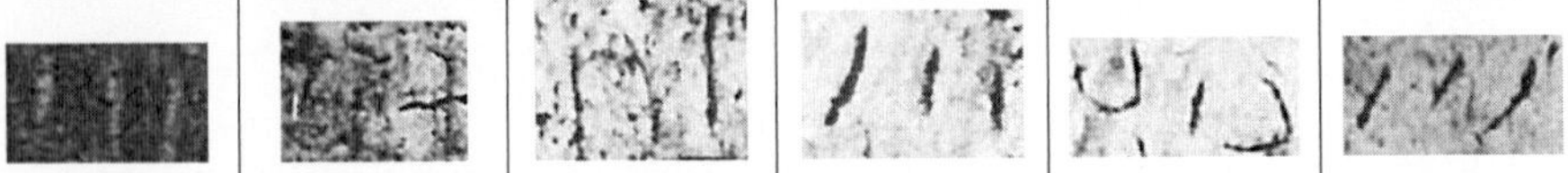					
	09065	12319	13099	13274	13355	13357

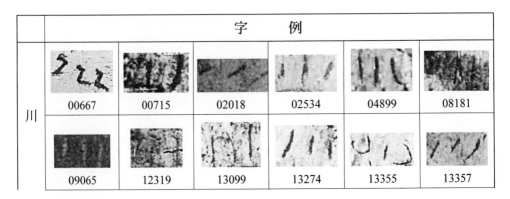

	 13448	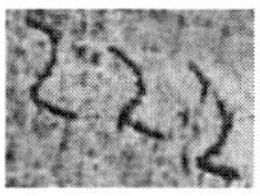 13469	 13602	 13690	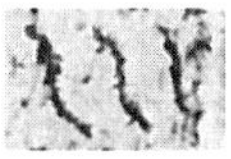 13944	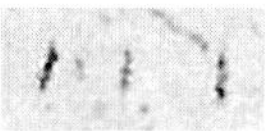 13959
	 14050					

	字　　例					
陽	 00335 	 04839 	 06549 	 06550 	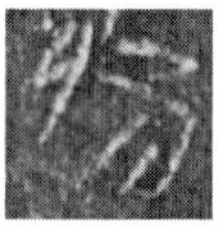 07103 	 08047 
	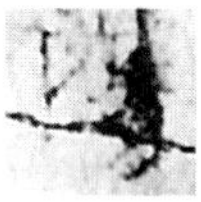 08189 	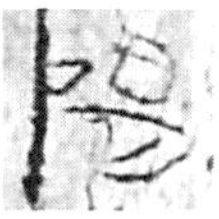 08194 	 08500 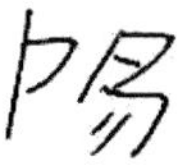	 08506 	 08934 	 08937 
	 13476 					

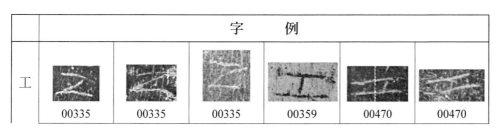

	字　　例					
工	 00335	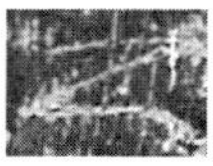 00335	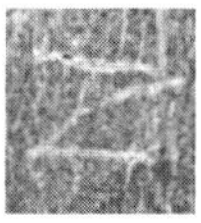 00335	 00359	 00470	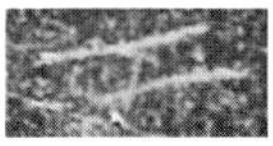 00470

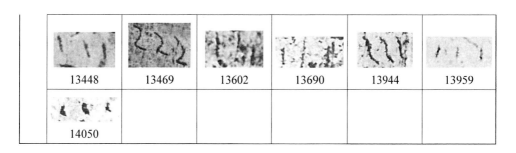

00495	00555	00667	00667	00667	00683
00715	00715	00715	00715	01132	01132
01258	01258	01326	01326	01337	01337
01390	01390	01484	01484	01484	01484
01505	01505	01505	01595	01595	01595
01802	01802	02018	02018	02018	02244
02244	02244	02244	02268	02268	02534
02534	02534	02534	02632	02632	02632
02632	02824	02824	02825	02825	02858
02858	03174	03174	03174	03174	03662

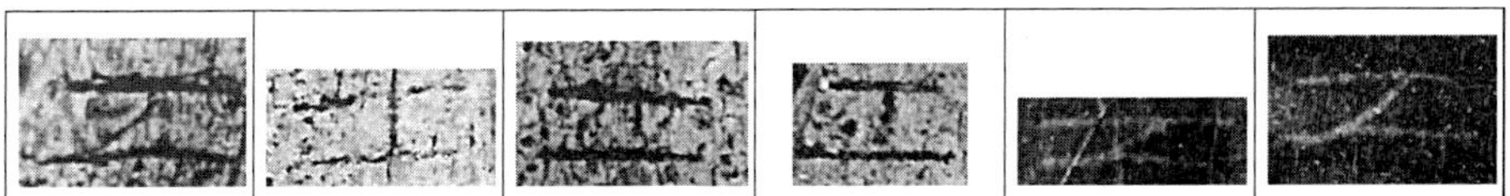

03662	04345	04345	04345	04587	04587

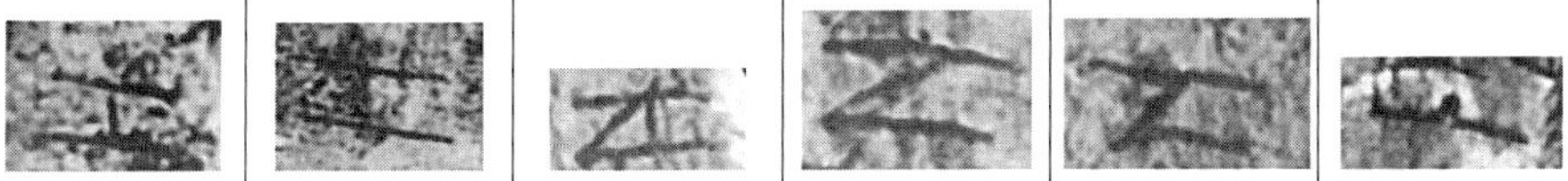

04684	04684	04839	04839	04839	04899

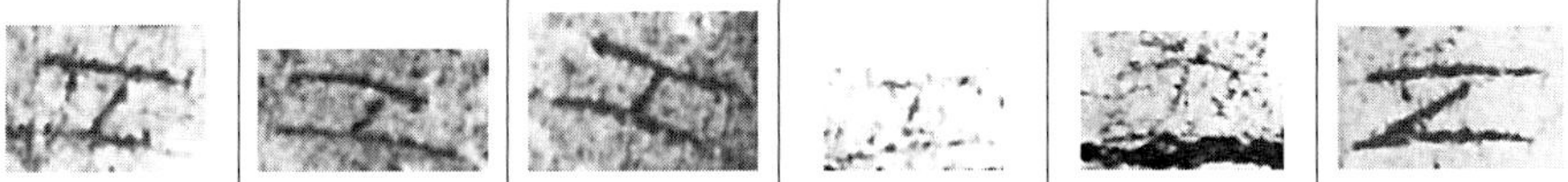

04899	04899	04899	04987	04987	05247

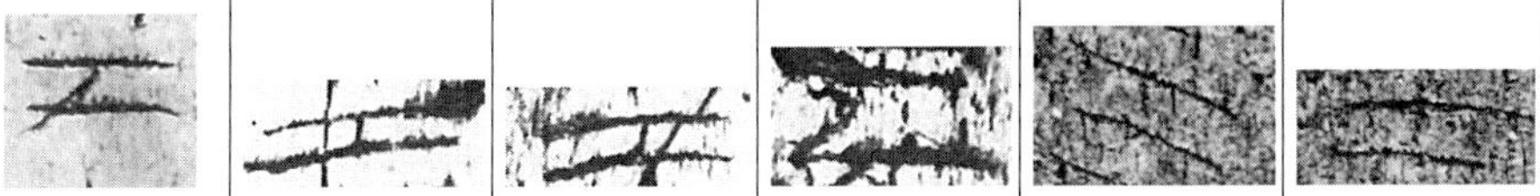

05247	05294	05294	05294	06017	06017

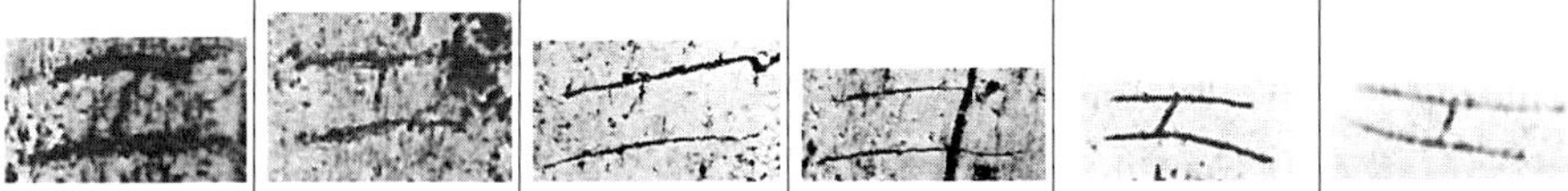

06286	06286	06332	06332	06441	06441

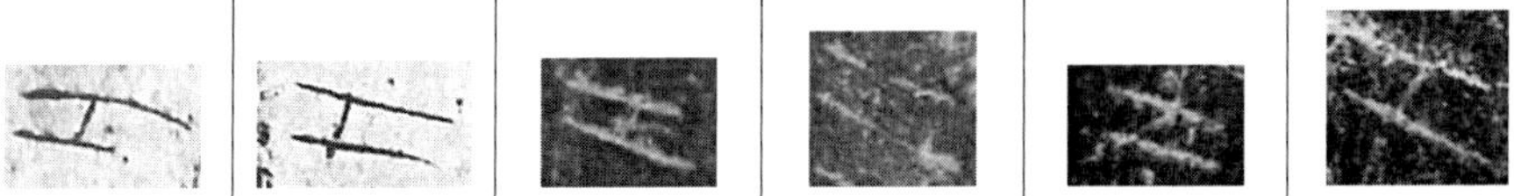

06441	06441	06549	06549	06549	06549

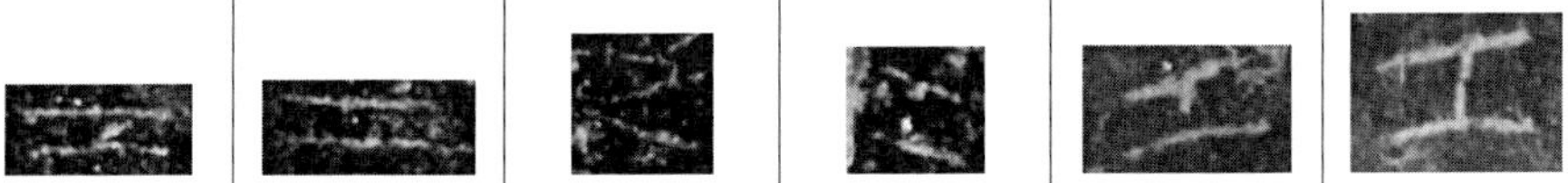

06550	06550	06550	06550	06640	06440

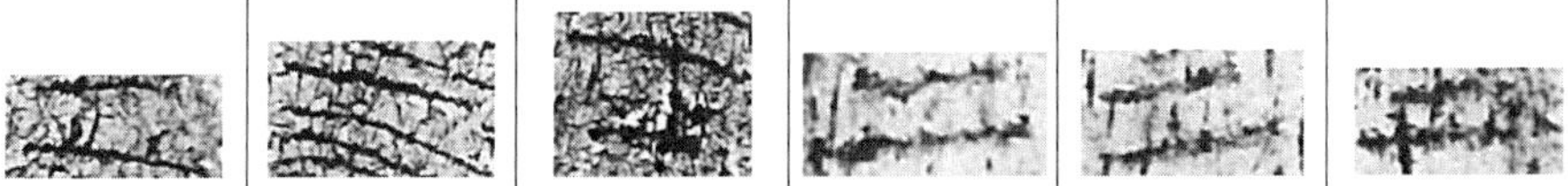

06651	06651	06651	06725	06725	06725

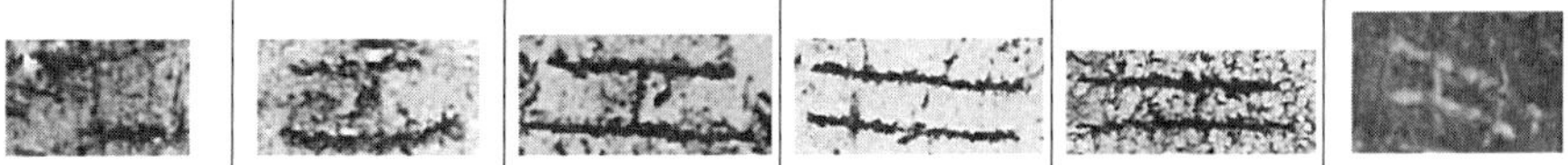

06725	06725	06780	06780	06780	07103

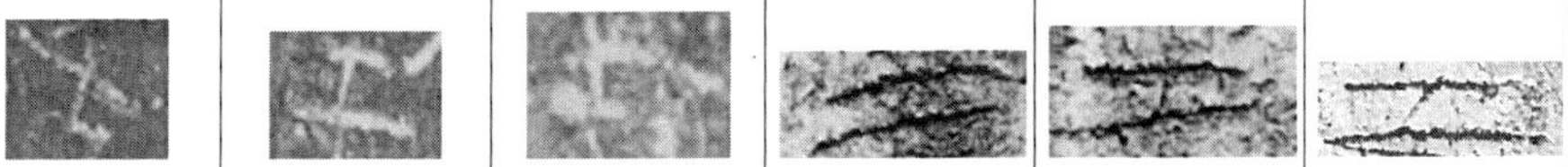

07103	07103	07103	07194	07194	07566

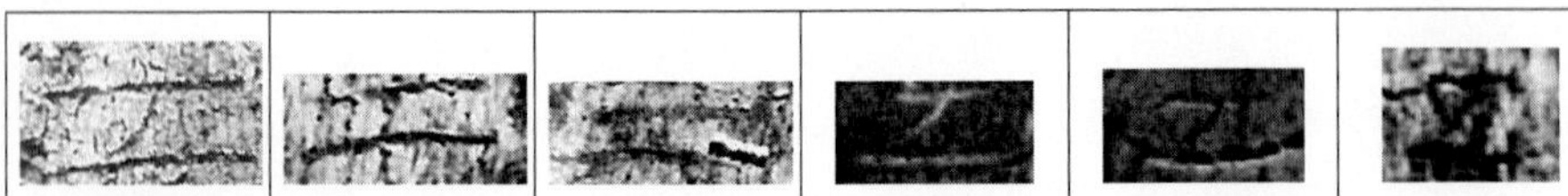

07566	07658	07658	08047	08047	08047

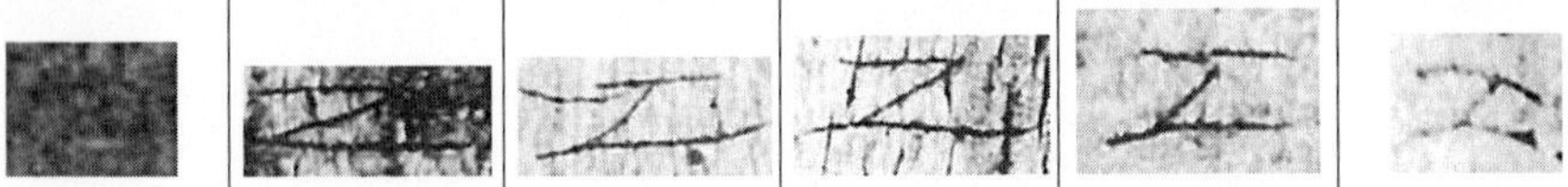

08047	08181	08181	08181	08181	08189

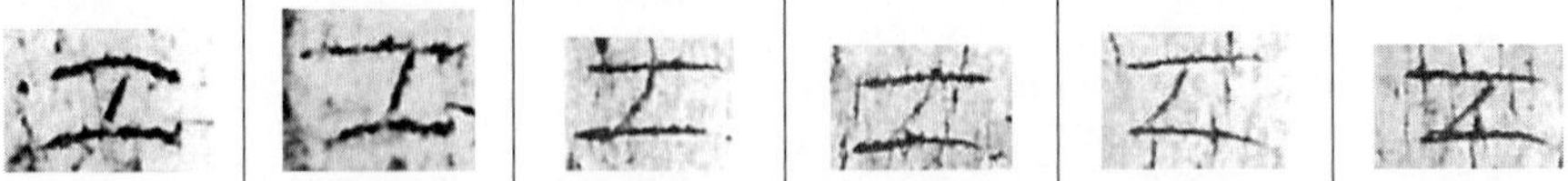

08189	08189	08194	08194	08194	08194

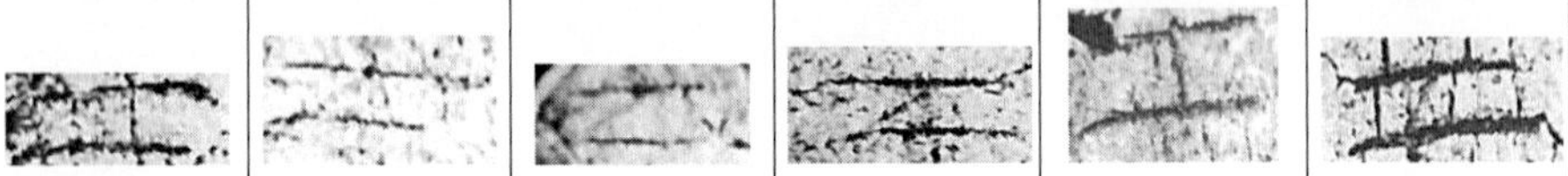

08265	08265	08265	08265	08354	08354

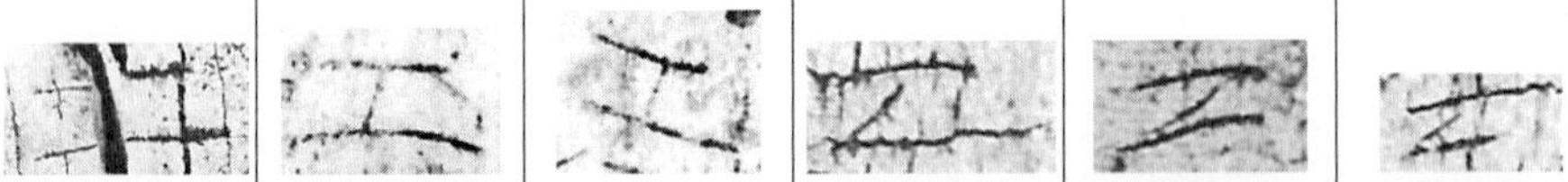

08354	08461	08461	08500	08500	08500

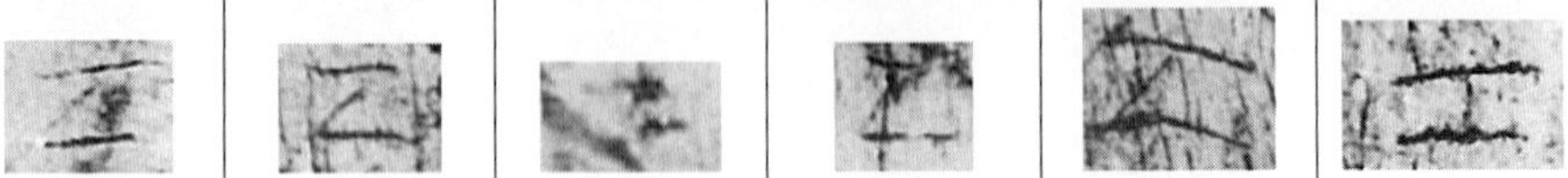

08500	08506	08506	08506	08506	08558

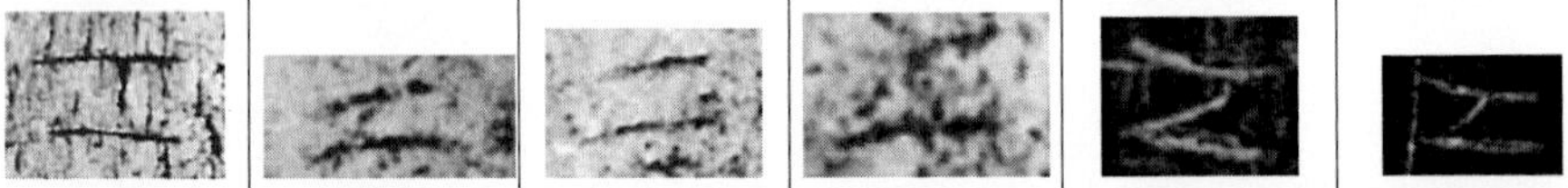

08558	08651	08651	08651	08934	08934

08934	08934	08937	08937	08937	08937

09040	09040	09065	09065	09065	09065

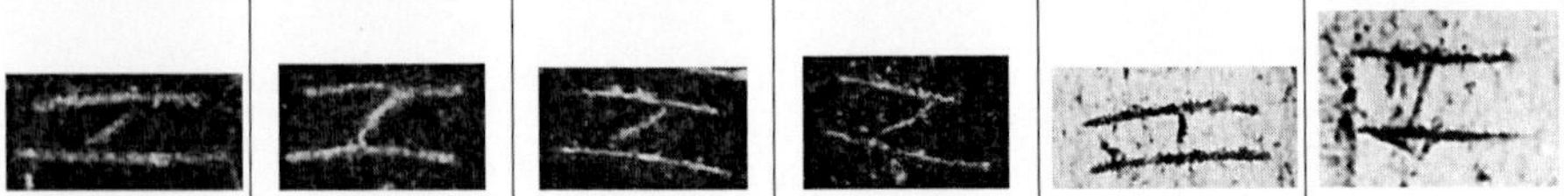

09109	09109	09109	09109	09180	09180

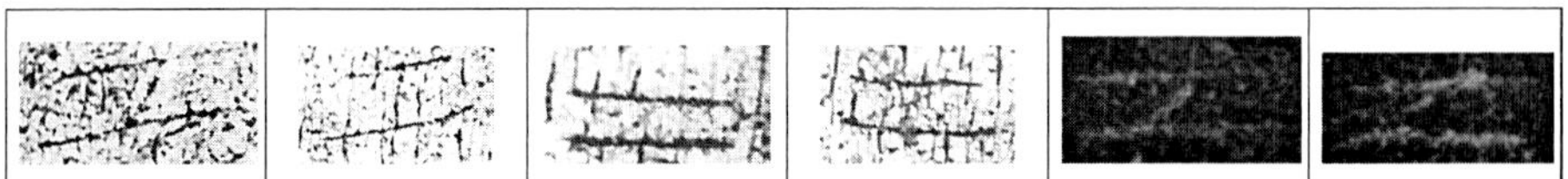

09229	09229	09542	09542	10826	10826

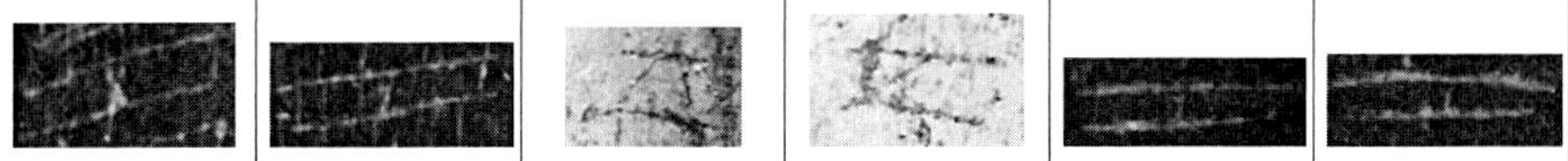

10950	10950	11006	11006	11031	11031

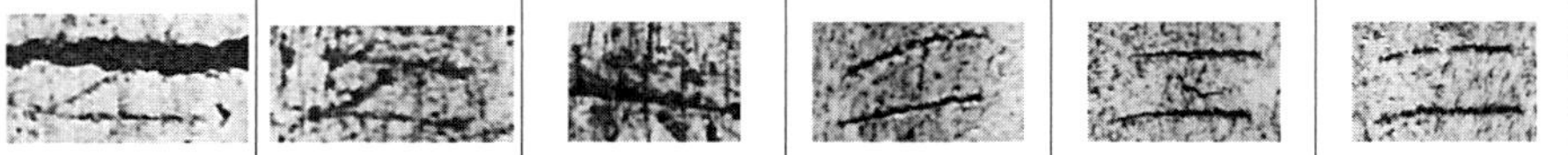

11265	11265	11265	11286	11286	11286

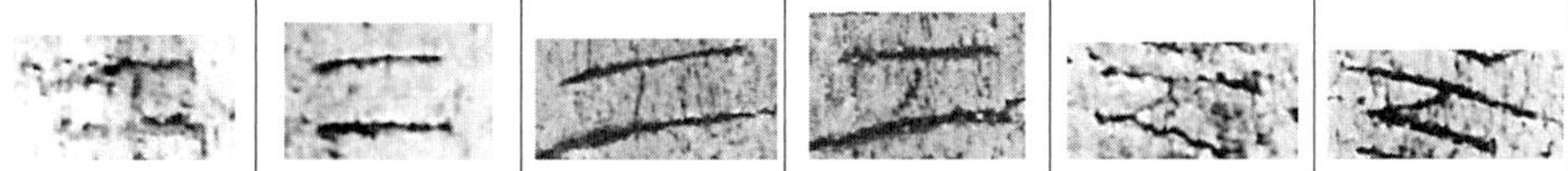

11401	11401	11410	11410	11919	11919

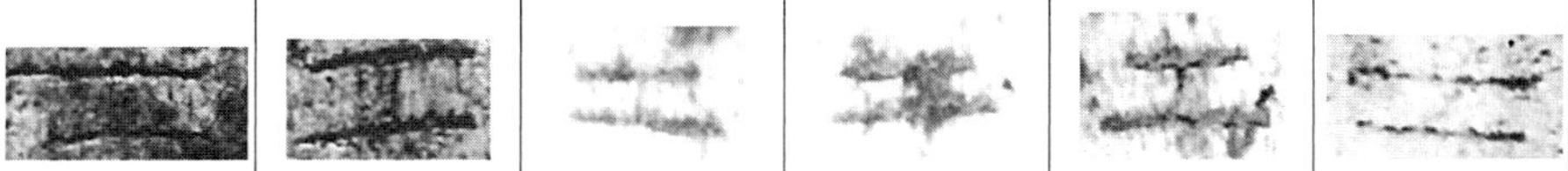

12319	12319	12460	12460	12460	12465

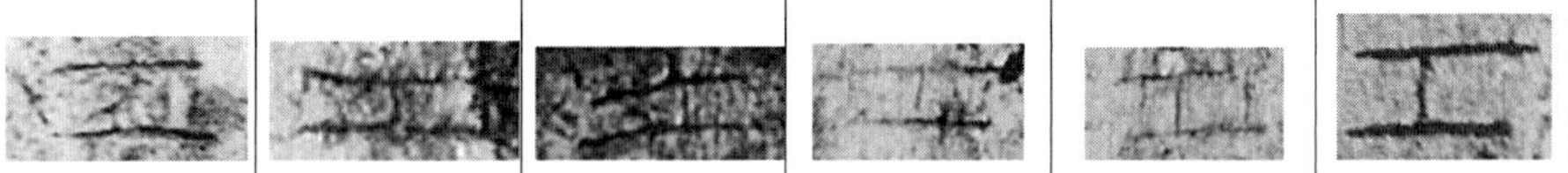

12465	12682	12682	12682	12682	12698

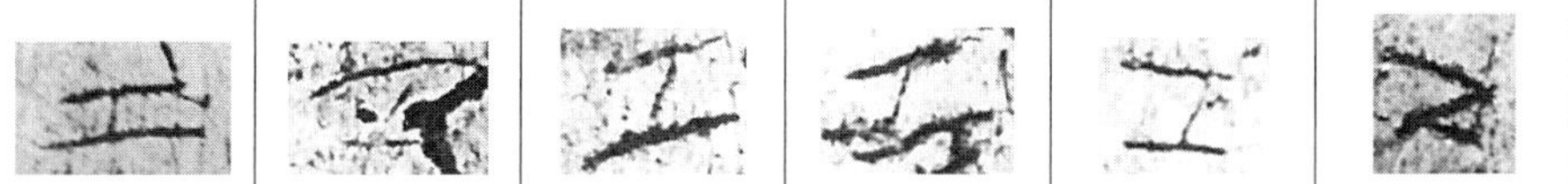

12698	13099	13099	13099	13099	13274

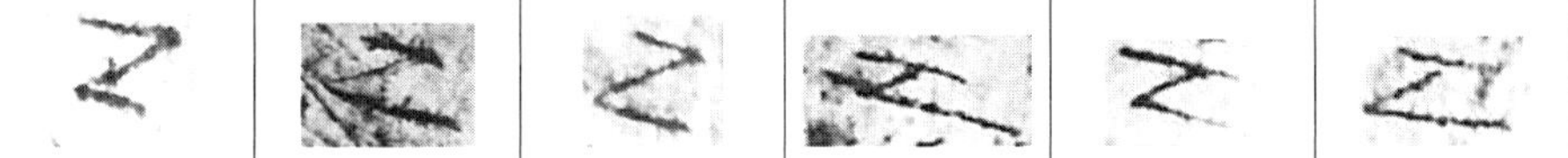

13274	13274	13274	13355	13355	13355

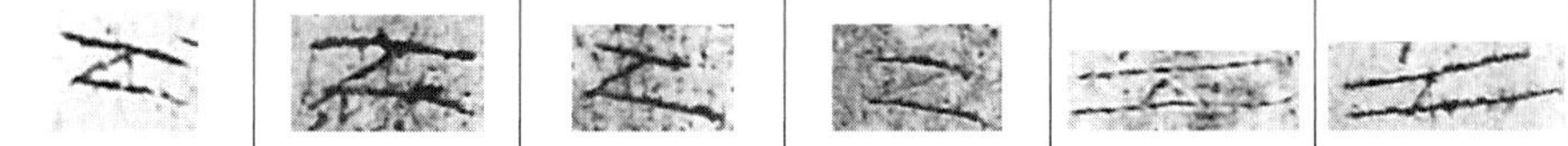

13355	13357	13357	13357	13358	13358

13358	13358	13448	13448	13448	13469

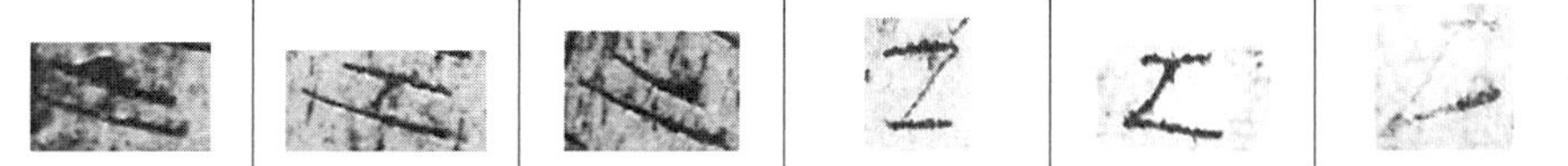

13469	13469	13469	13476	13476	13476

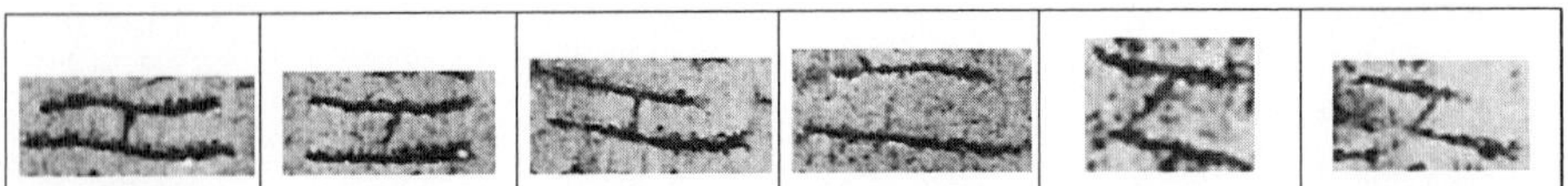	13601	13601	13601	13601	13602	13602
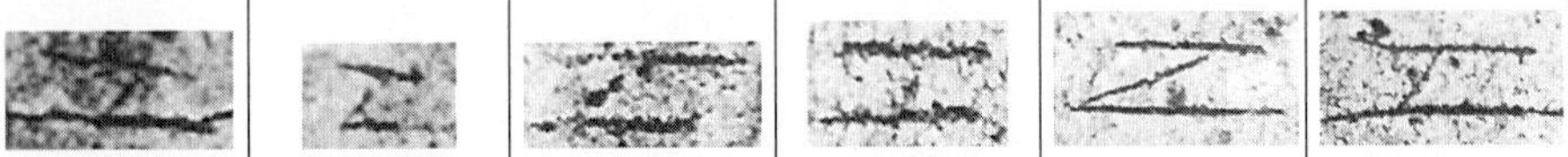	13602	13602	13690	13690	13690	13690
	13944	13944	13944	13944	13959	13959
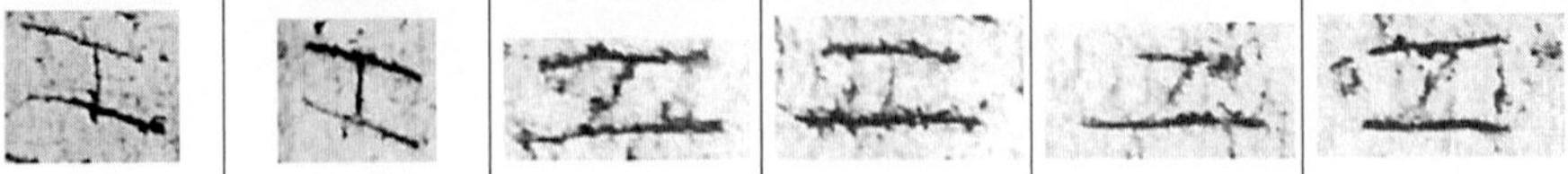	13959	13959	14050	14050	14050	14050

	字例					
官	 00335 	 00470 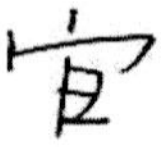	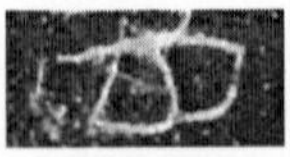 00495 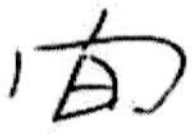	 00667 	 00715 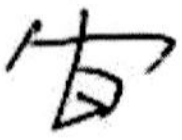	 01132 
	 01258 	 01326 	 01337 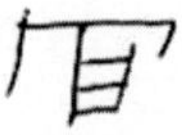	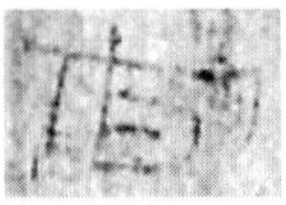 01390 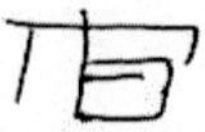	 01484 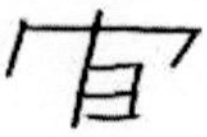	 01505 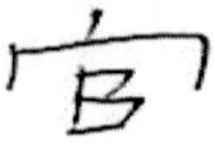
	 01514 	 01595 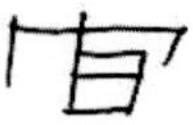	 01802 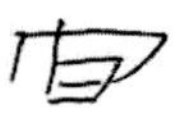	 02018 	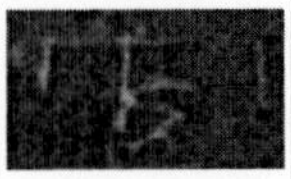 02244 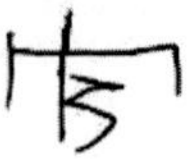	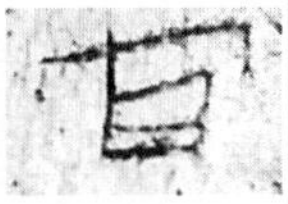 02268 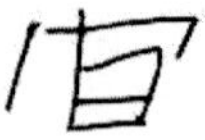

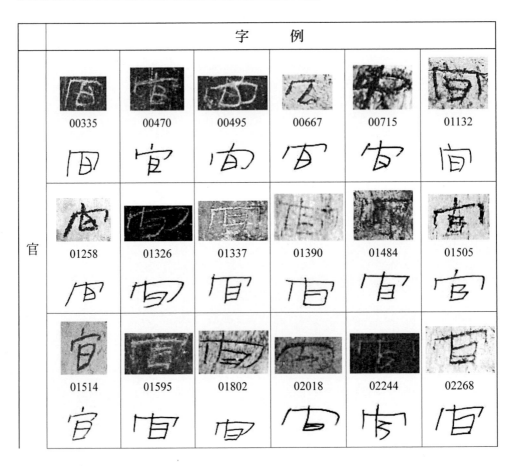

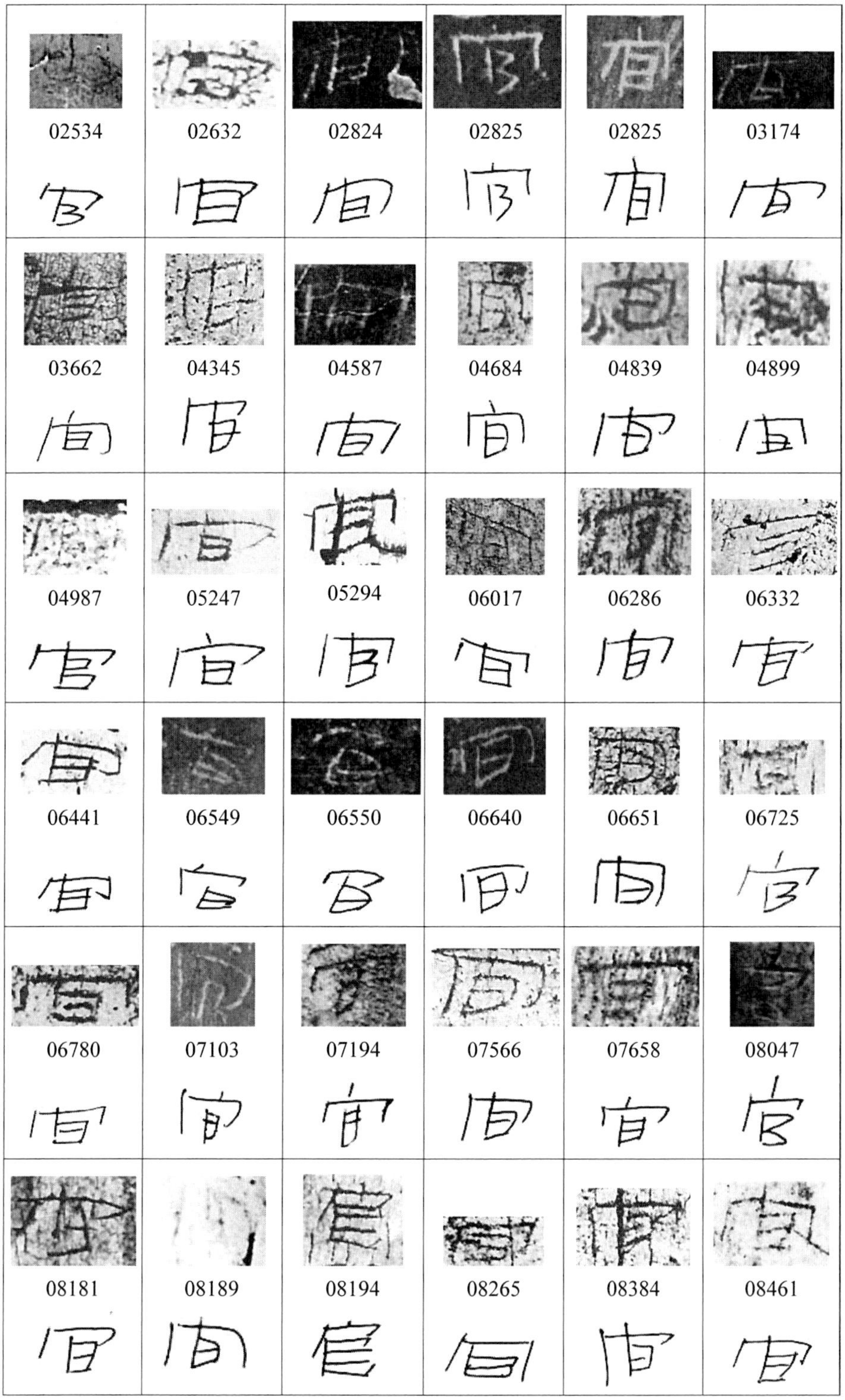
02534
02632
02824
02825
02825
03174
03662
04345
04587
04684
04839
04899
04987
05247
05294
06017
06286
06332
06441
06549
06550
06640
06651
06725
06780
07103
07194
07566
07658
08047
08181
08189
08194
08265
08384
08461

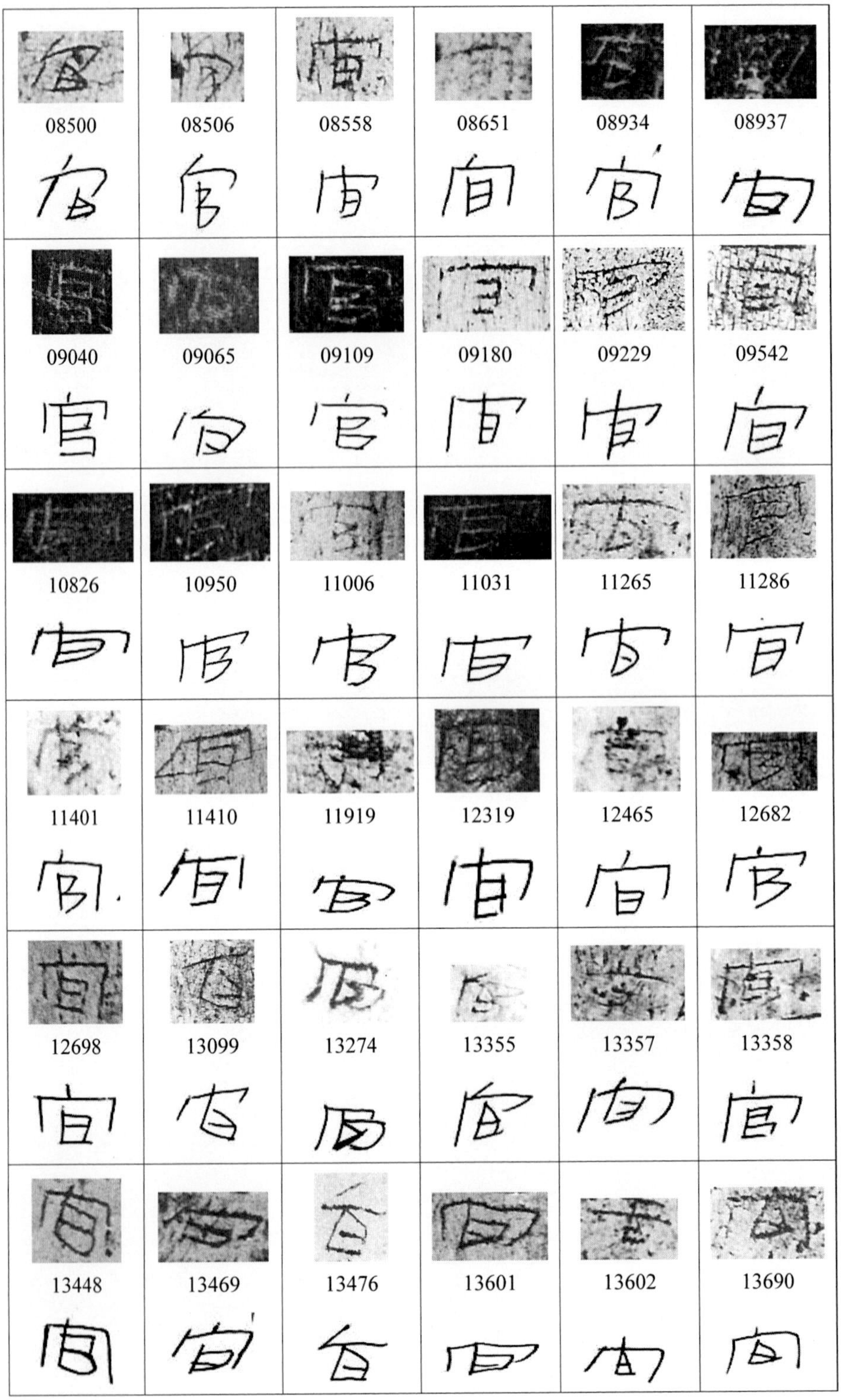
08500 08506 08558 08651 08934 08937
09040 09065 09109 09180 09229 09542
10826 10950 11006 11031 11265 11286
11401 11410 11919 12319 12465 12682
12698 13099 13274 13355 13357 13358
13448 13469 13476 13601 13602 13690

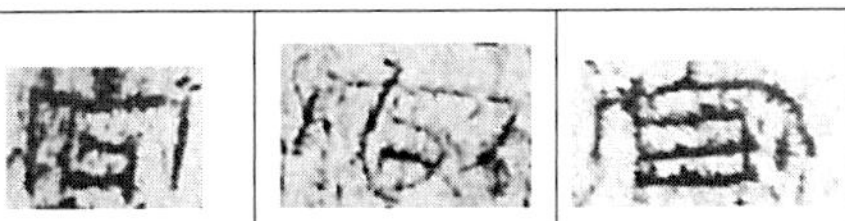

	13944	13959	14050			

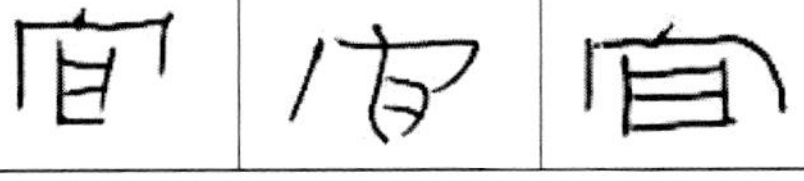

	字例					
令	00335	00359	00470	00555	00667	00683
	00683	00715	01132	01258	01326	01337
	01390	01484	01484	01505	01595	01802
	01802	02018	02244	02244	02268	02534
	02534	02534	02632	02824	02825	02858
	03174	03662	04345	04587	04684	04839
	04899	04899	04987	05247	05294	06286

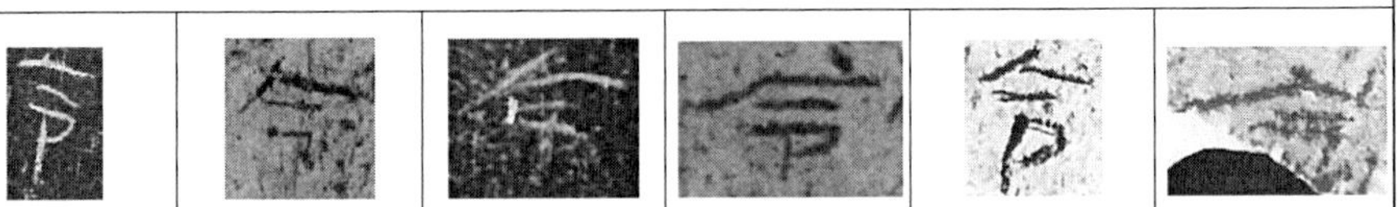

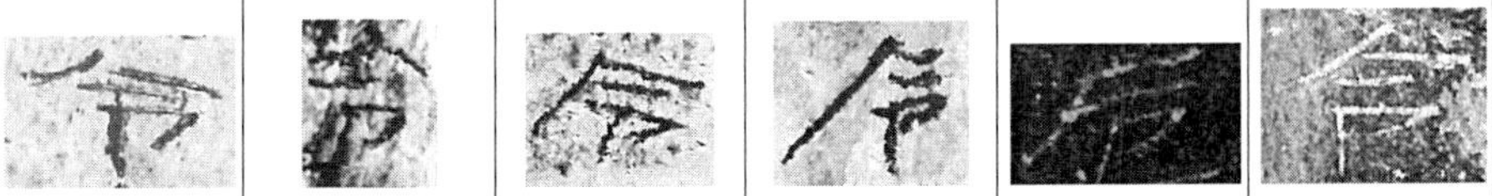

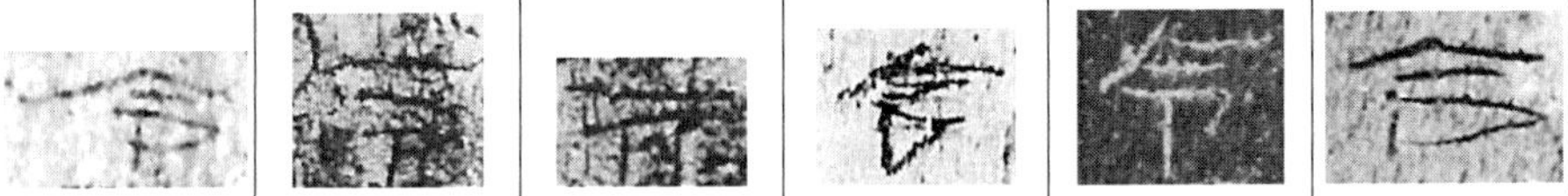

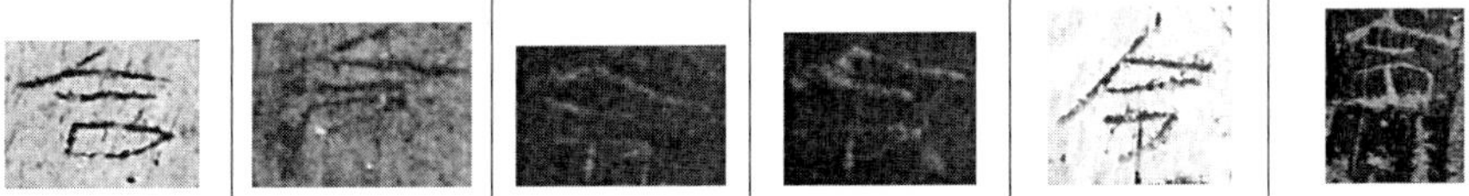

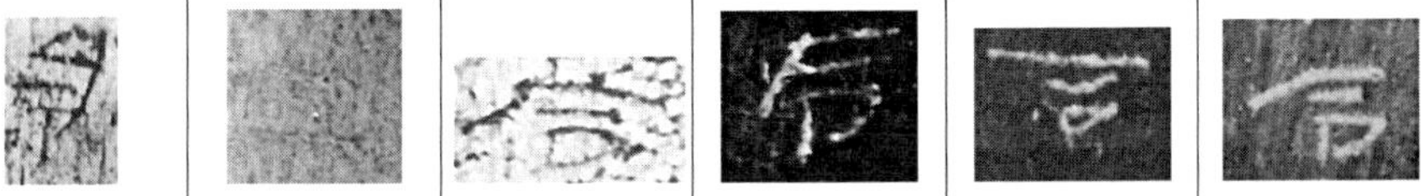

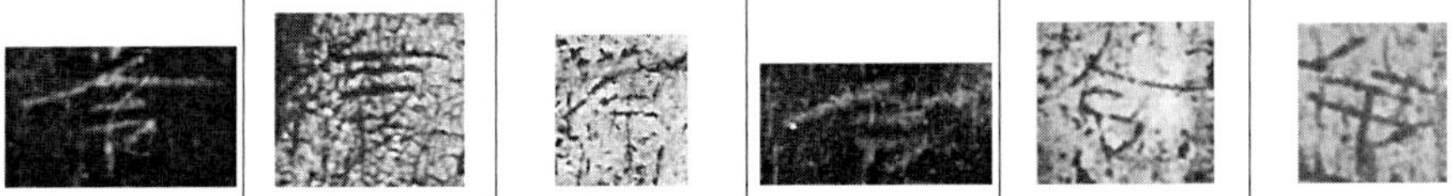

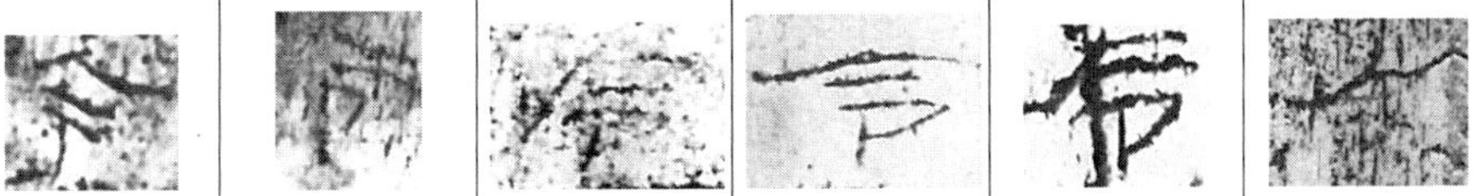

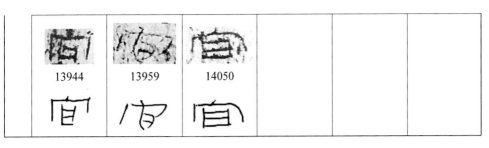

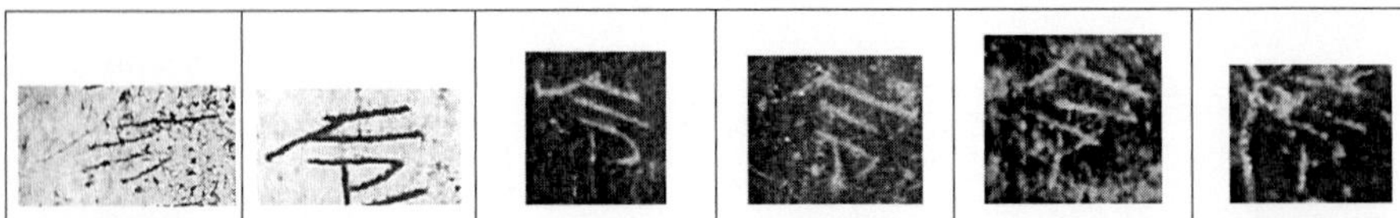					
06332	06441	06549	06549	06550	06550
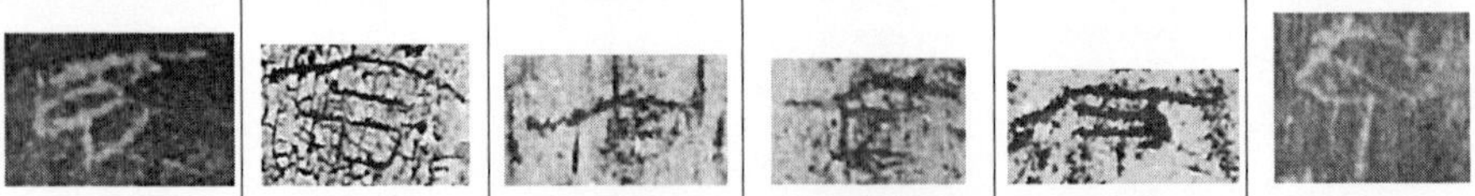					
06640	06651	06725	06725	06780	07103
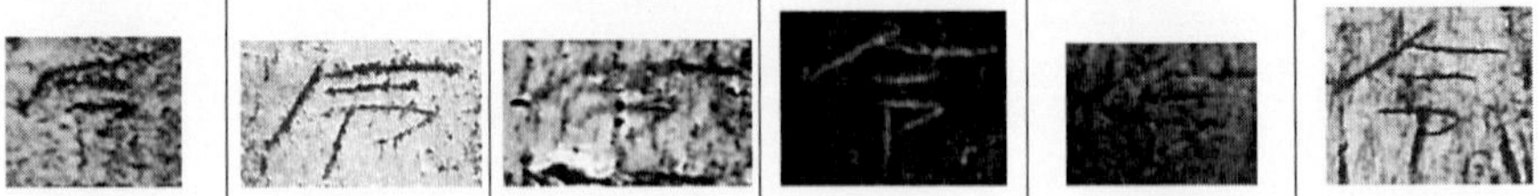					
07194	06566	07658	08047	08047	08181
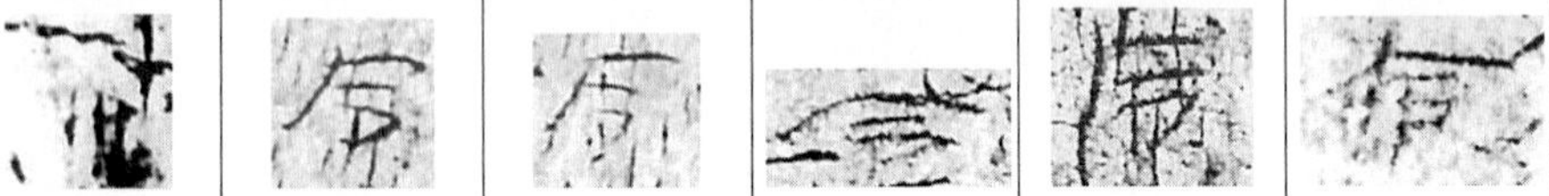					
08189	08194	08194	08265	08384	08461
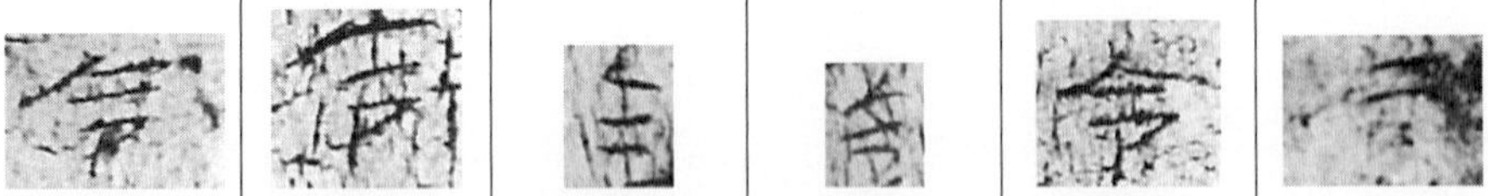					
08500	08500	08506	08506	08558	08651
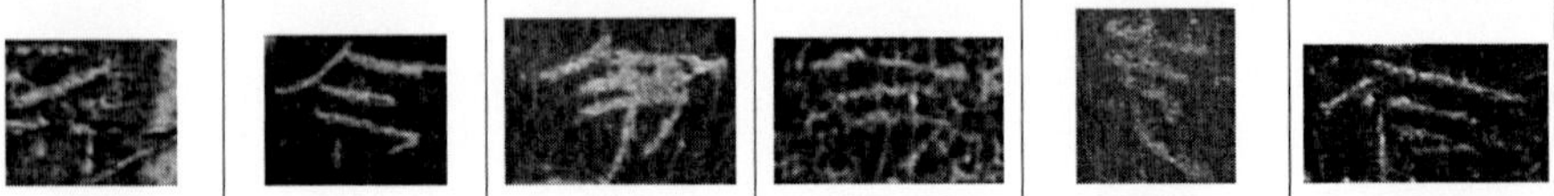					
08934	08934	08937	08937	09065	09109
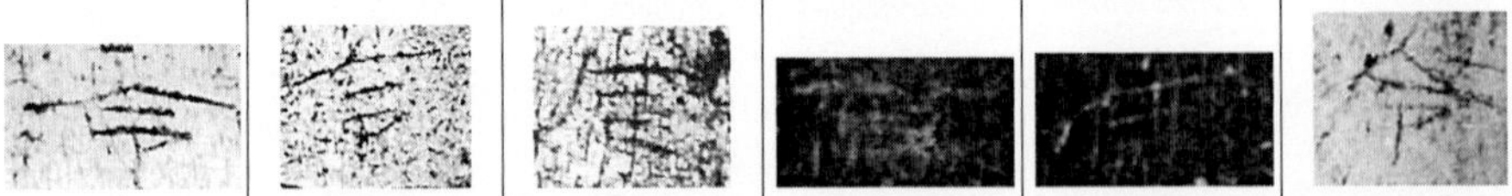					
09180	09229	09542	10826	10950	11006
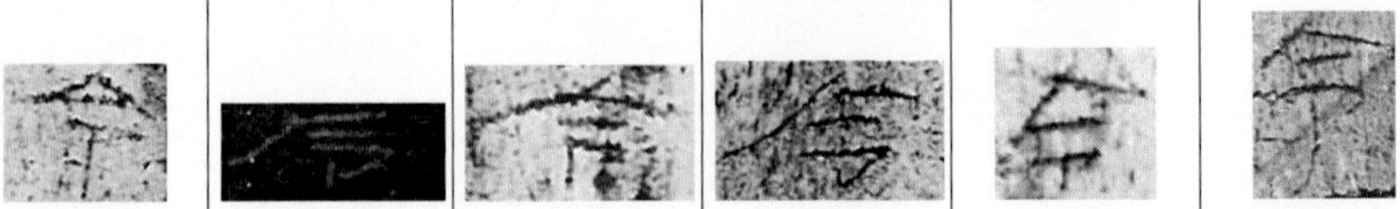					
11006	11031	11265	11286	11401	11410
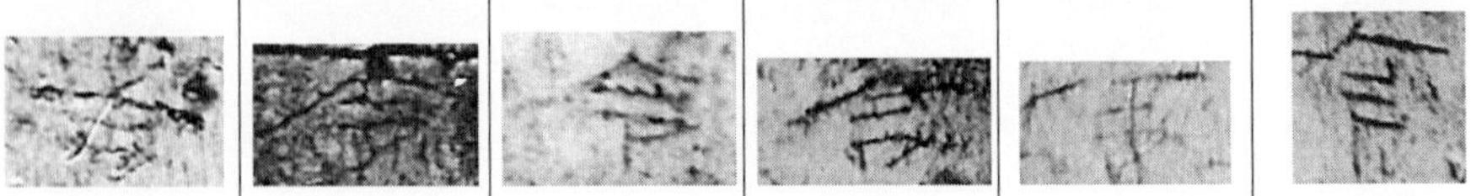					
11919	12319	12465	12682	12682	12698

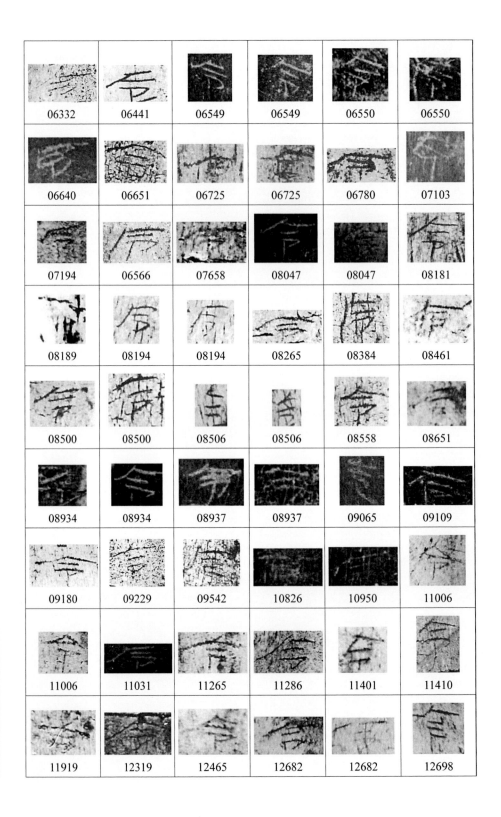

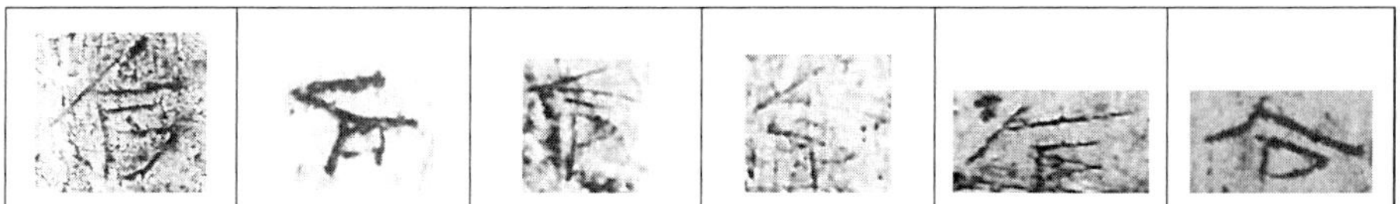	13099	13274	13355	13357	13358	13448
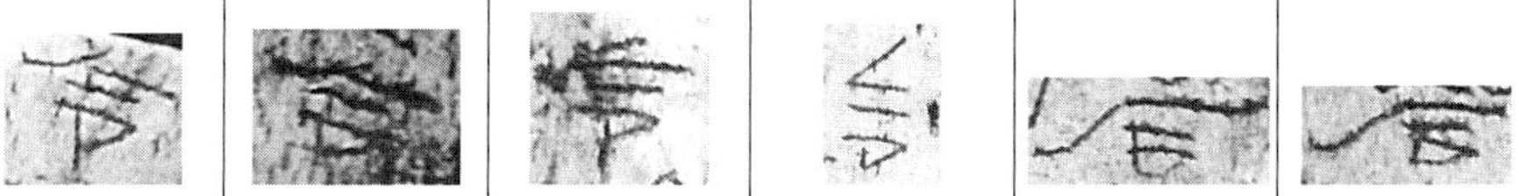	13469	13469	13476	13476	13601	13601
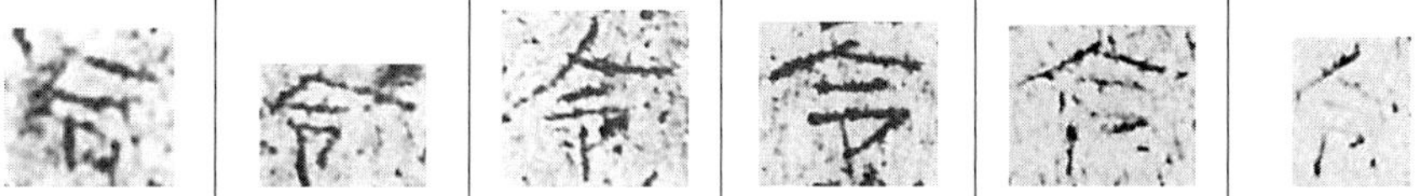	13602	13602	13690	13690	13959	13959
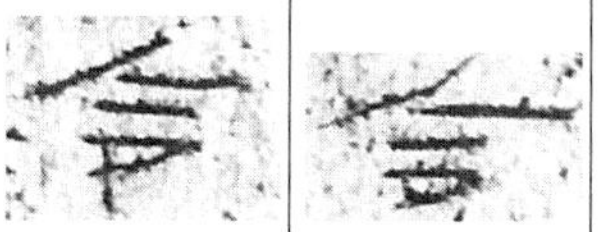	14050	14050				

	字　　例					
定 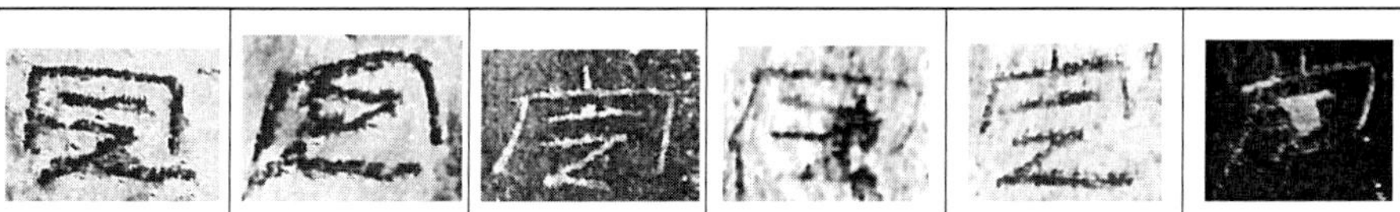	01132	01258	01337	01390	02268	02824
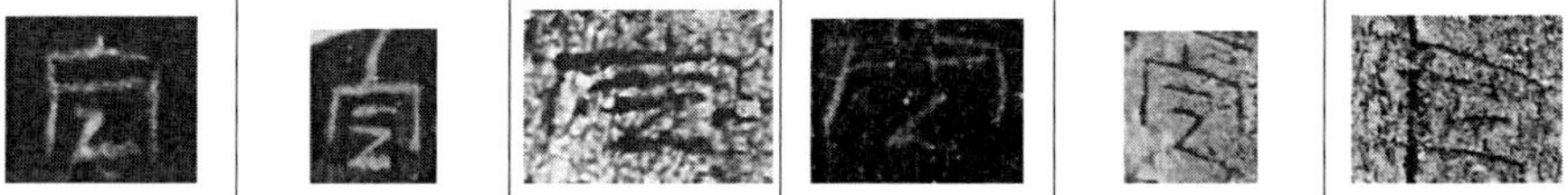	02825	02825	03662	04587	04684	06017
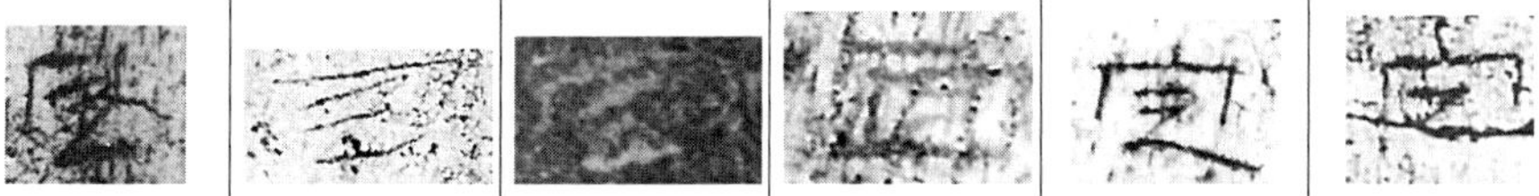	06286	06332	06640	07658	08461	08558
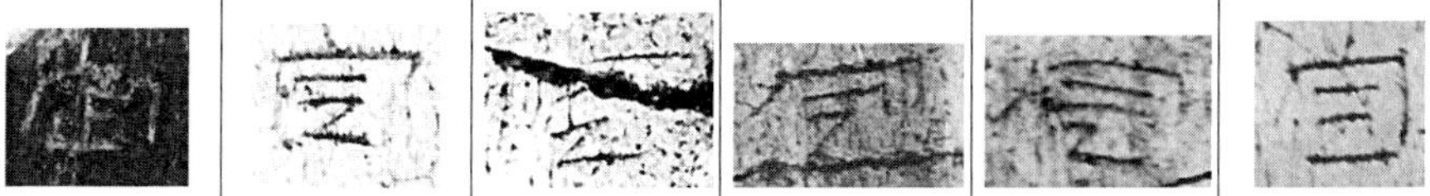	09040	09180	09229	11410	12465	12698

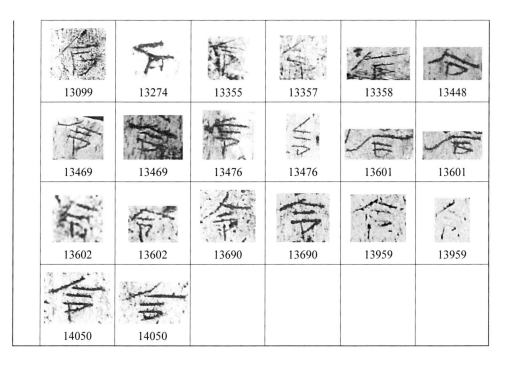

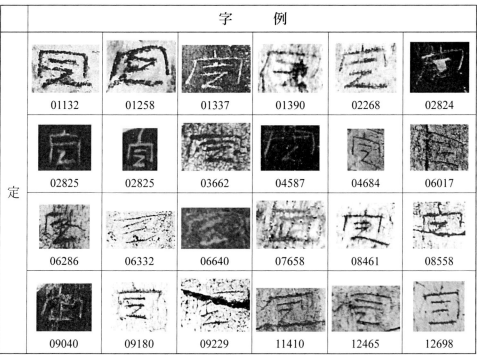

	字例					
守 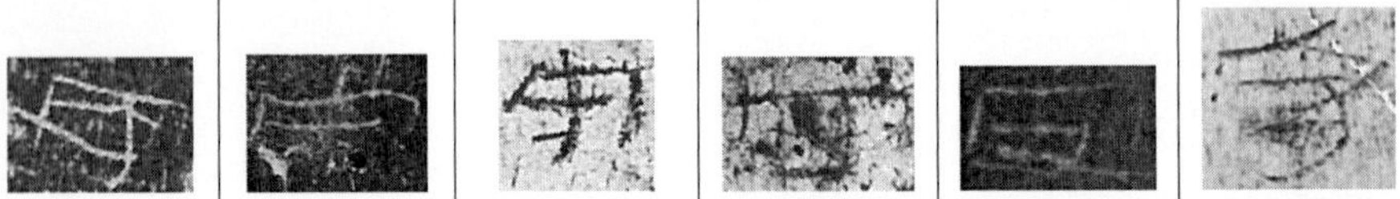	00335	00470	00667	01484	02244	02534
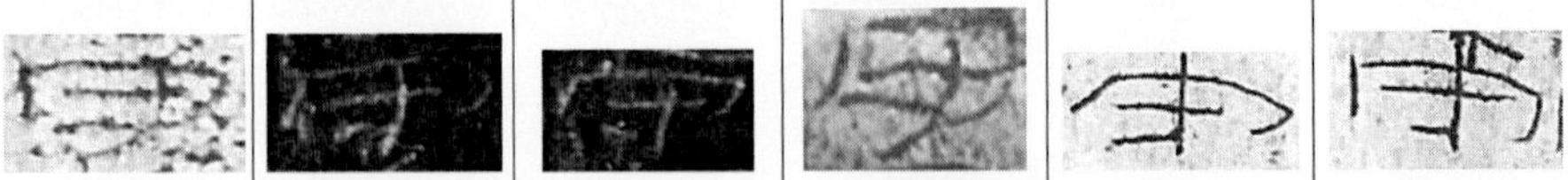	02632	03174	03174	04839	06441	06441
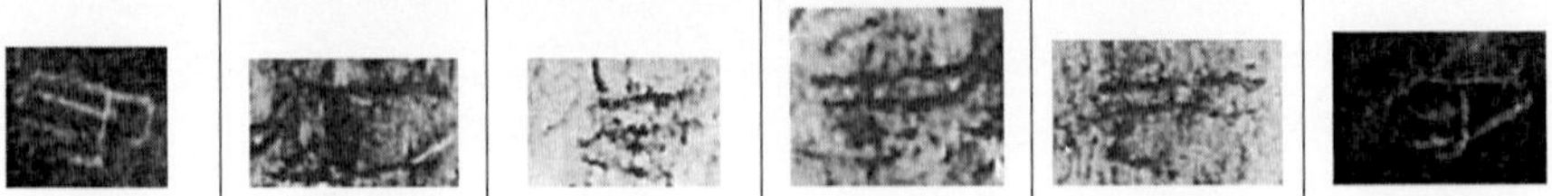	06549	06725	06725	06725	06725	08047
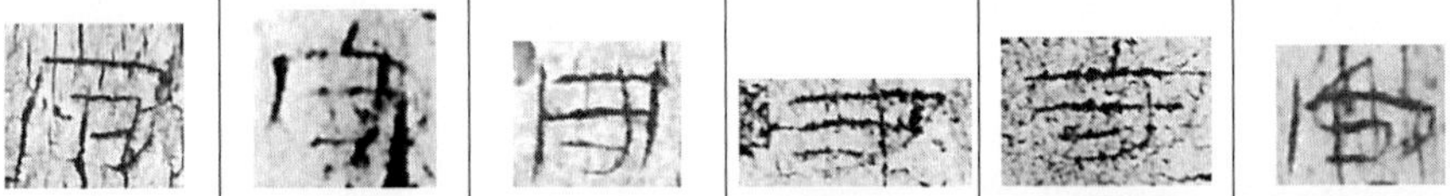	08181	08189	08194	08265	08265	08506
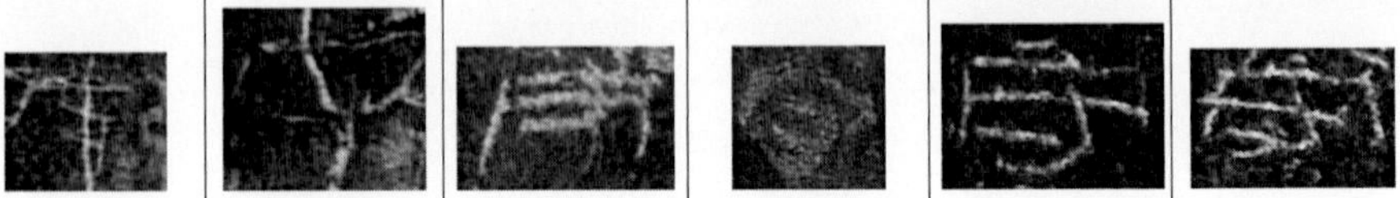	08934	08934	08937	09065	09109	09109
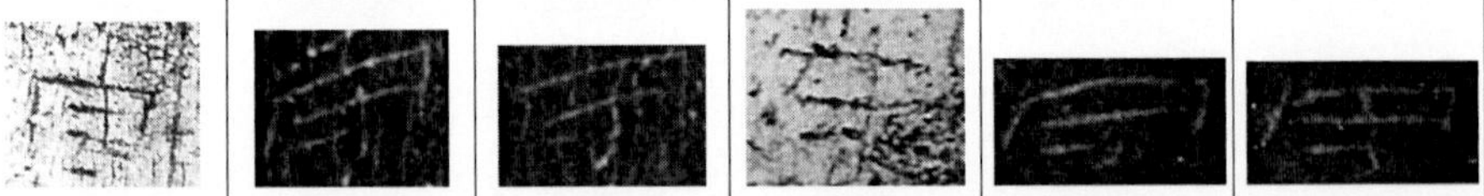	09542	10950	10950	11006	11031	11031
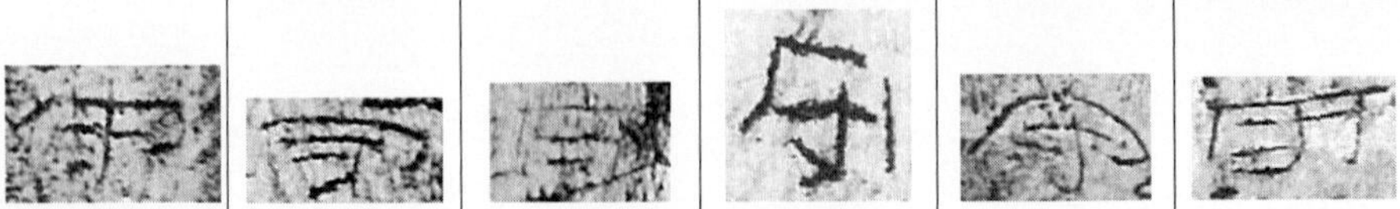	11265	11919	12682	13274	13357	13358
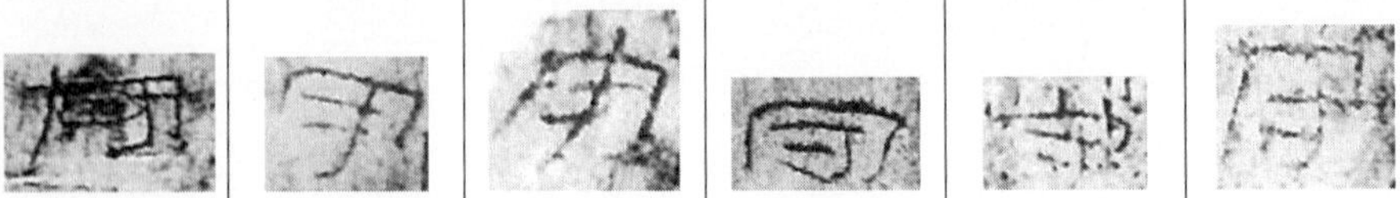	13358	13448	13476	13601	13602	13690

	字例					
丞	 00335	 00359	 00470	 00555	 00667	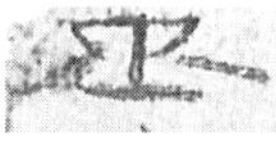 00683
	 00715	 01132	 01258	 01326	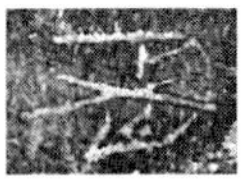 01337	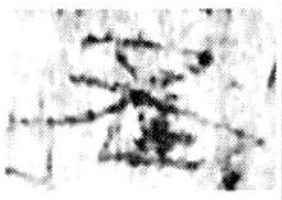 01390
	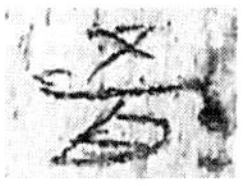 01505	 01595	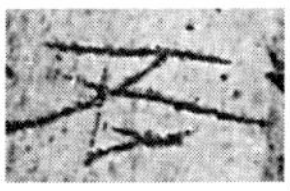 01802	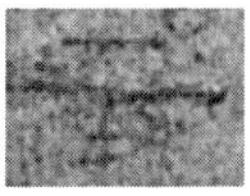 02018	 02244	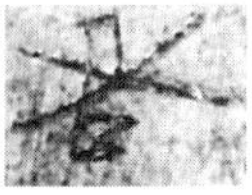 02268
	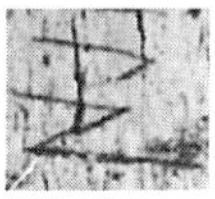 02534	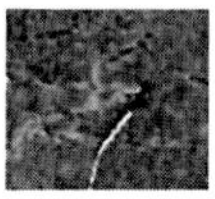 02534	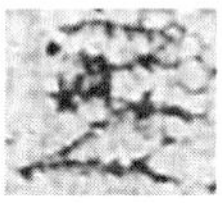 02632	 02824	 02825	 02858
	 03174	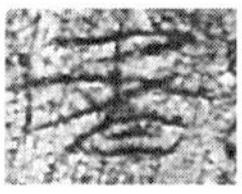 03662	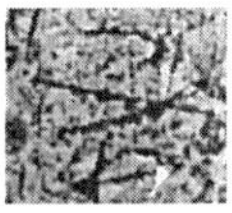 04345	 04587	 04684	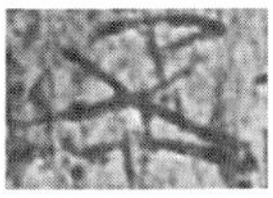 04839
	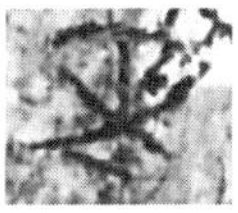 04899	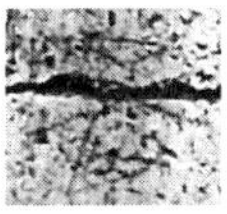 04987	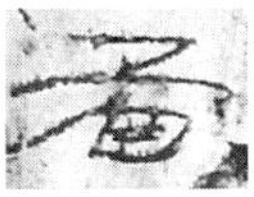 05247	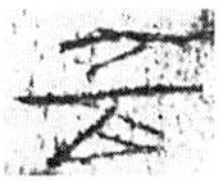 05294	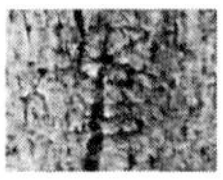 06017	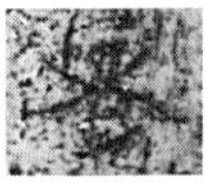 06286

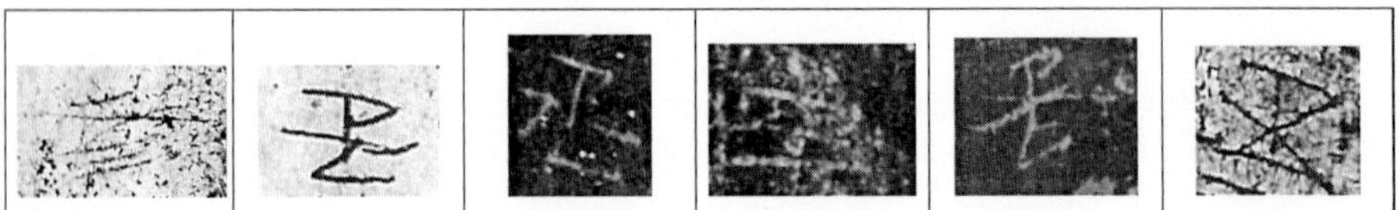

06332	06441	06549	06550	06640	06651

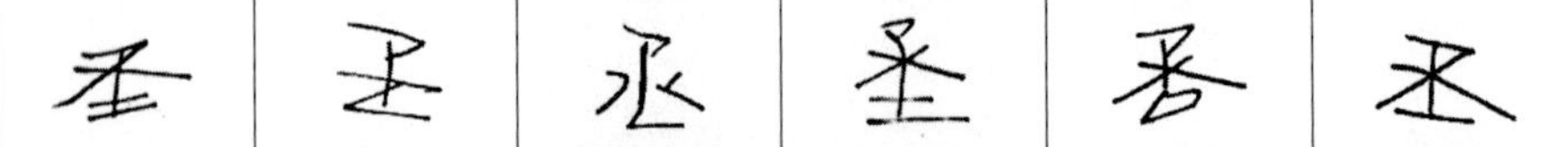

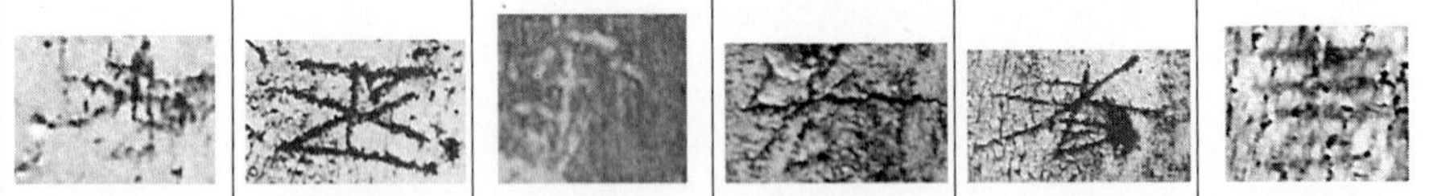

06725	06780	07103	07194	07566	07658

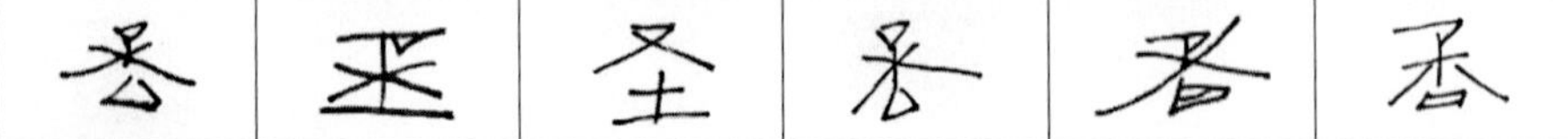

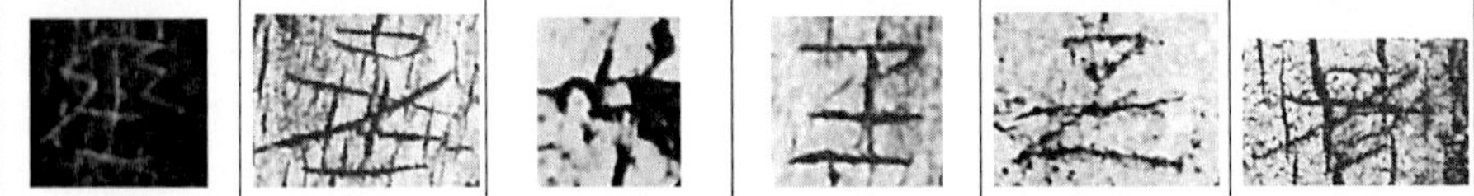

08047	08181	08189	08194	08265	08384

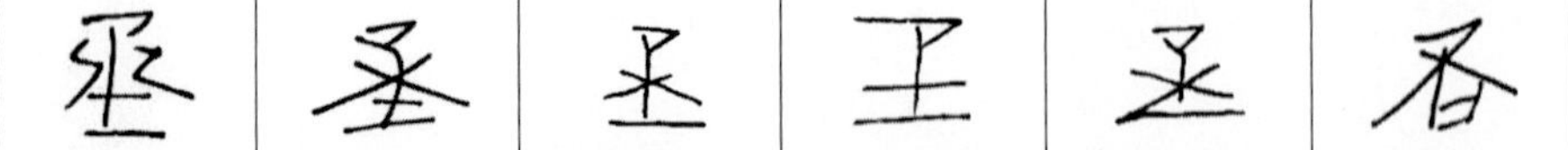

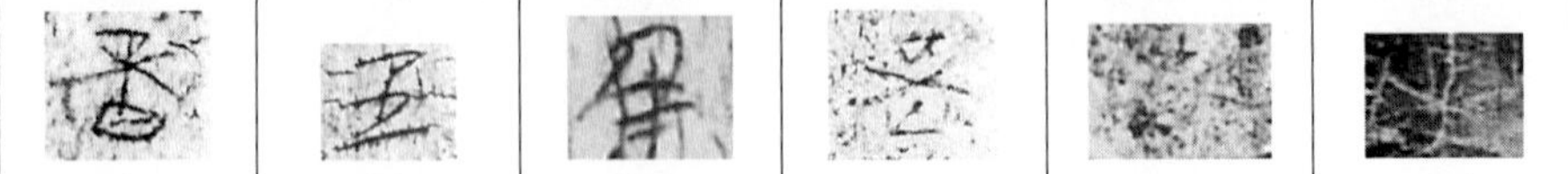

08461	08500	08506	08558	08651	08934

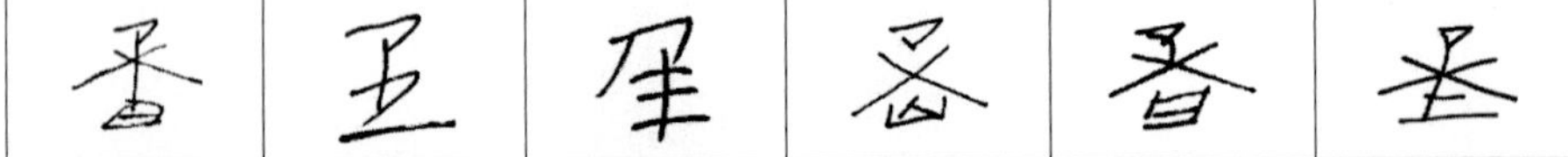

08937	09040	09065	09109	09180	09229

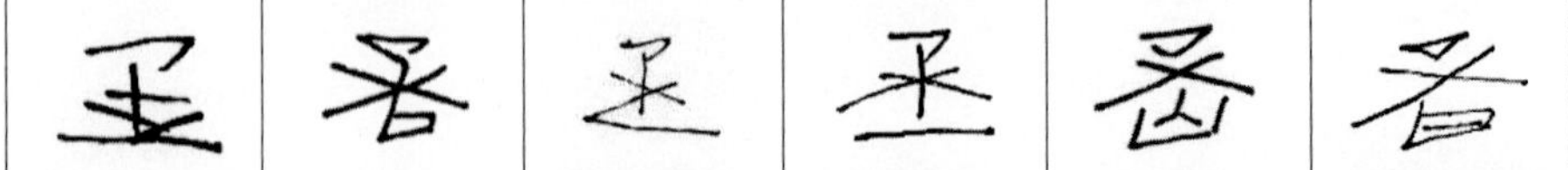

09229	09542	10826	10950	11006	11031

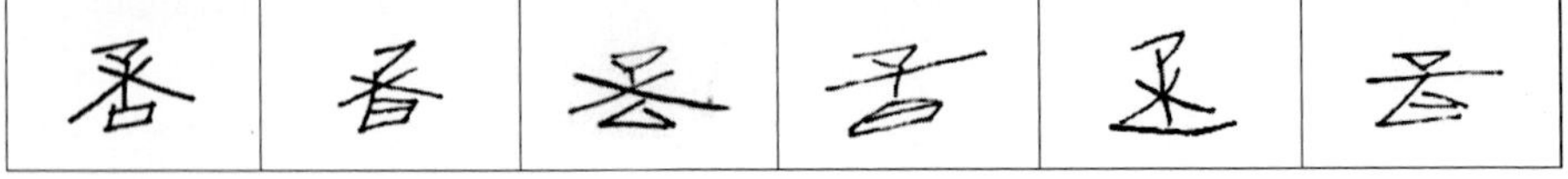

 11265	 11286	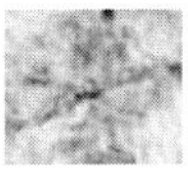 11401	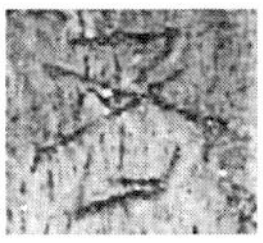 11410	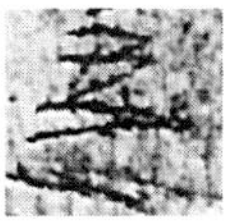 11919	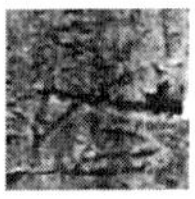 12319

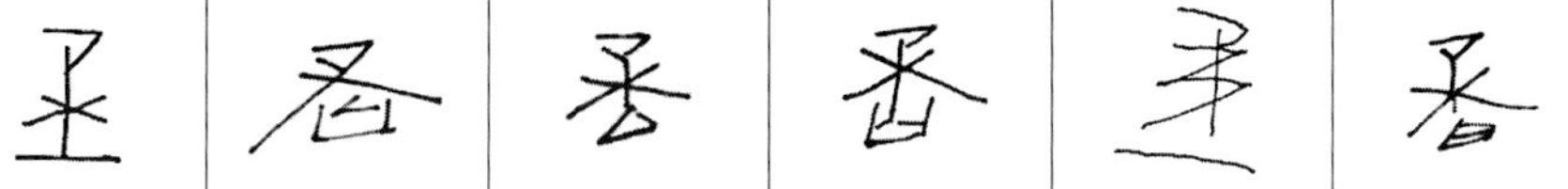

 12460	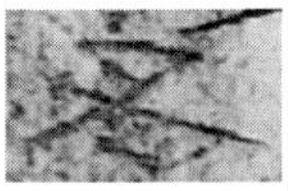 12465	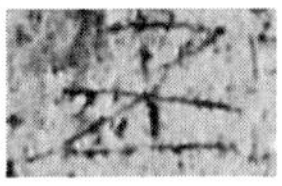 12682	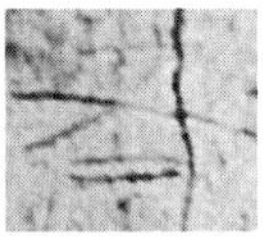 12698	 13099	 13274

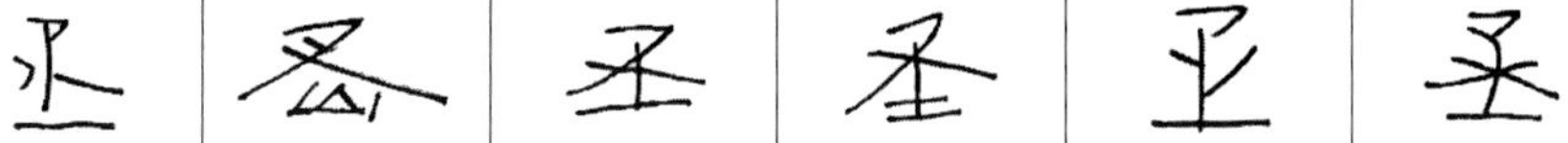

 13355	 13357	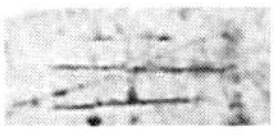 13358	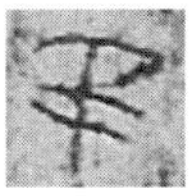 13448	 13448	 13469

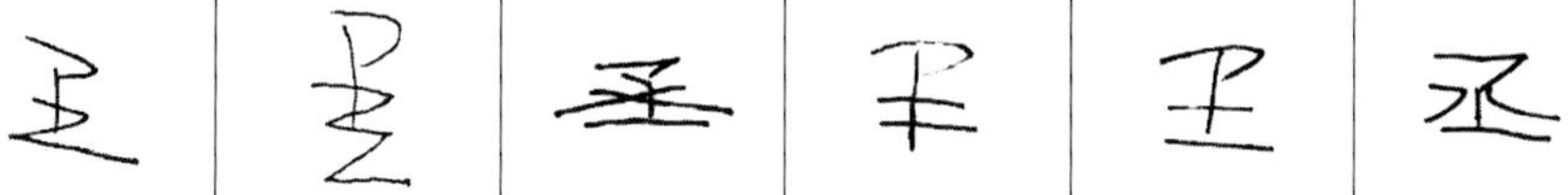

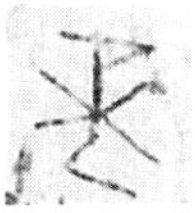 13476	 13601	 13602	 13690	 13944	 13959

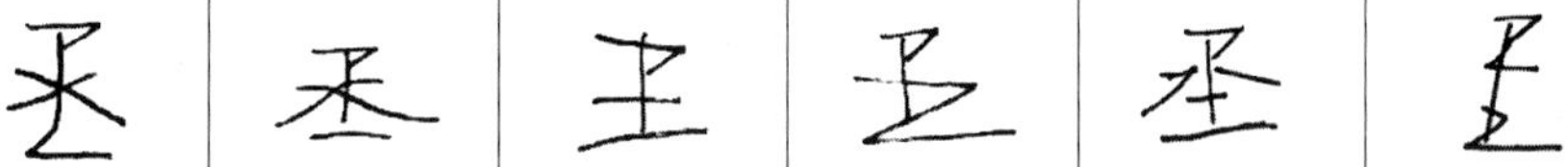

 14050					

	字例					
作	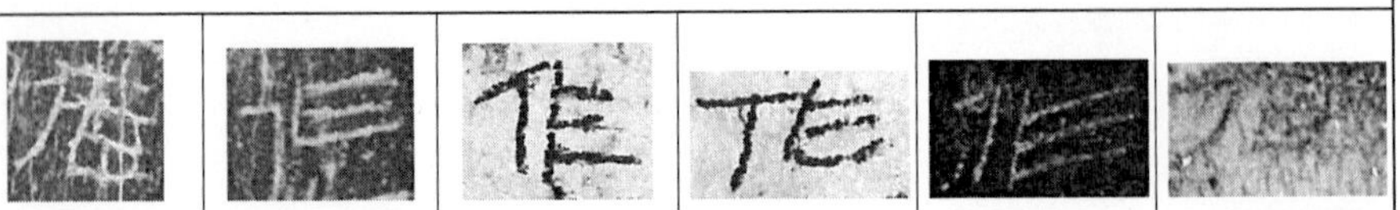					
	00335	00470	01132	01258	01326	01337
	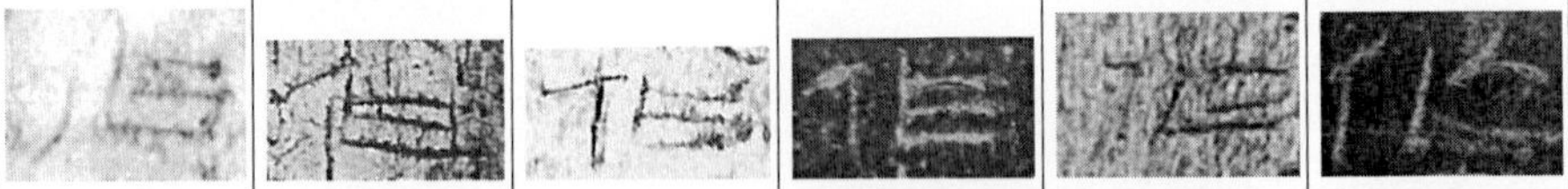					
	01390	01484	01505	01595	01802	02244
	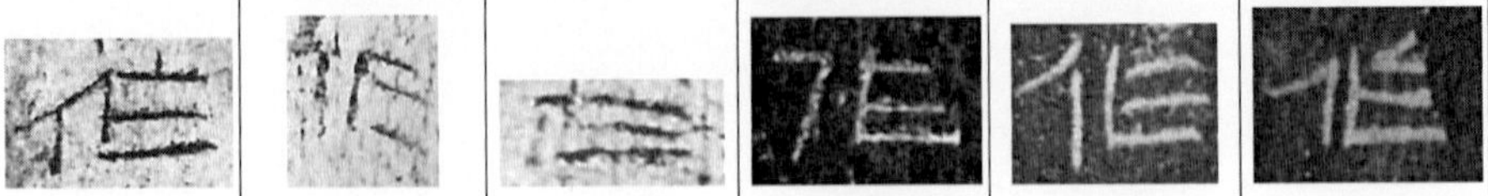					
	02268	02534	02632	02824	02825	02858
	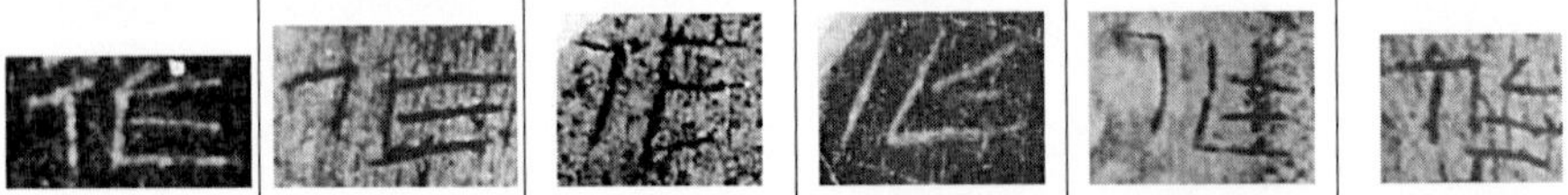					
	03174	03662	04345	04587	04684	04839
	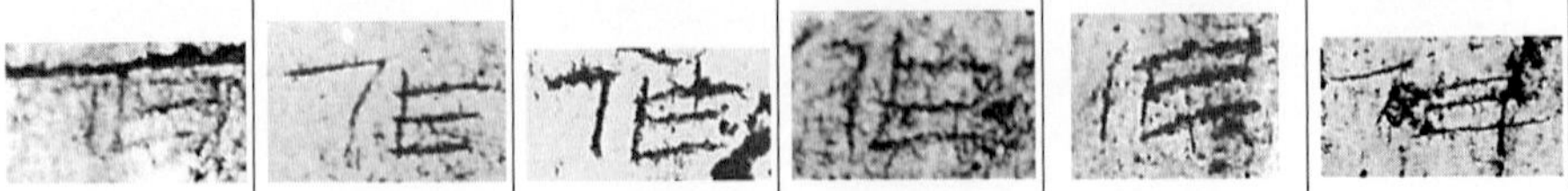					
	04987	05247	05294	06017	06286	06332
	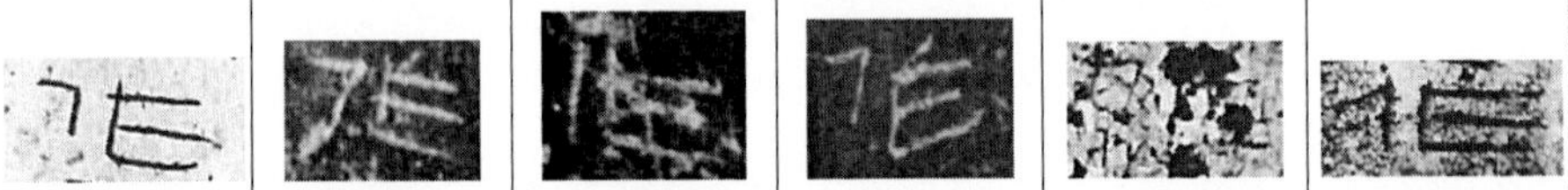					
	06441	06549	06550	06640	06651	06780
	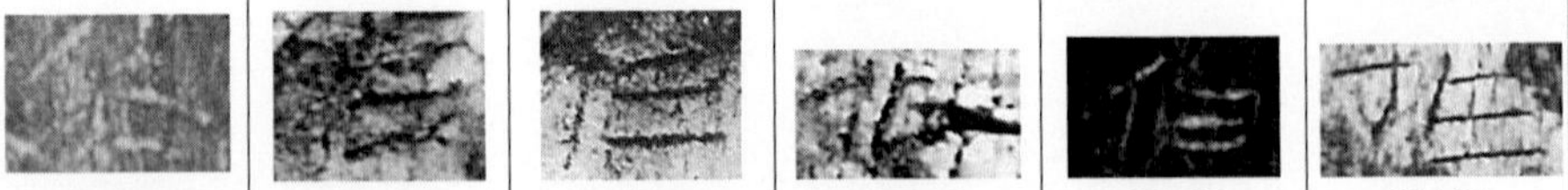					
	07103	07194	07566	07658	08047	08181
	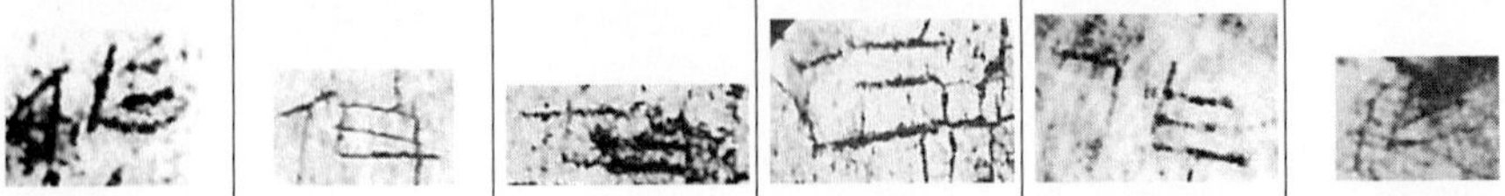					
	08189	08194	08265	08384	08461	08500
	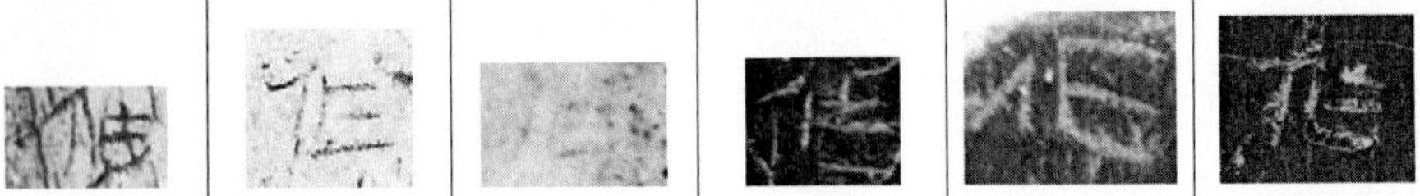					
	08506	08558	08651	08934	08937	09040

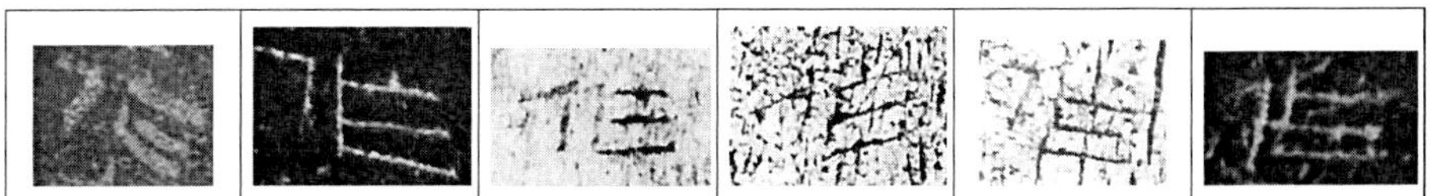

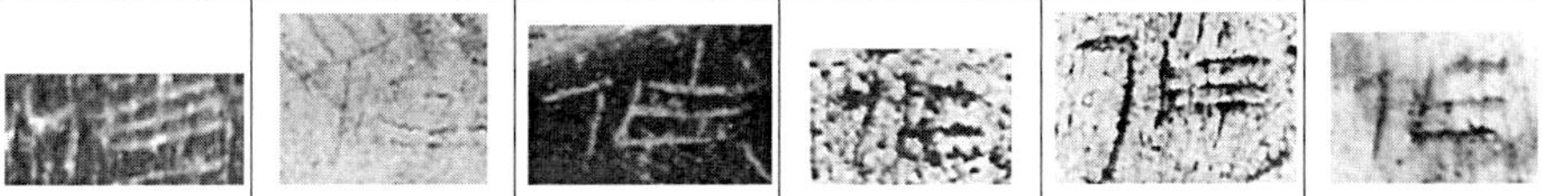

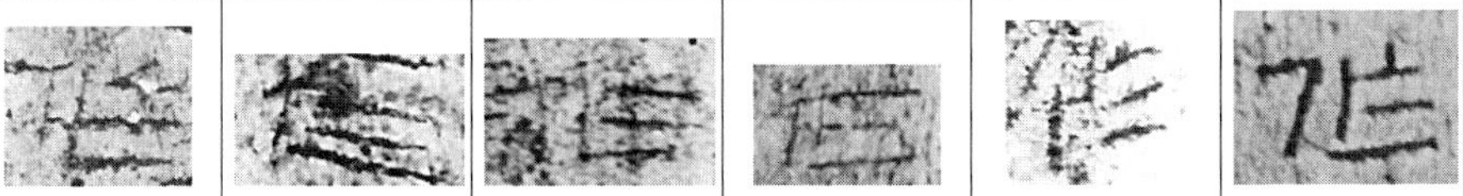

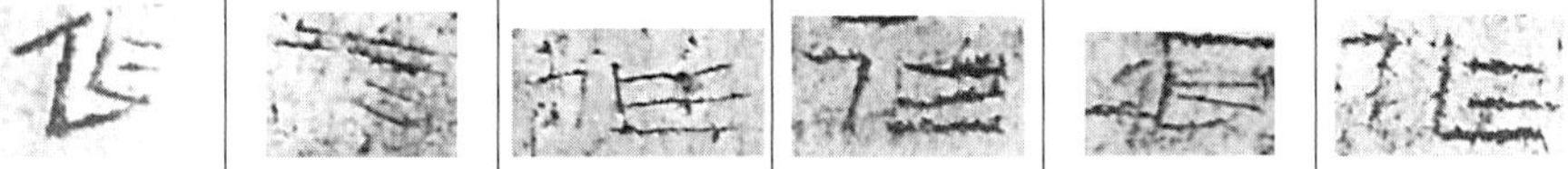

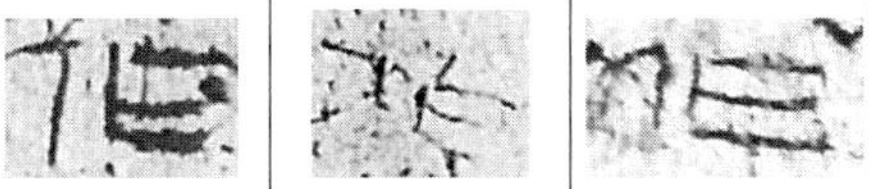

	09065	09109	09180	09229	09542	10826
	10950	11006	11031	11265	11286	11401
	11410	11919	12465	12682	12698	13099
	13274	13357	13358	13601	13602	13690
	13944	13959	14050			

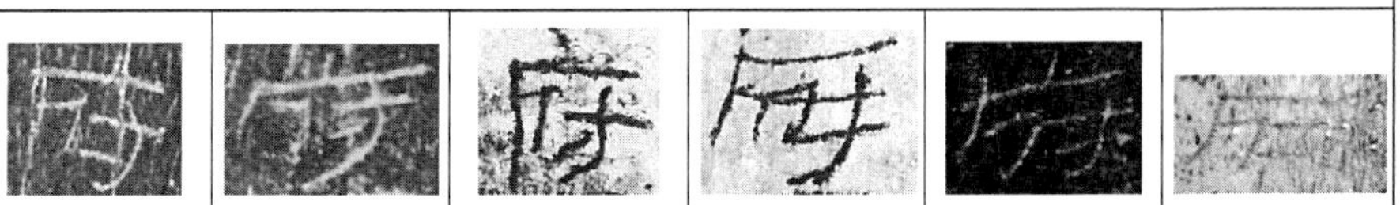

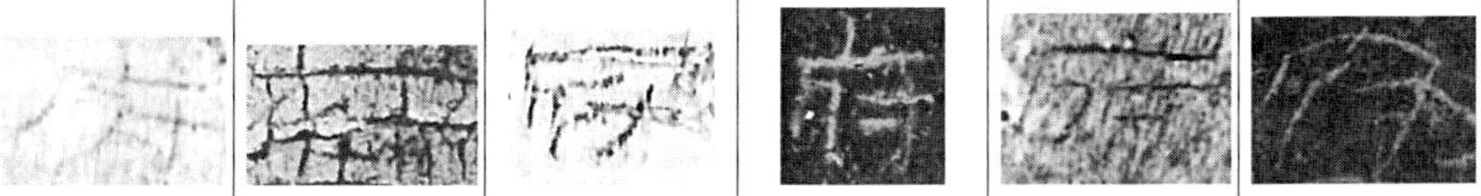

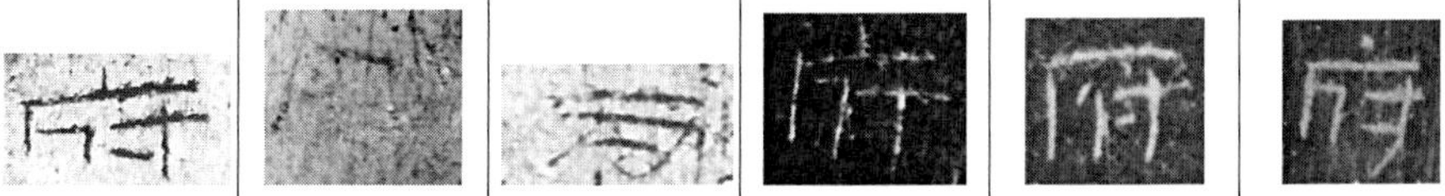

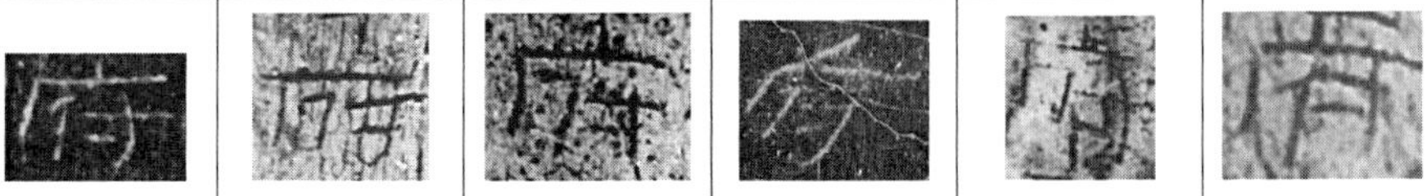

	字　例					
府	00335	00470	01132	01258	01326	01337
	01390	01484	01505	01595	01802	02244
	02268	02534	02632	02824	02825	02858
	03174	03662	04345	04587	04684	04839

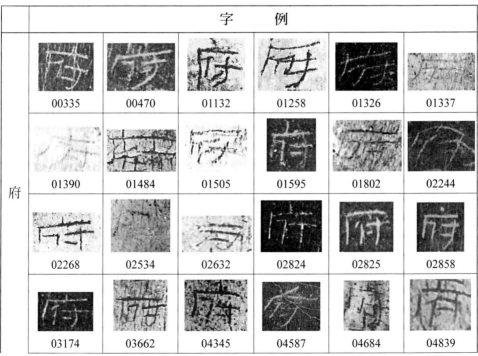

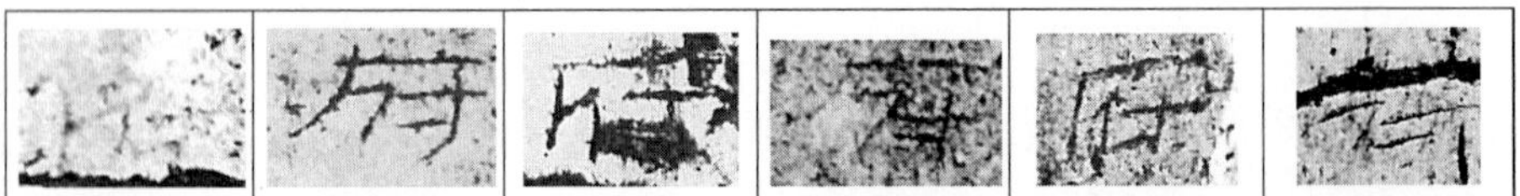

04987	05247	05294	06017	06286	06332

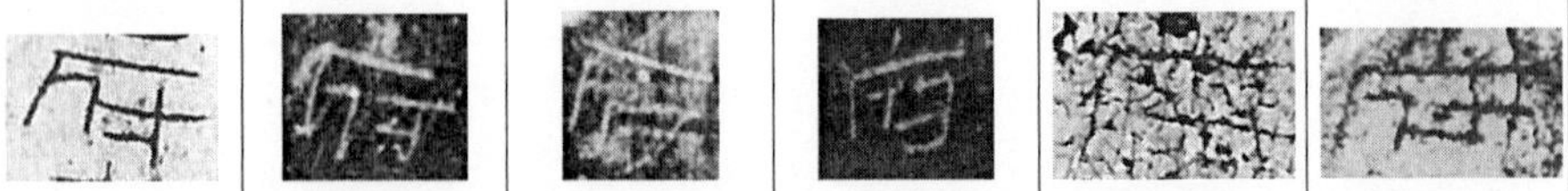

06441	06549	06550	06640	06651	06780

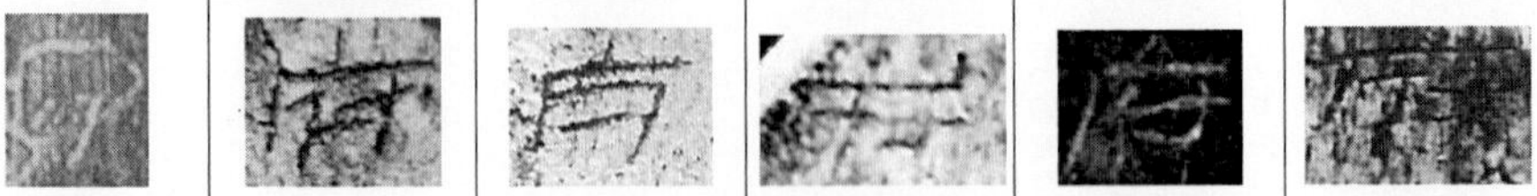

07103	07194	07566	07658	08047	08181

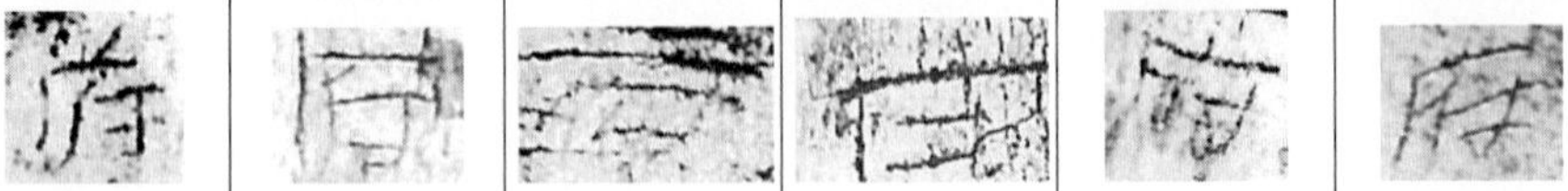

08189	08194	08265	08384	08461	08500

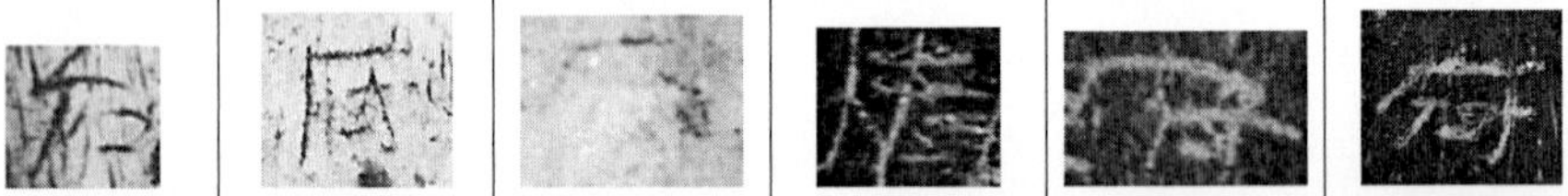

08506	08558	08651	08934	08937	09040

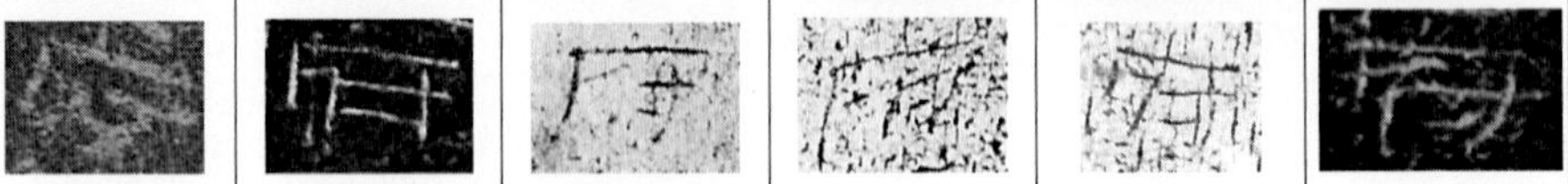

09065	09109	09180	09229	09542	10826

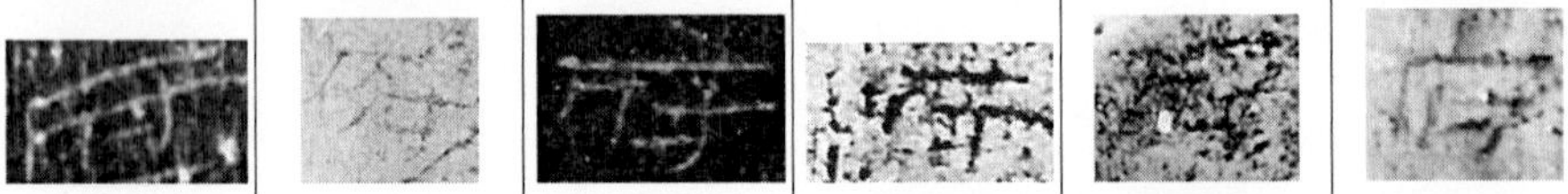

10950	11006	11031	11265	11286	11401

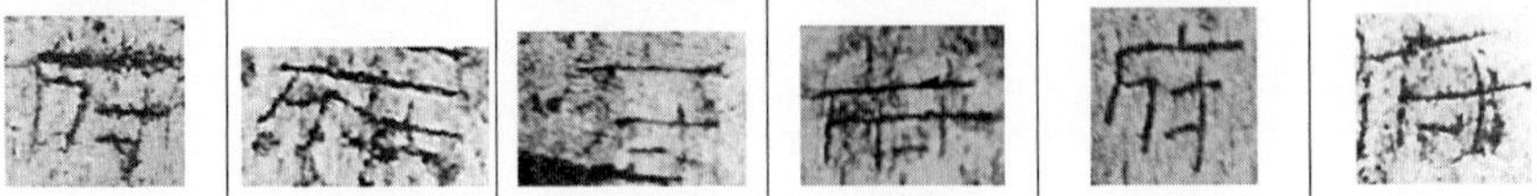

11410	11919	12465	12682	12698	13099

13274	13357	13358	13601	13602	13690

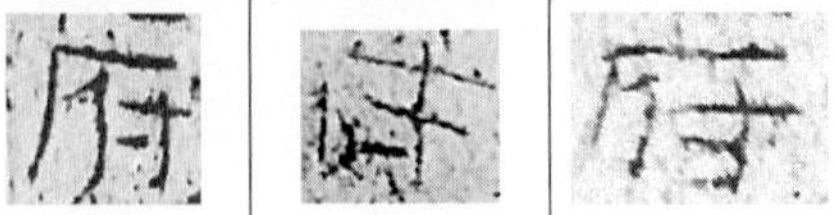

13944	13959	14050			

	字例					
成	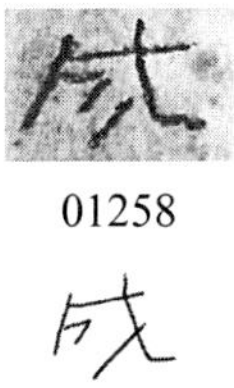 01258	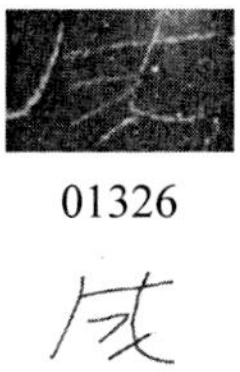 01326	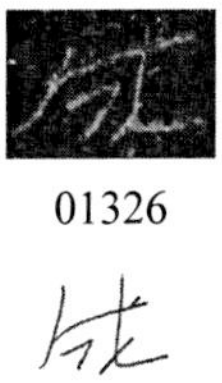 01326	 01505	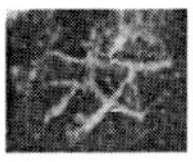 01595	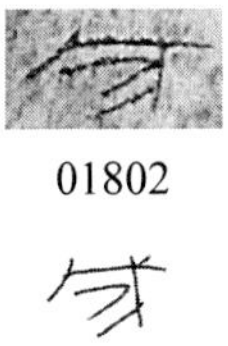 01802
	 03174	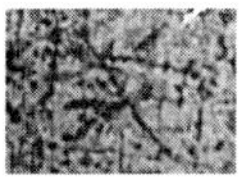 04345	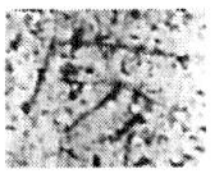 04987	 04987	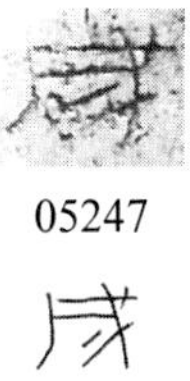 05247	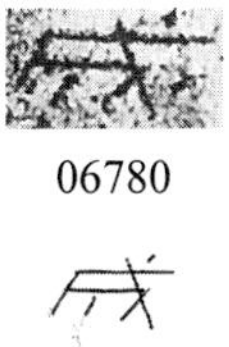 06780
	 07194	 08189	 08651	 09109	 10950	 11031
	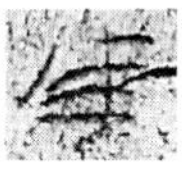 11286	 11401	 11401	 12319		

	字例					
嗇	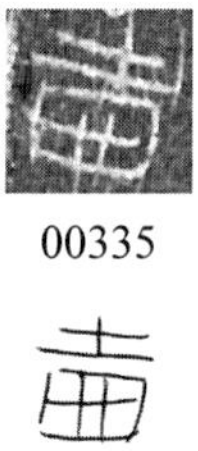 00335	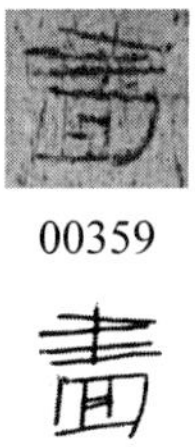 00359	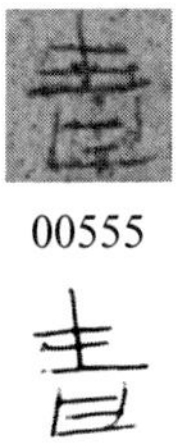 00555	 00667	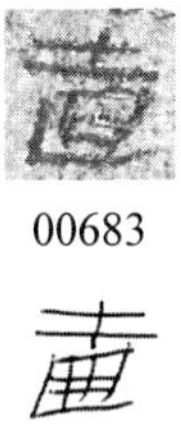 00683	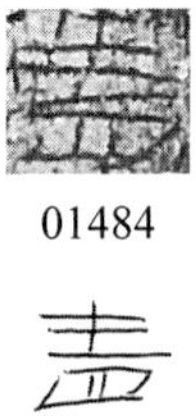 01484
	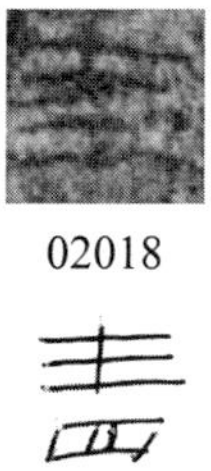 02018	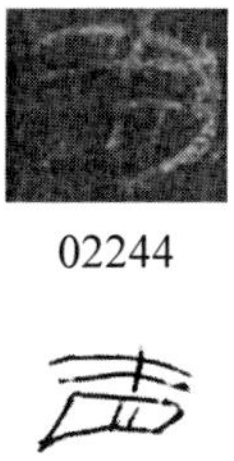 02244	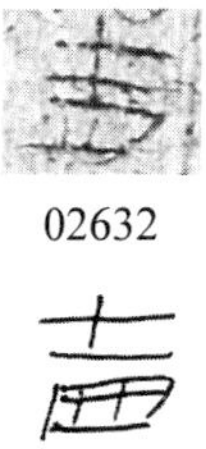 02632	 02858	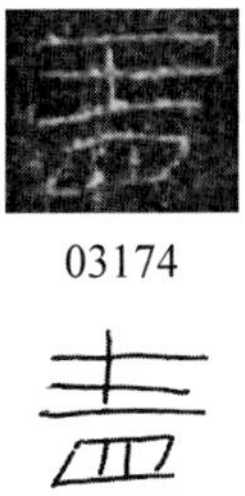 03174	 04684

	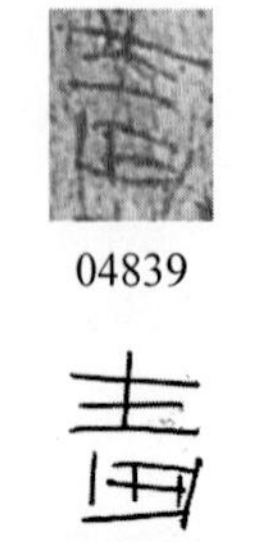 04839	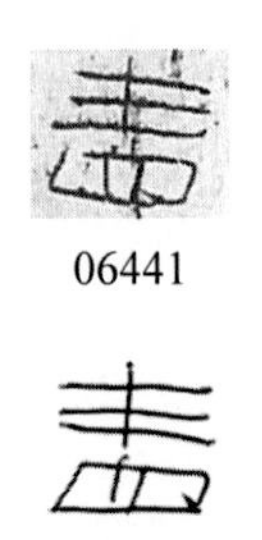 06441	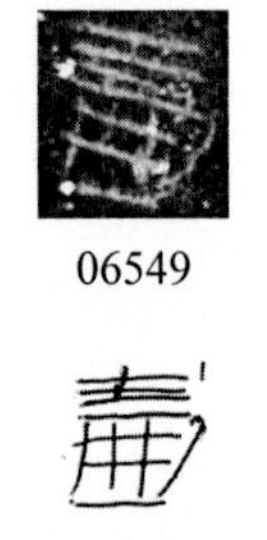 06549	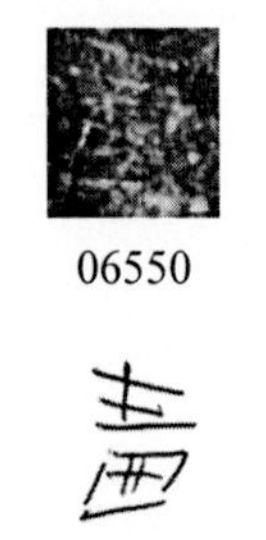 06550	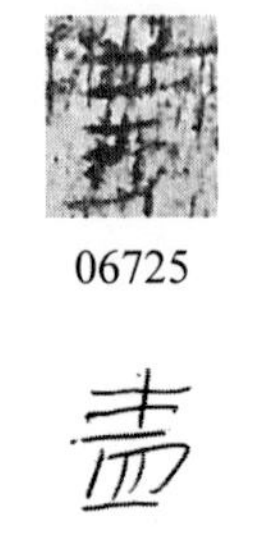 06725	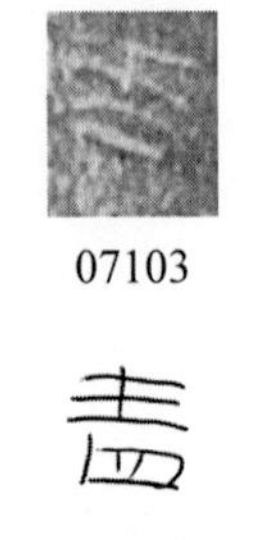 07103
	 08047	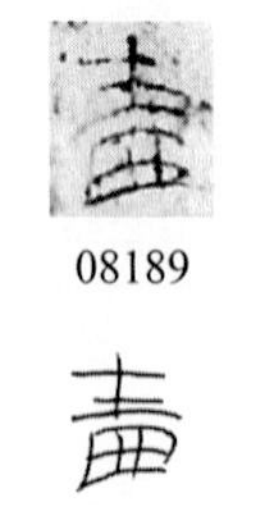 08189	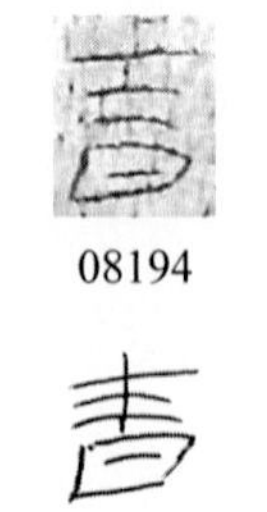 08194	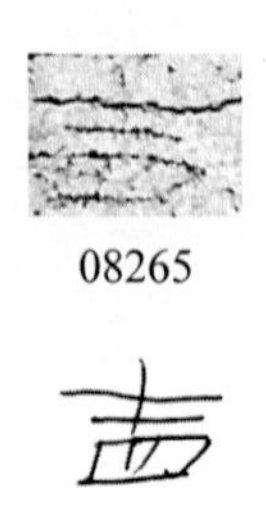 08265	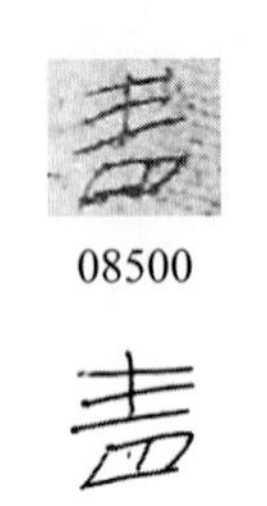 08500	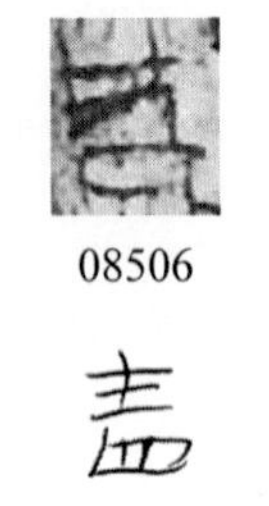 08506
	 08934	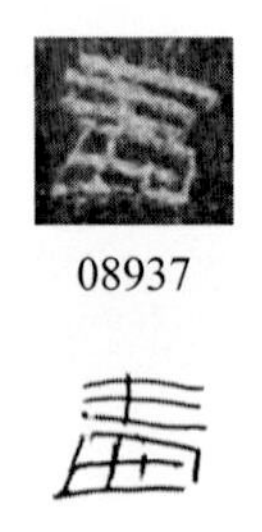 08937	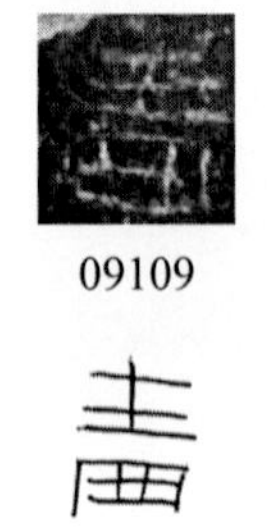 09109	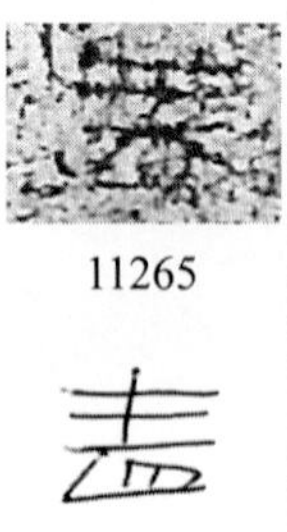 11265	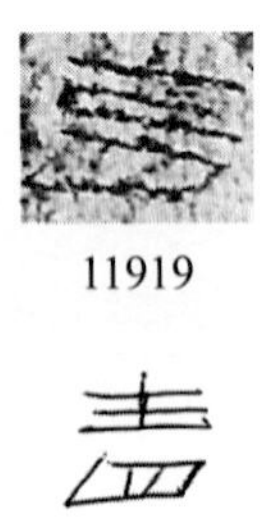 11919	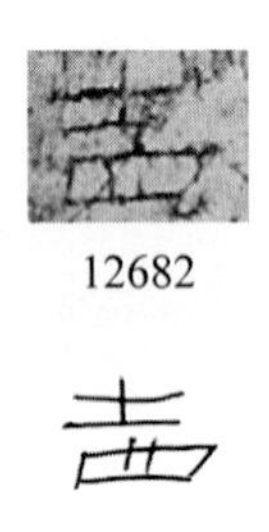 12682
	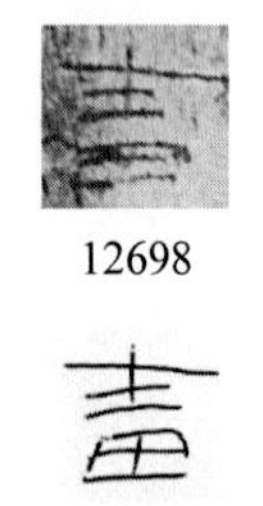 12698	 13274	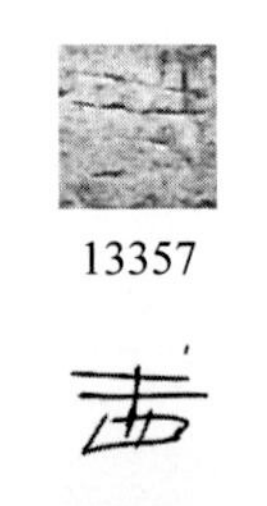 13357	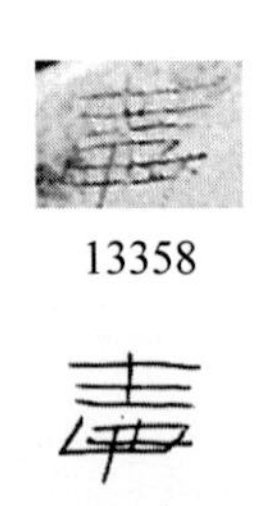 13358	 13476	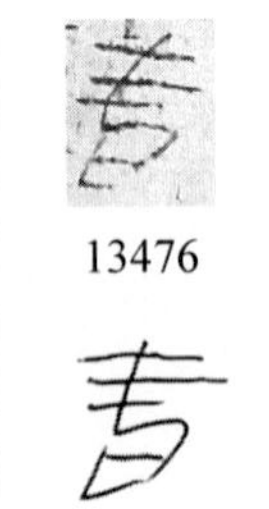 13476
	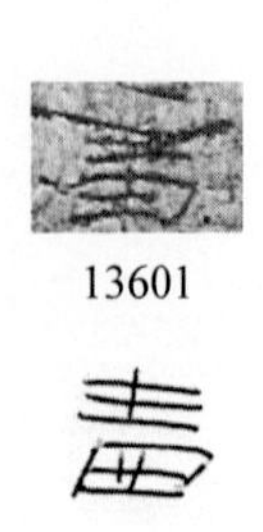 13601	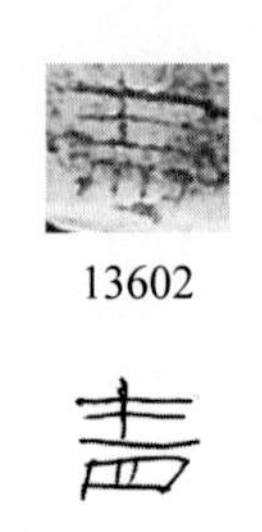 13602	 13944	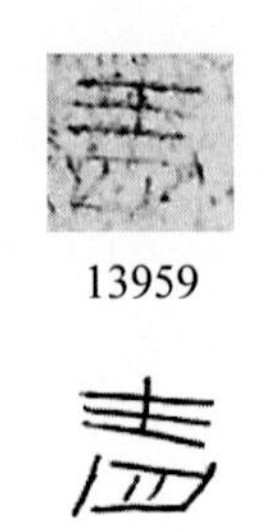 13959		

	字例					
夫	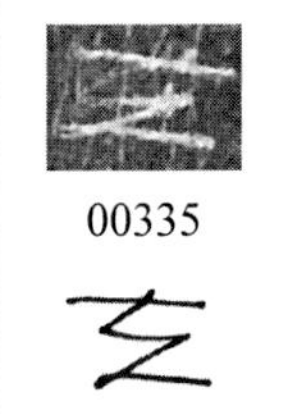 00335	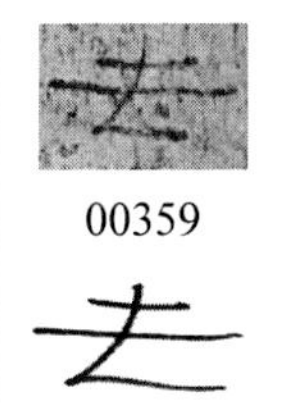 00359	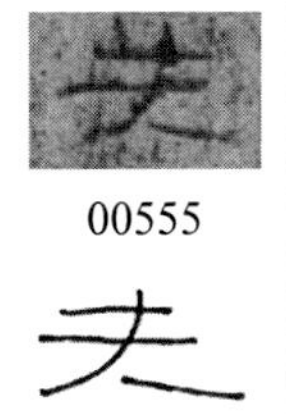 00555	 00667	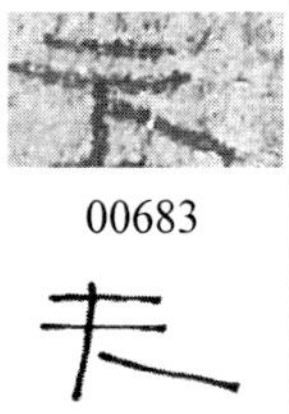 00683	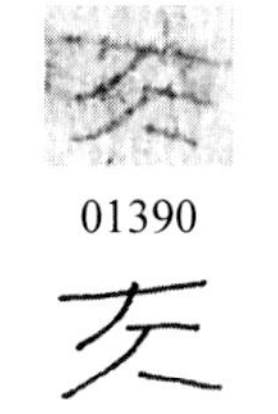 01390
	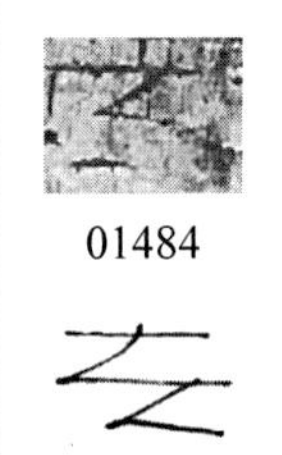 01484	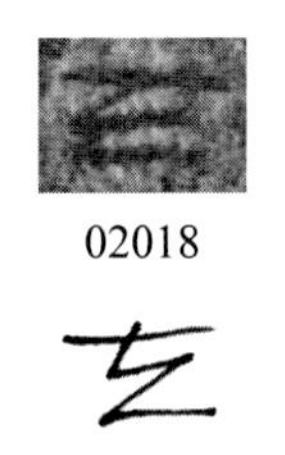 02018	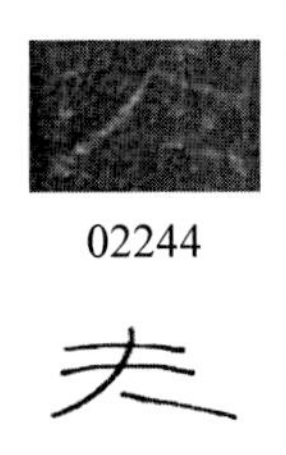 02244	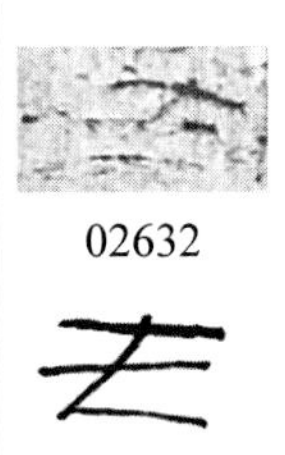 02632	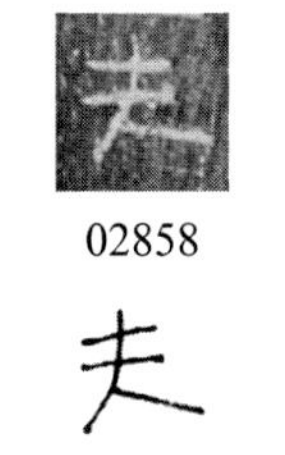 02858	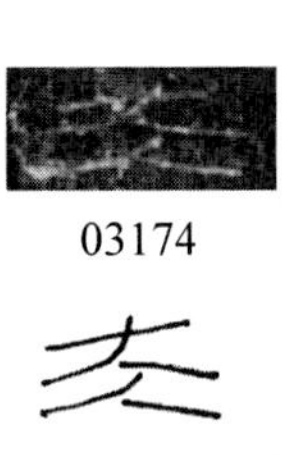 03174
	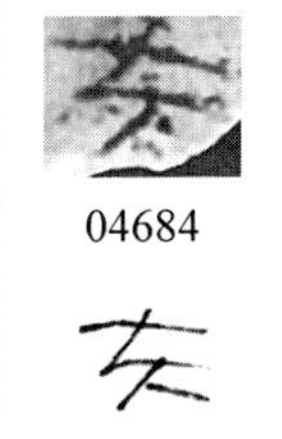 04684	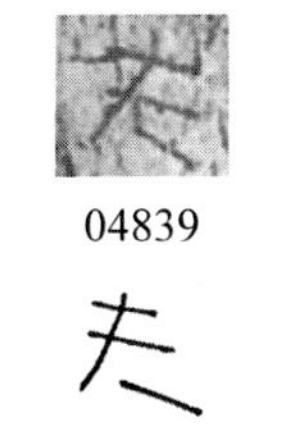 04839	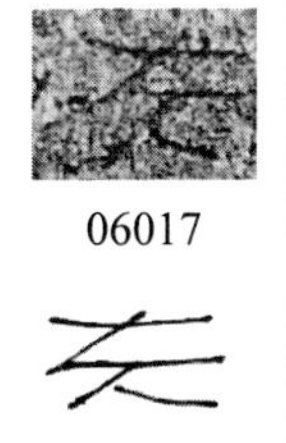 06017	 06286	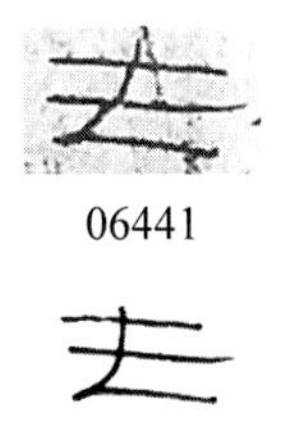 06441	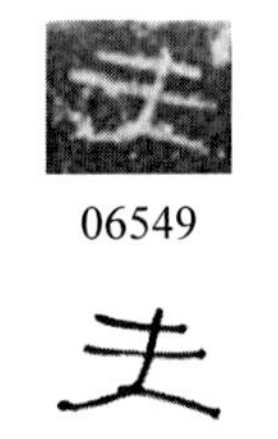 06549
	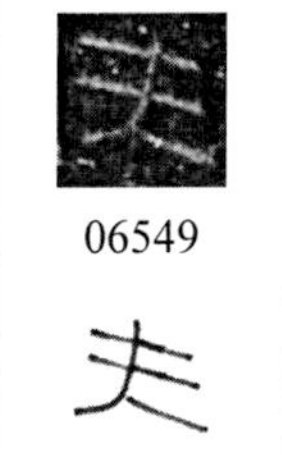 06549	 06550	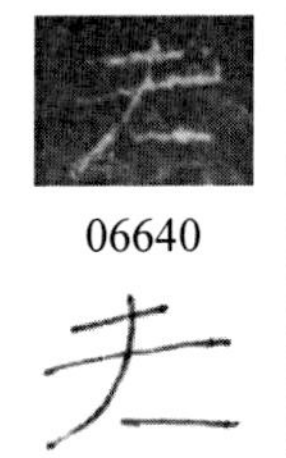 06640	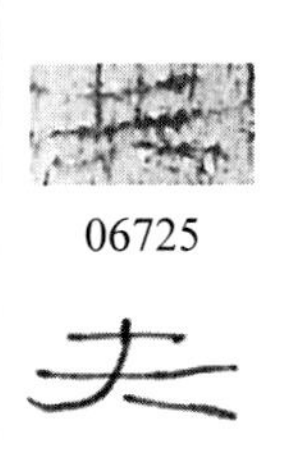 06725	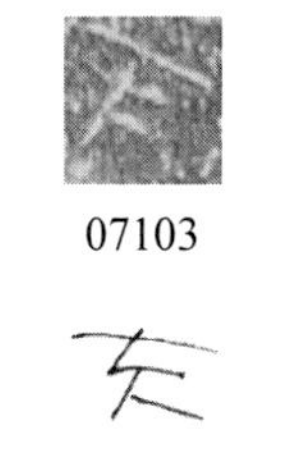 07103	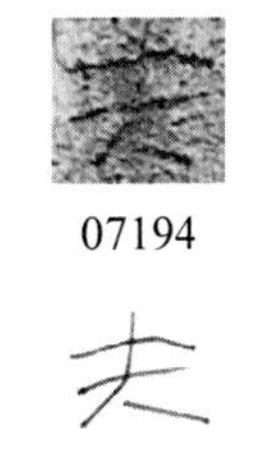 07194
	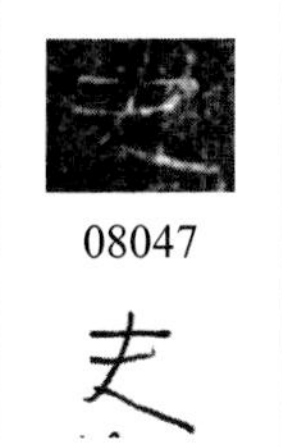 08047	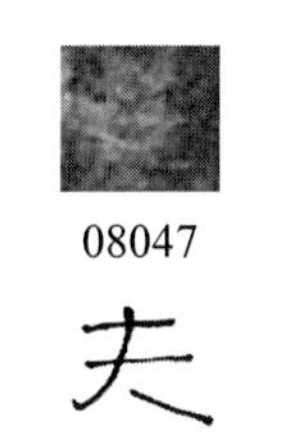 08047	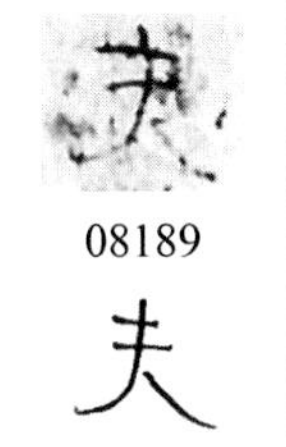 08189	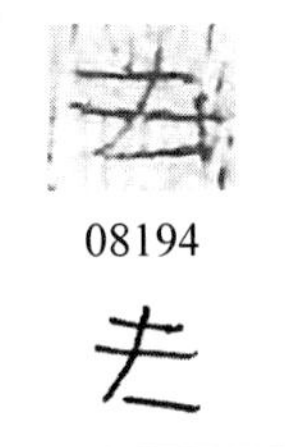 08194	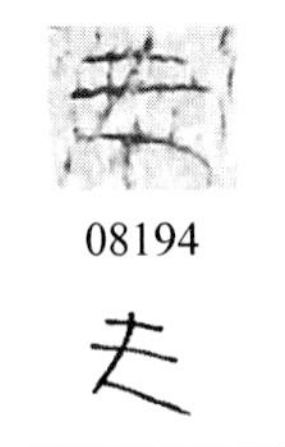 08194	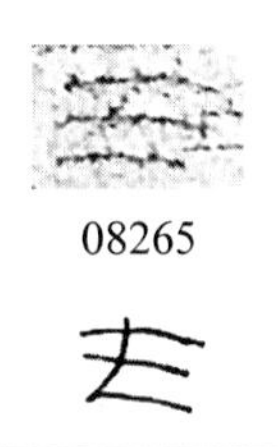 08265
	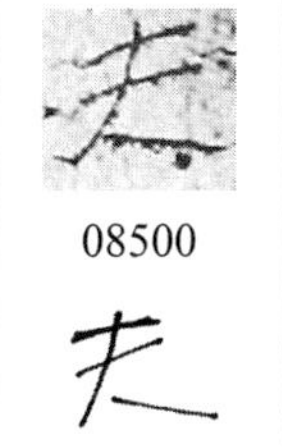 08500	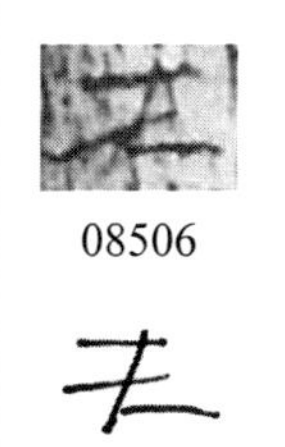 08506	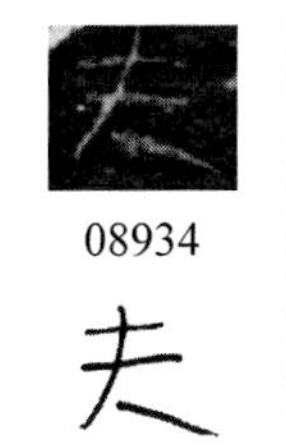 08934	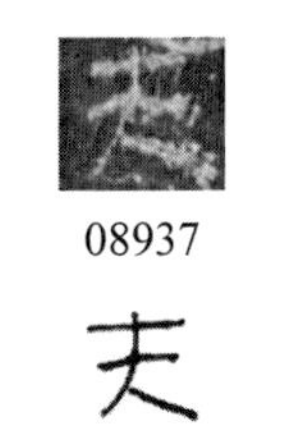 08937	 08937	 09109

	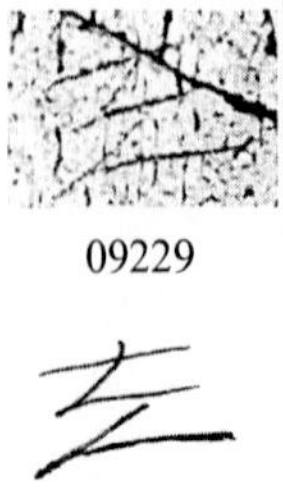 09229	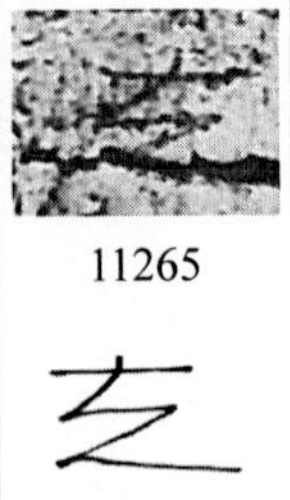 11265	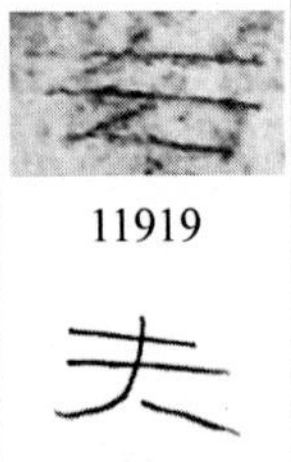 11919	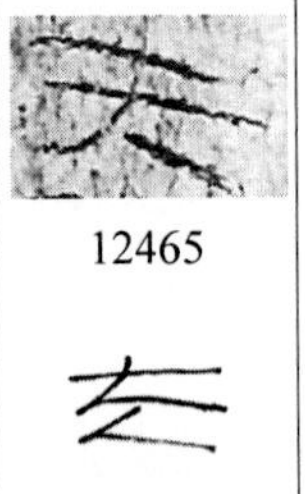 12465	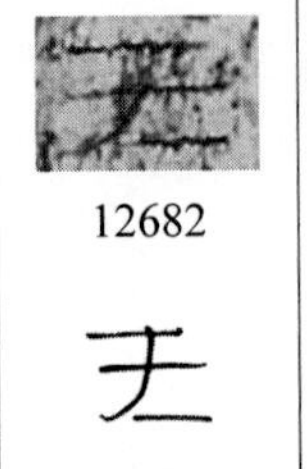 12682	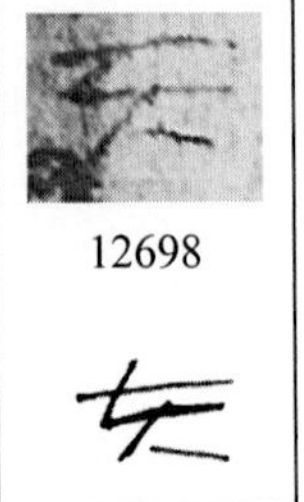 12698
	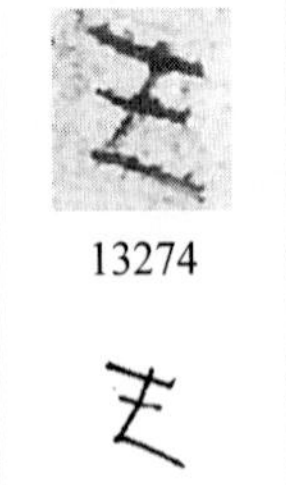 13274	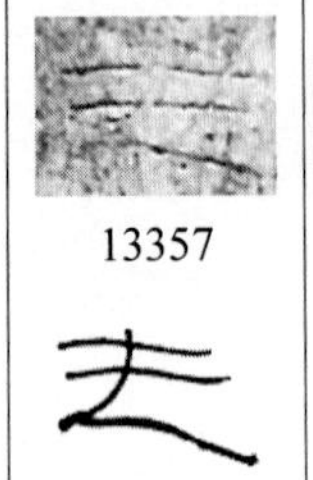 13357	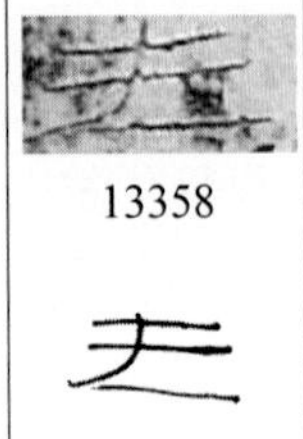 13358	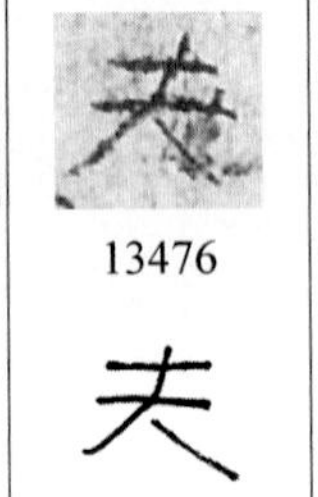 13476	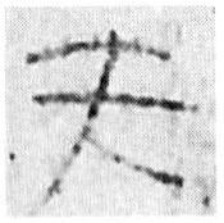 13476	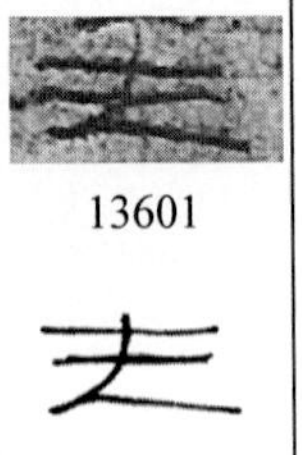 13601
	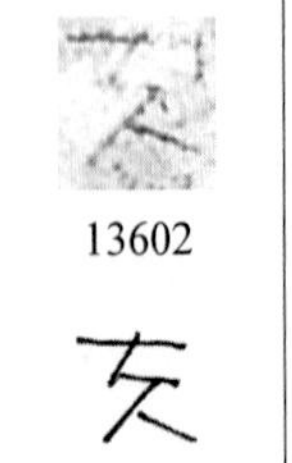 13602	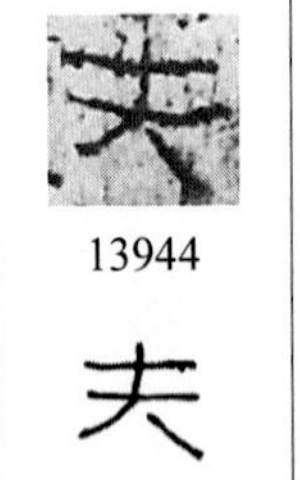 13944	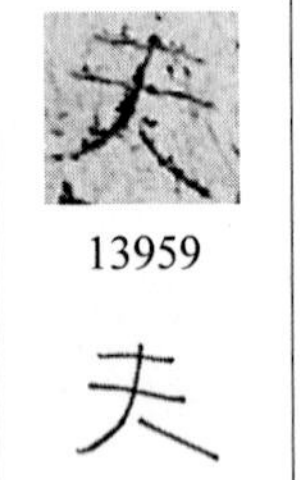 13959			

	字例					
護	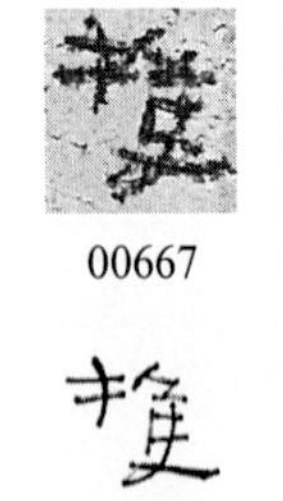 00667	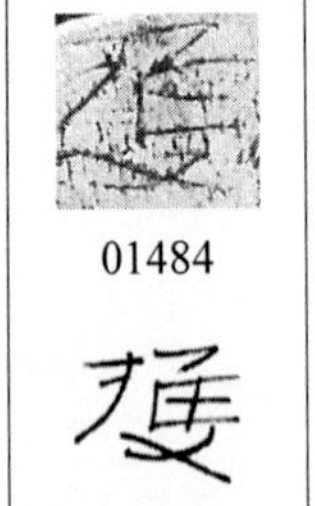 01484	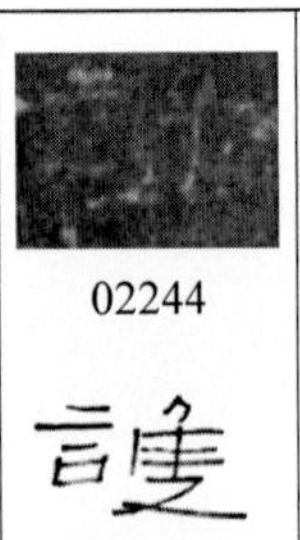 02244	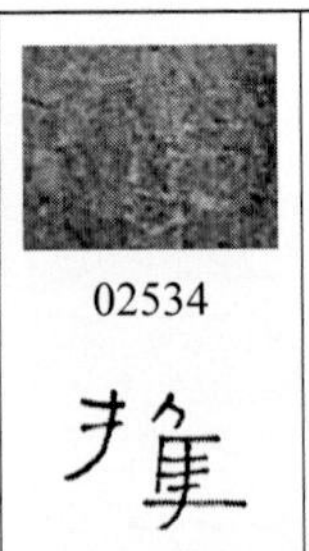 02534	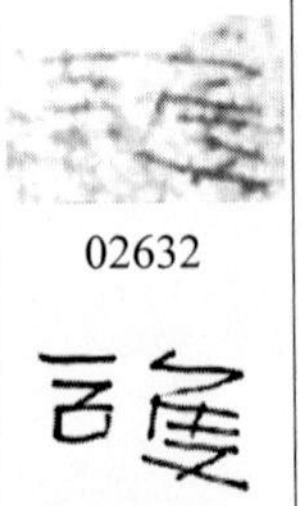 02632	 03174
	 04899	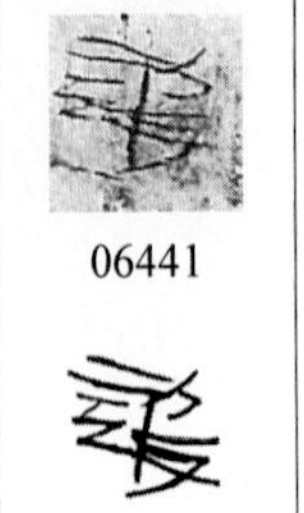 06441	 06549	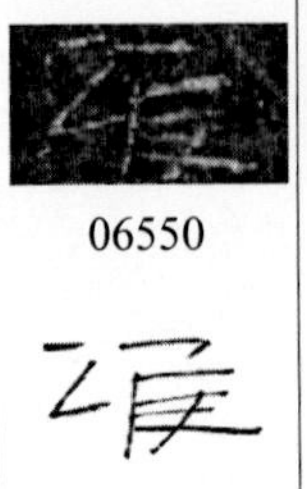 06550	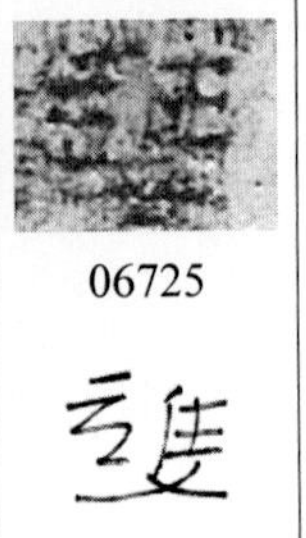 06725	 07103

 08047	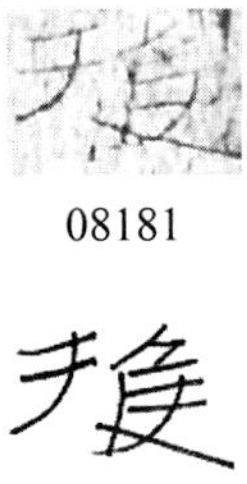 08181	 08194	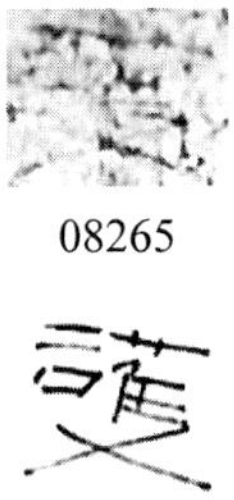 08265	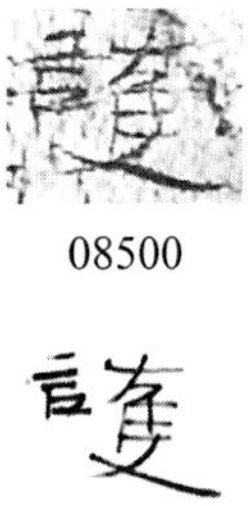 08500	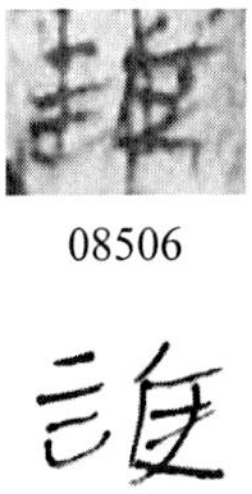 08506
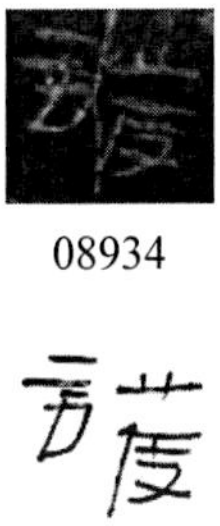 08934	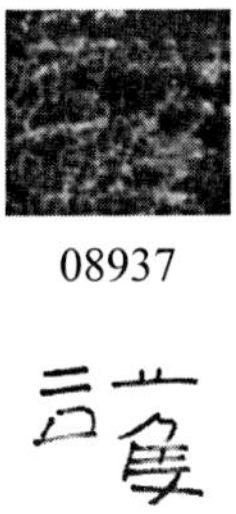 08937	 09065	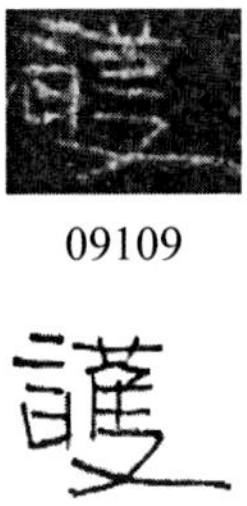 09109	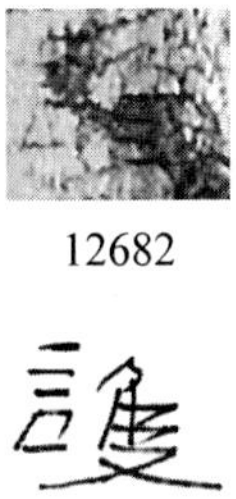 12682	 13099
 13274	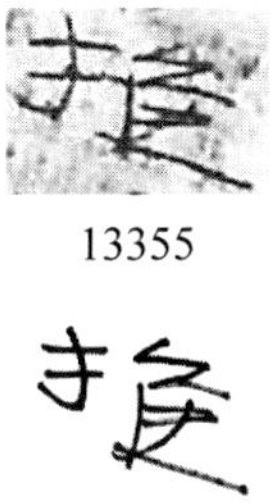 13355	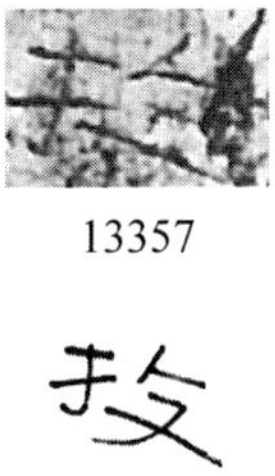 13357	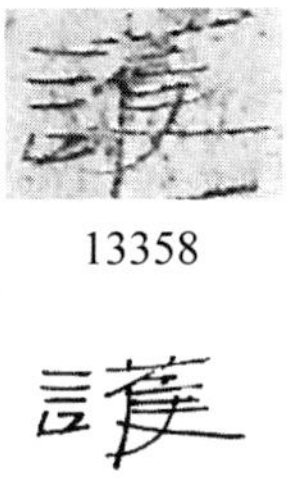 13358	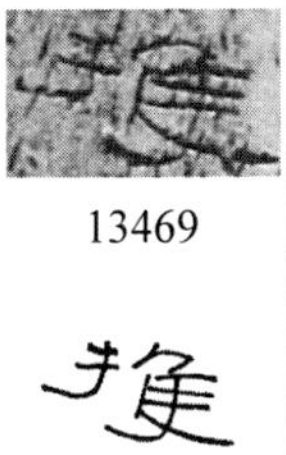 13469	 13476
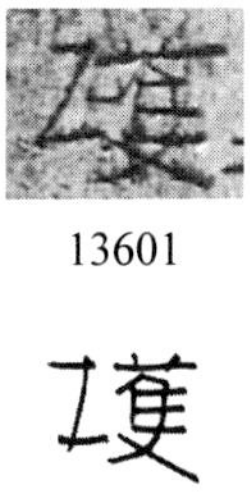 13601	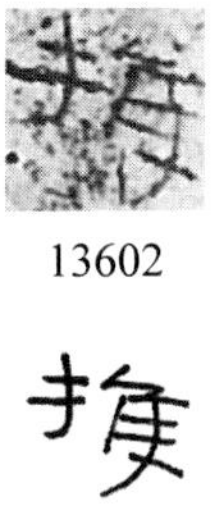 13602	 13690	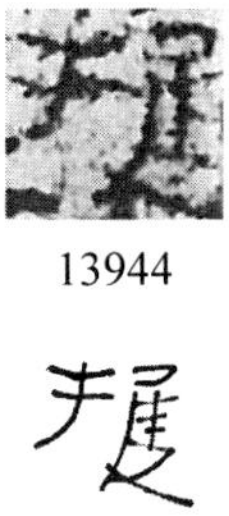 13944	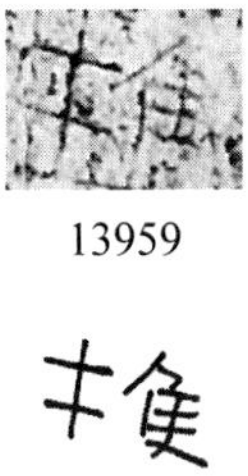 13959	 14050
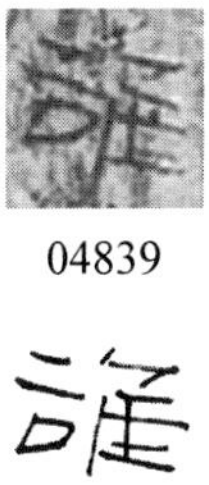 04839					

	字例					
卒	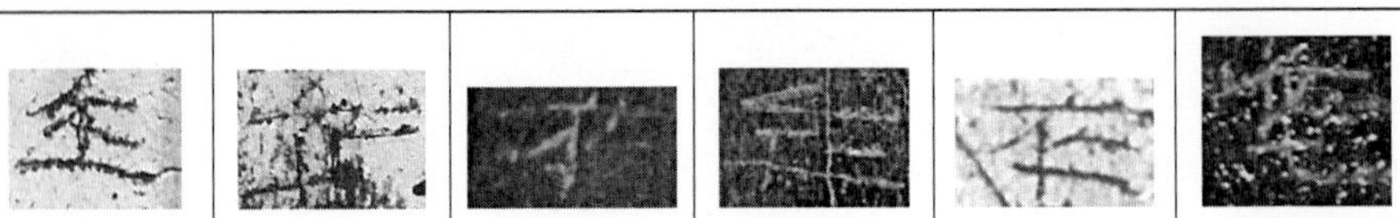					
	00667	01484	02244	02534	02632	03174

	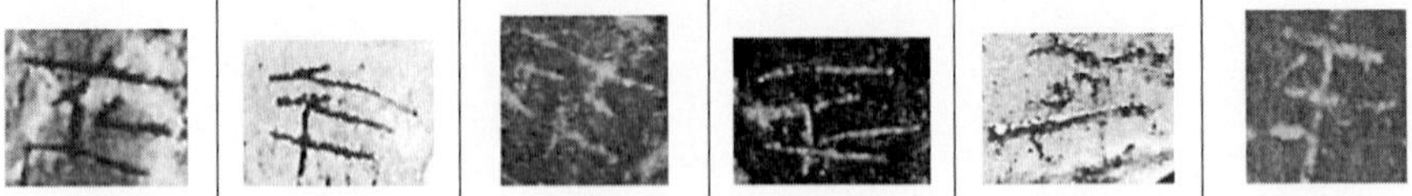					
	04899	06441	06549	06500	06725	07103
	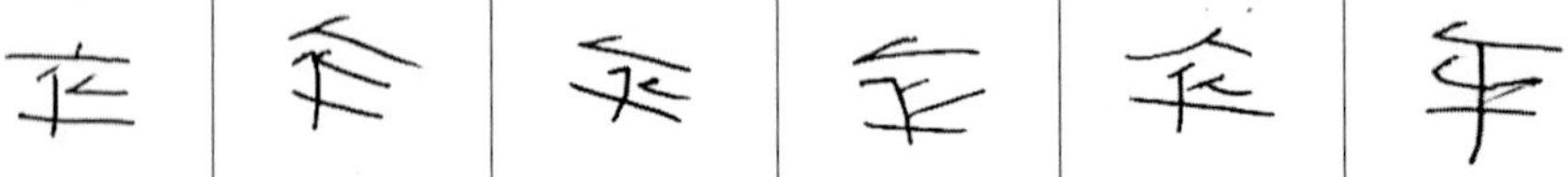					
	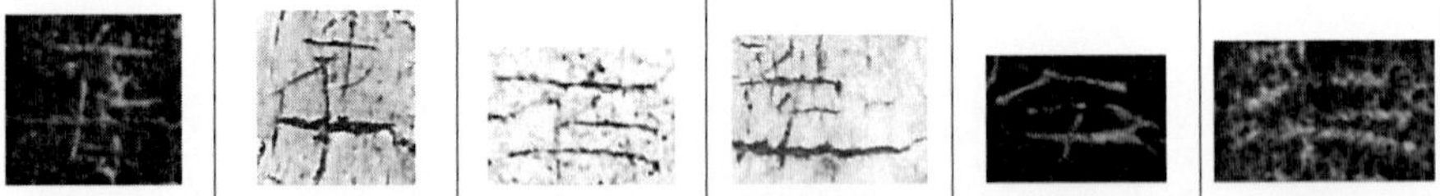					
	08047	08194	08265	08500	08934	08937
	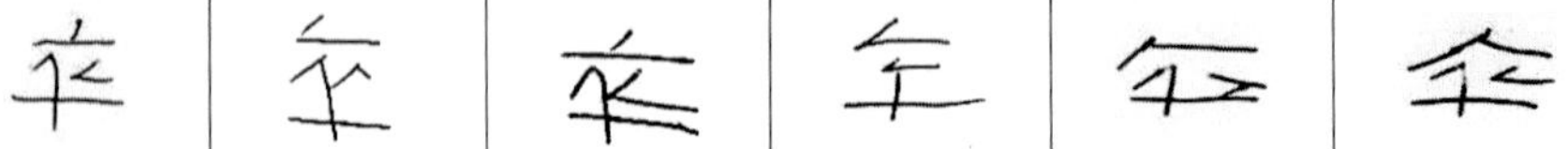					
	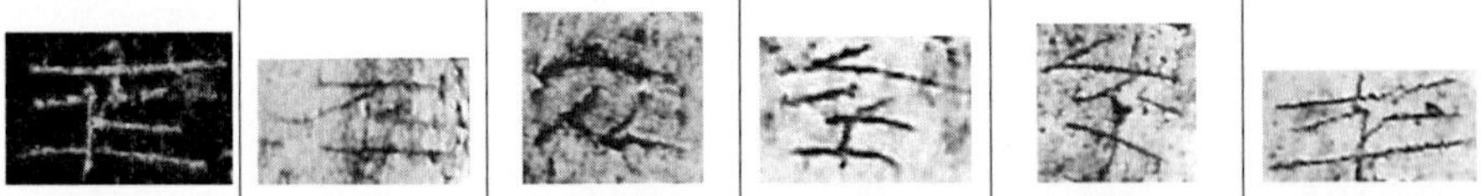					
	09109	12682	13274	13355	13357	13358
	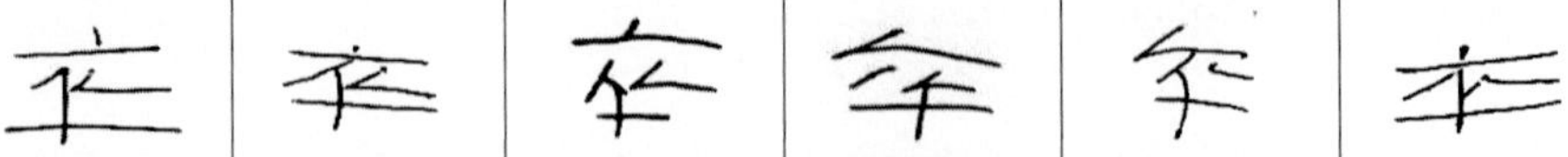					
	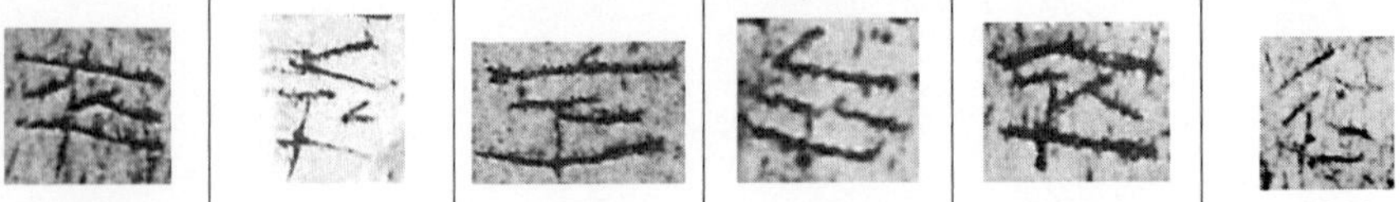					
	13469	13476	13601	13602	13944	13959
	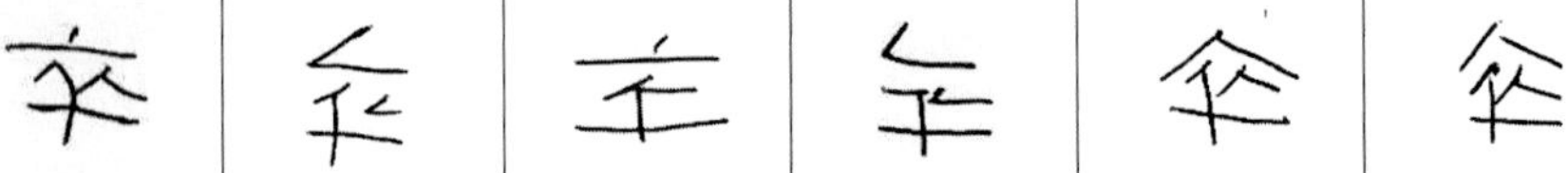					

	字例					
史	00667	00683	01484	01484	02244	02244
	02534	02534	02534	02632	03174	04899
	04899	06441	06549	06549	06550	06550
	06725	06725	06725	07103	08047	08047
	08194	08194	08265	08500	08500	08506
	08934	08934	08937	08937	09109	12682
	12682	13274	13355	13357	13358	13469
	13469	13476	13601	13601	13602	13602
	13944	13959	13959	14050		

	字例					
右	 00667	 08047	 12460			

	字例					
室	 12460					

	字例					
光	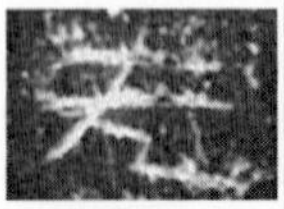 00495 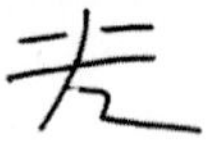	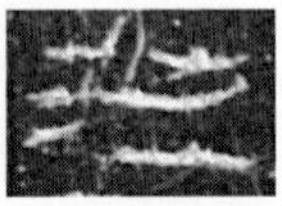 00495 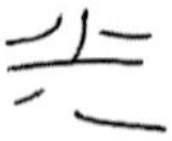	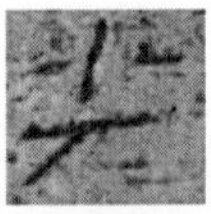 00555 	 00683 	 04587 	

	字例					
祿	 00495	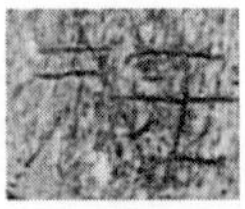 01802				

	字例					
衛	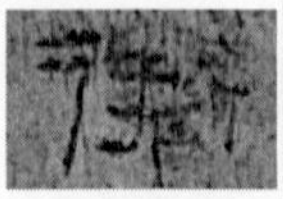 00359 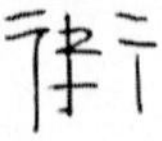	 00555 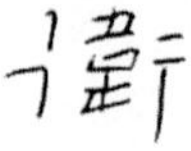	 00683 	 08354 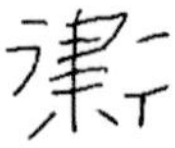		

	字例					
尉	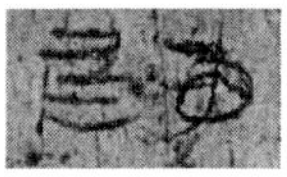 00359 	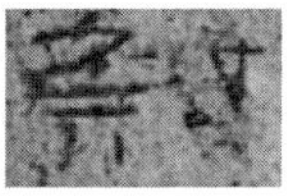 00555 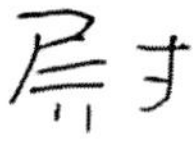	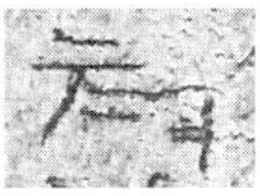 00683 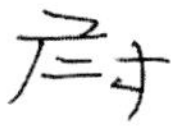	 08354 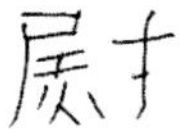		

	字例					
旅	 00359	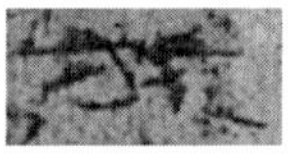 00555	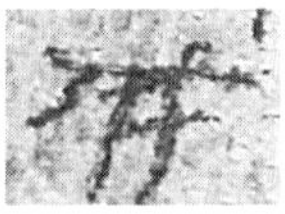 00683			

	字例					
賁	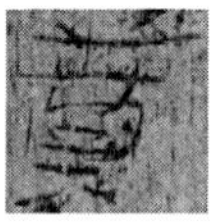 00359	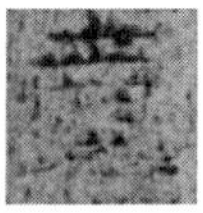 00555	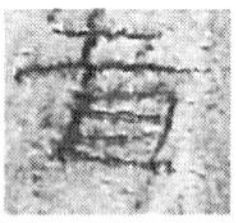 00683			

	字例					
太	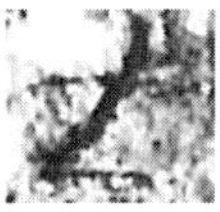 00715	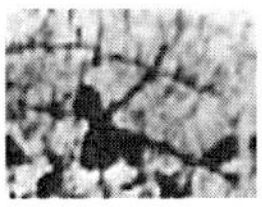 06651	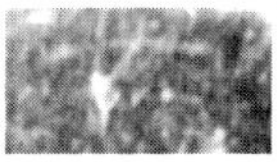 10950	 11031	 11265	

	字例					
初	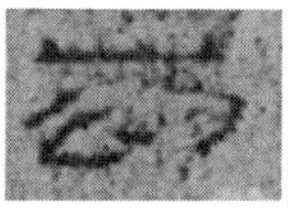 00555 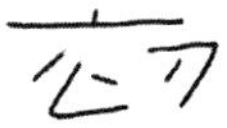	 00715 	 10950 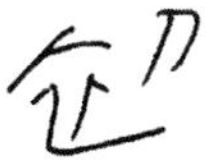	 11031 		

	字　　例					
天	 00470	 01132	 01258	 10826	 11919	

	字　　例					
漢	 00470 	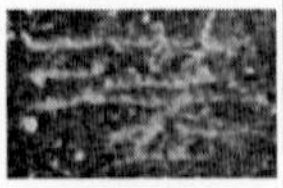 10826 	 11919 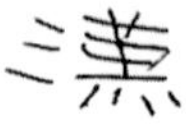			

	字　　例					
始	 01484	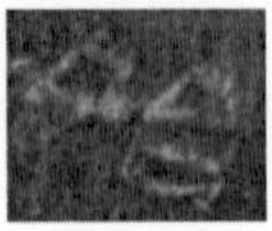 02244	 02534	 02534	 02858	 02858
	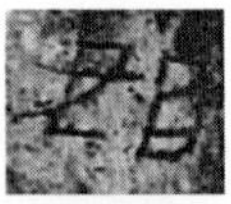 04684	 06441	 06551	 07103	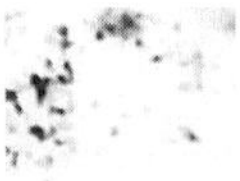 08189	 08506
	 08934	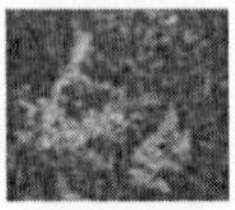 09065	 09109	 11265	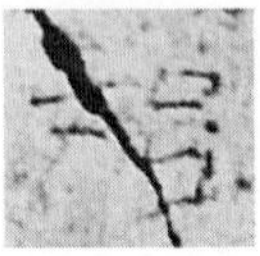 12698	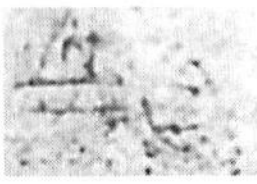 13357
	 13358	 13476	 13601	 13944	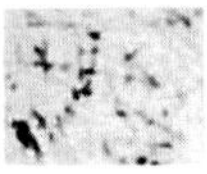 13959	 14050

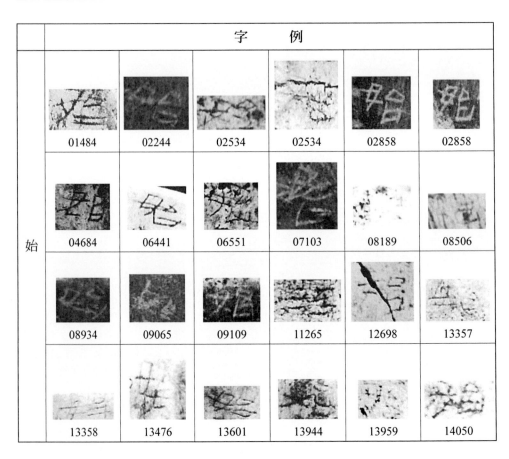

	字　　例					
延	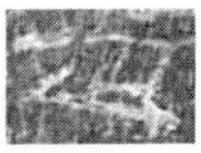 00335 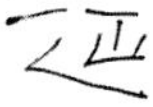	 13690 				

	字　　例					
鳳	 00667 	 02632 	 06549 	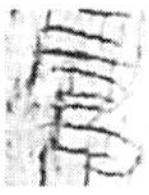 08194 	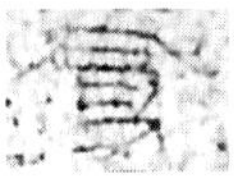 08265 	 08937 
	 13274 	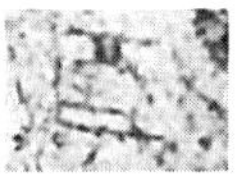 13602 				

	字　　例					
地	 08500 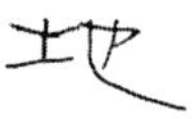	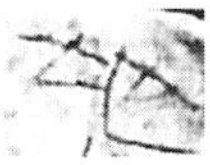 13355 	 02824 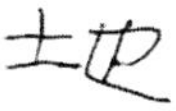	 09542 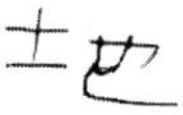		

	字　　例					
節	 08500 	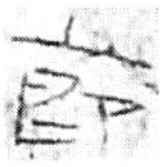 13355 				

	字　　例					
康	 04899 	 12682 	 13469 			

	字　　例					
神	 00359					

	字　　例					
爵	 00359					

	字　　例					
甘	 06725	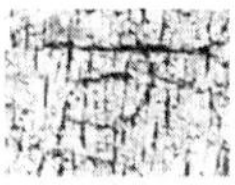 09542				

	字　　例					
露	 06725					

	字例					
	 00470	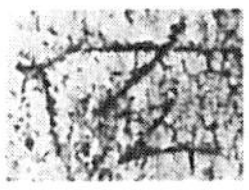 01484	 06441	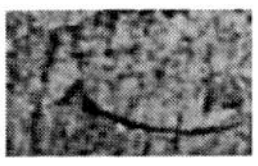 08047	 09109	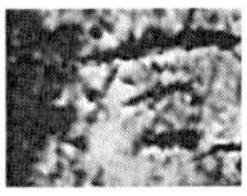 12319
	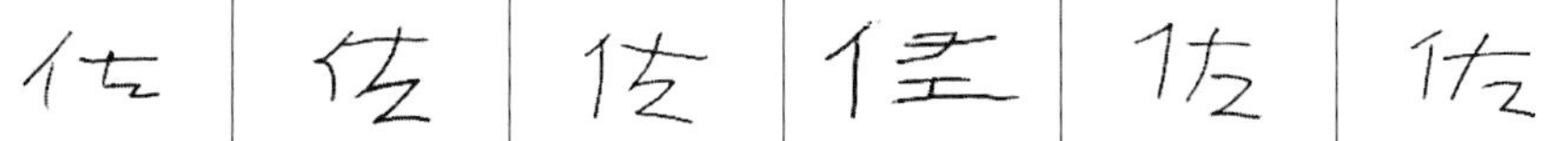					
	 12682	 13099	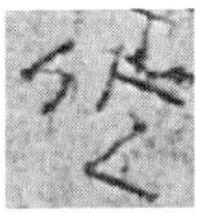 13448			

佐伕	 02244	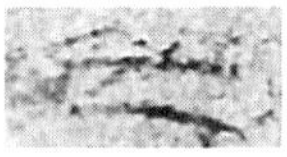 02632	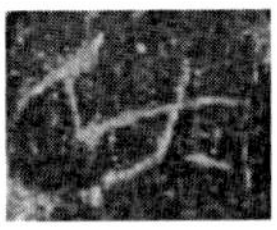 03174	 07103	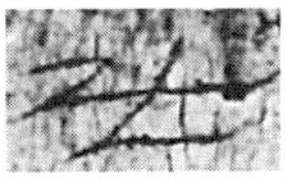 08181	 08194

	 08265	 08506	 08934	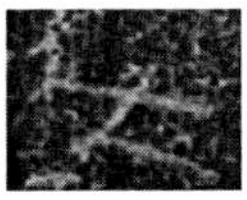 08937	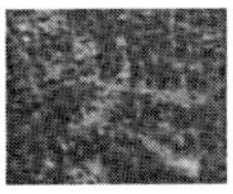 09065	 10826
	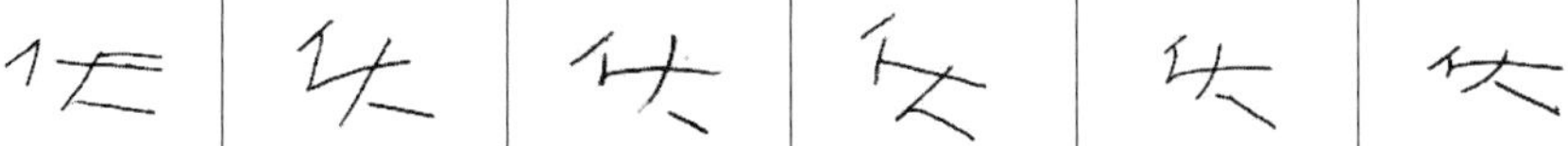					
	 10950	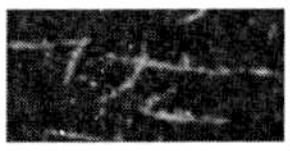 11031	 12460	 13274	 13355	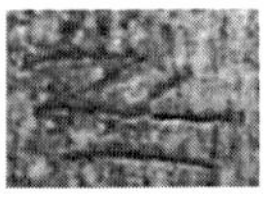 13357

	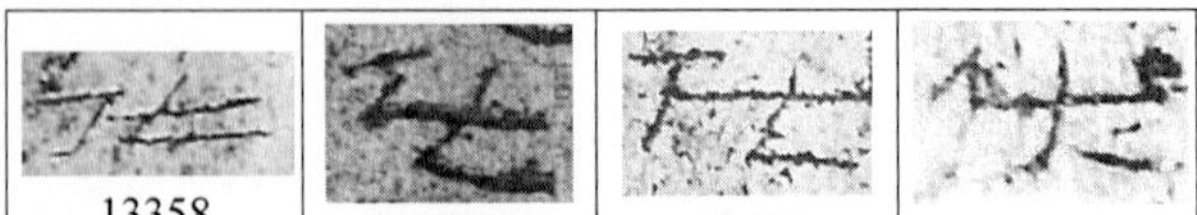					
	13358	13601	13690	14050		
	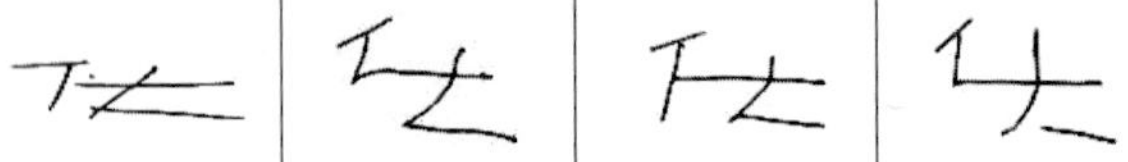					

	字例					
冗 尢	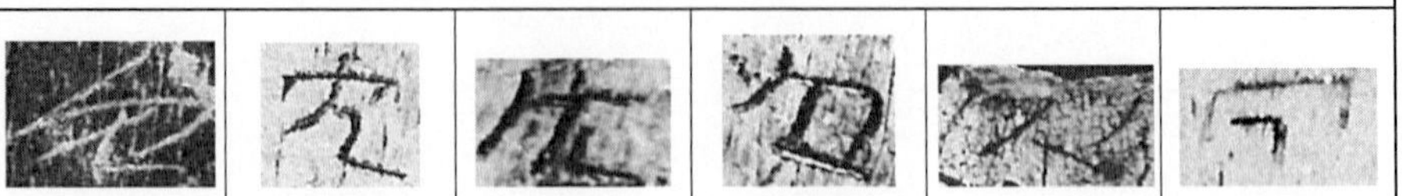					
	00335	00667	00715	00715	01484	01505
	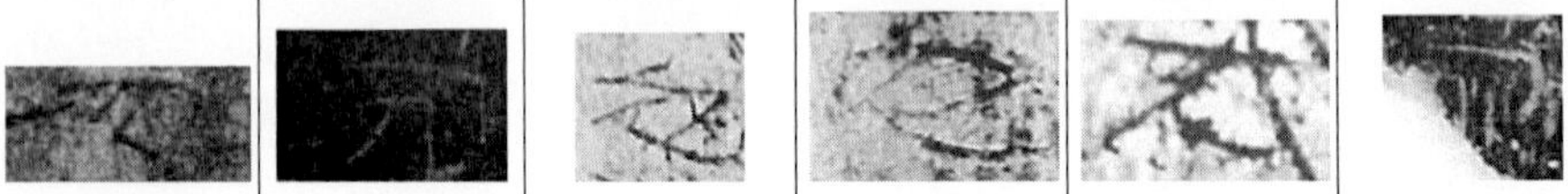					
	02018	02244	02534	02632	02632	03174
	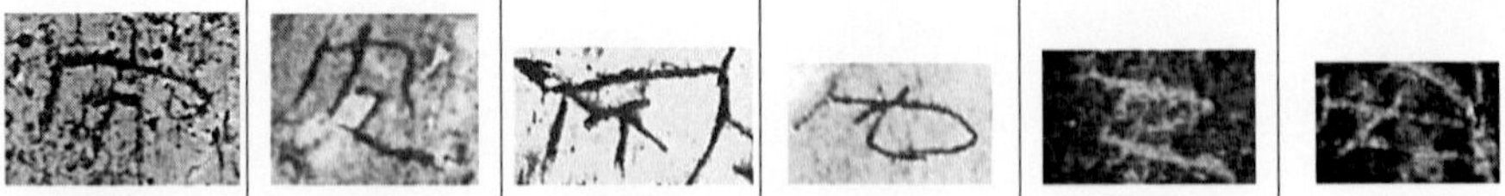					
	04345	04899	05294	06441	06549	06550
	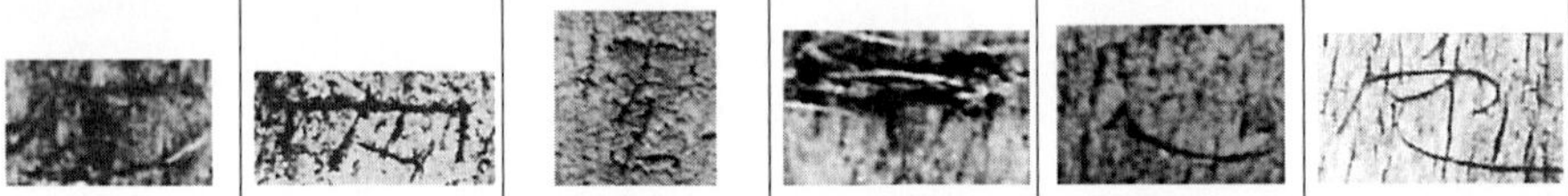					
	06725	06780	07194	07658	08047	08181
	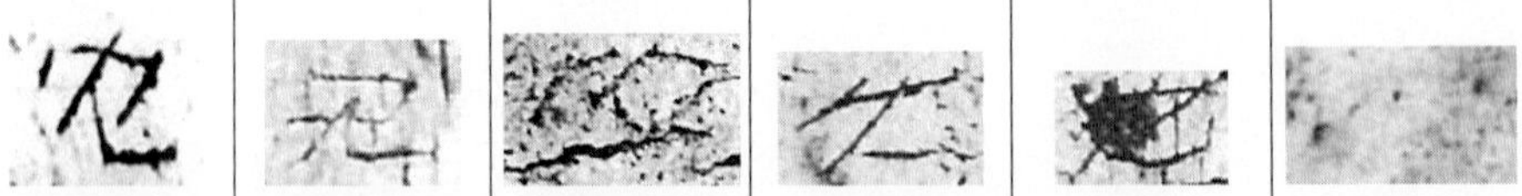					
	08189	08194	08265	08500	08500	08651
	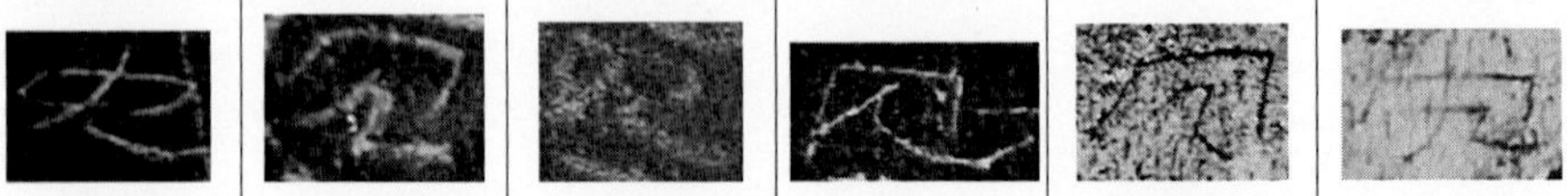					
	08934	08937	09065	09109	11286	12682
	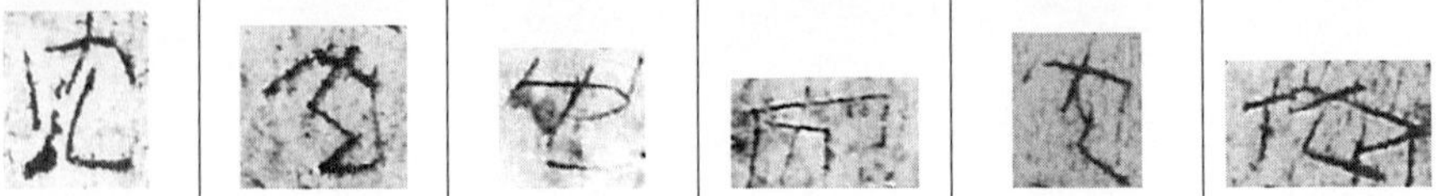					
	13099	13274	13355	13358	13448	13469

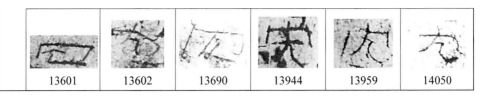

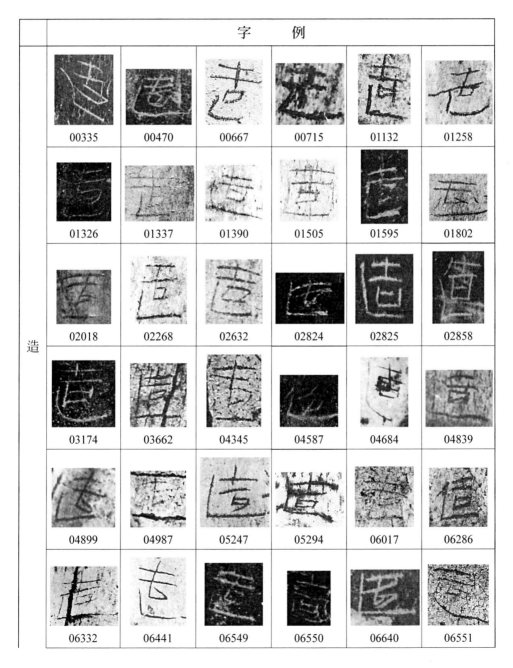

	13601	13602	13690	13944	13959	14050

	字例					
造	00335	00470	00667	00715	01132	01258
	01326	01337	01390	01505	01595	01802
	02018	02268	02632	02824	02825	02858
	03174	03662	04345	04587	04684	04839
	04899	04987	05247	05294	06017	06286
	06332	06441	06549	06550	06640	06551

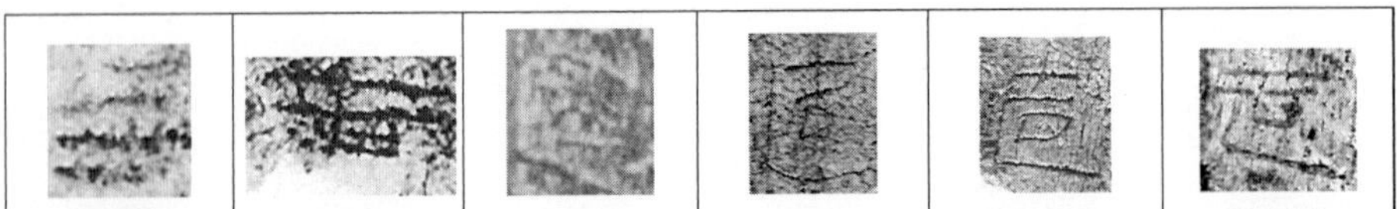

06725 07194 07103 07194 07566 07658

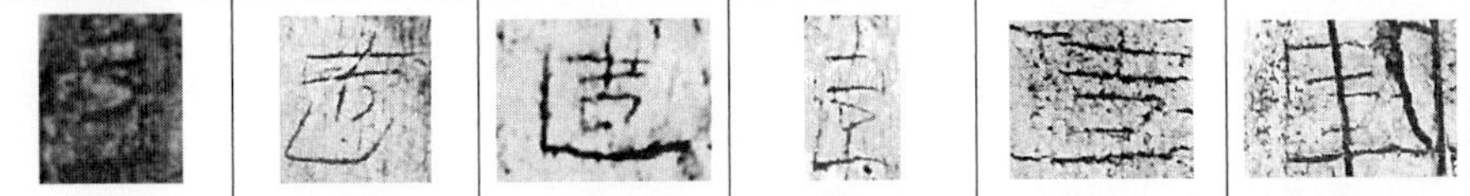

08047 08181 08189 08194 08265 08384

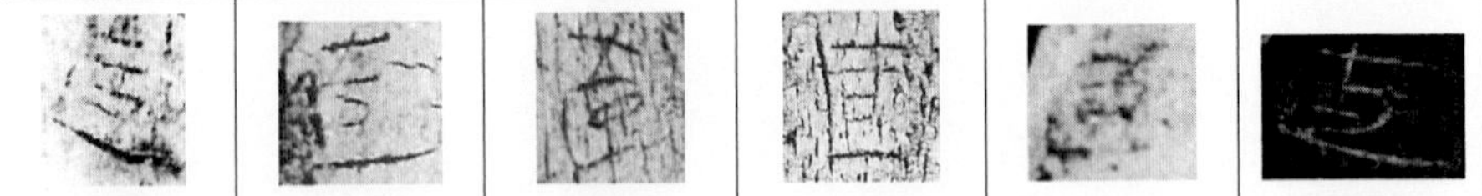

08461 08500 08506 08558 08651 08934

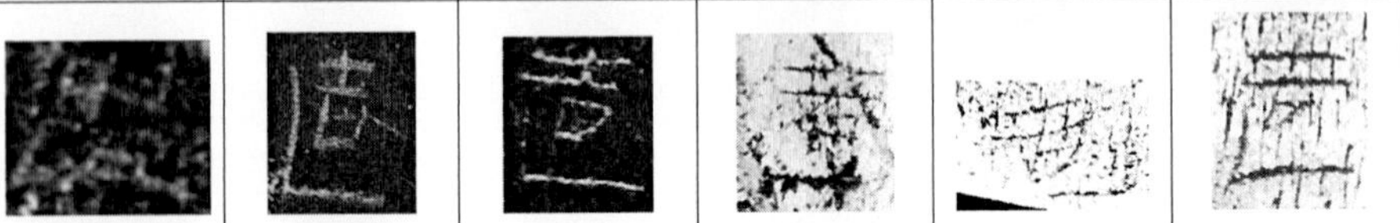

08937 09040 09109 09180 09229 09542

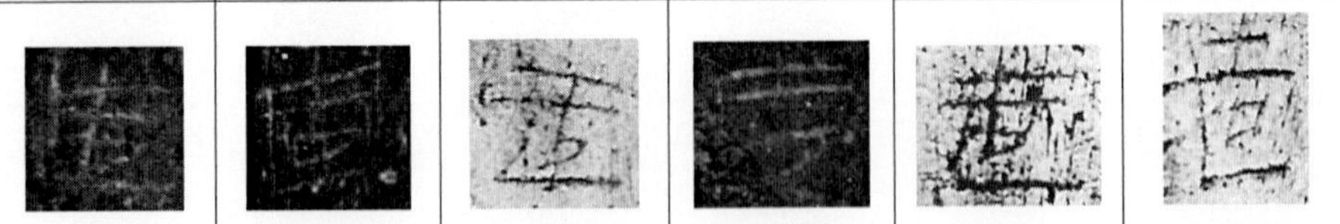

10826 10950 11006 11031 11265 11286

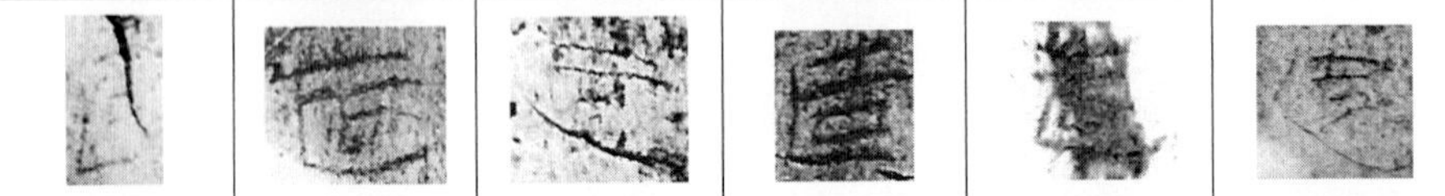

11401 11410 11919 12319 12460 12465

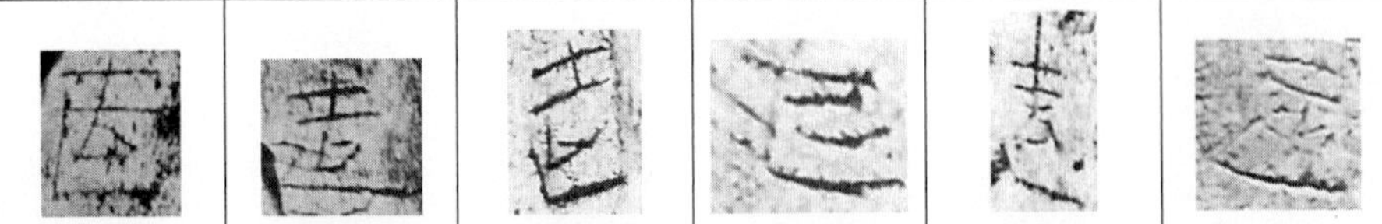

12682 12698 13099 13274 13355 13357

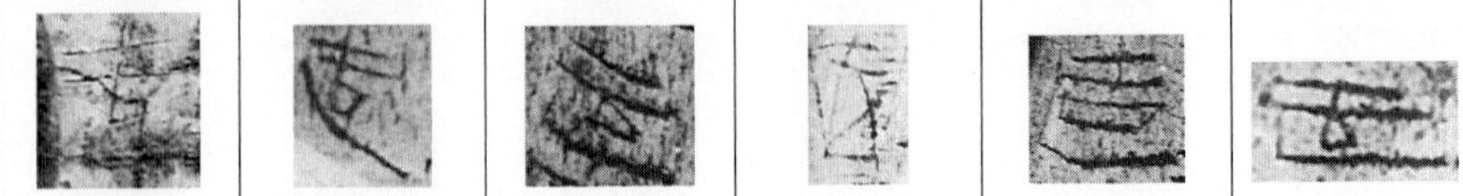

13358 13448 13469 13476 13601 12602

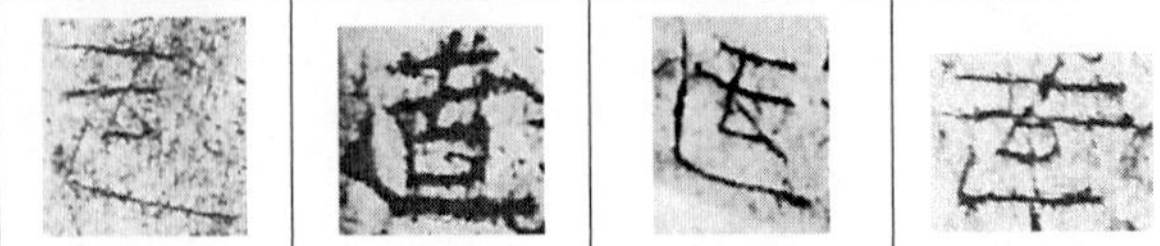

13690 13944 13959 14050

	字例					
年	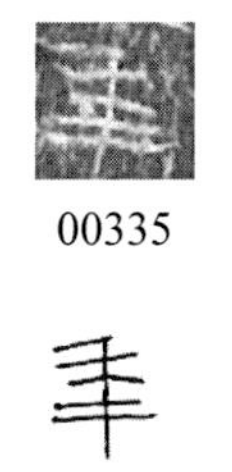 00335	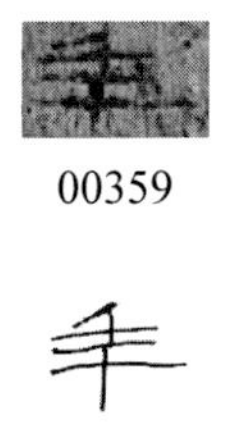 00359	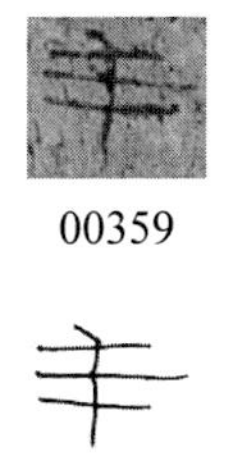 00359	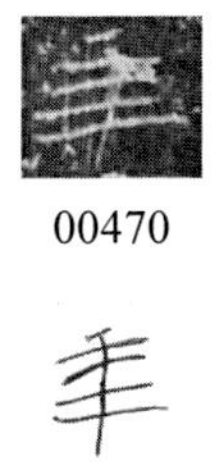 00470	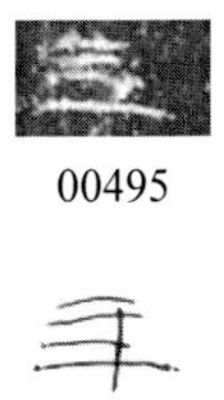 00495	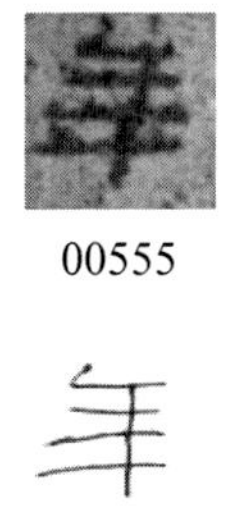 00555
	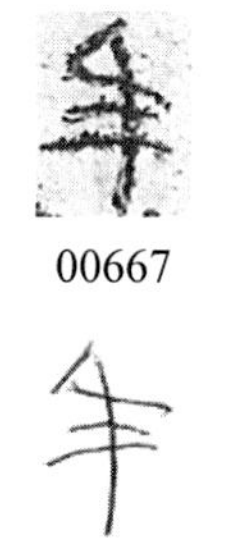 00667	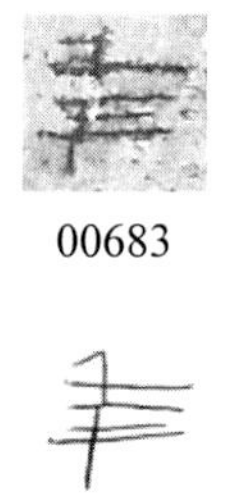 00683	 00715	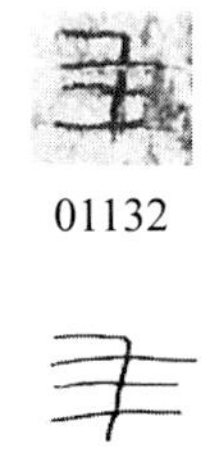 01132	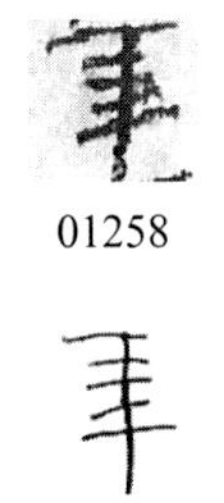 01258	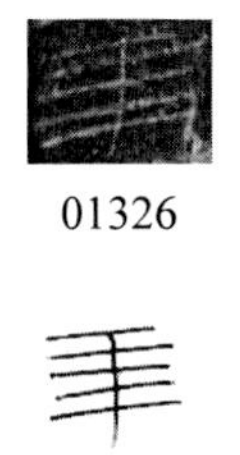 01326
	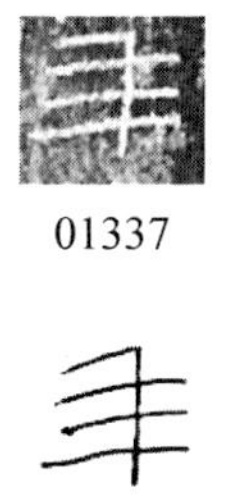 01337	 01390	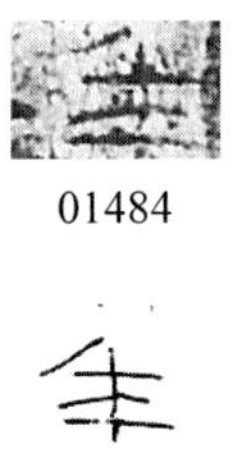 01484	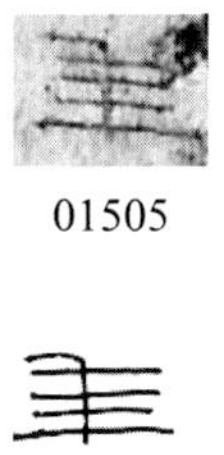 01505	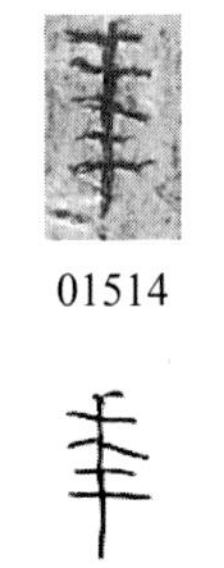 01514	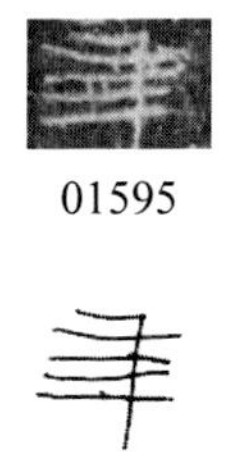 01595
	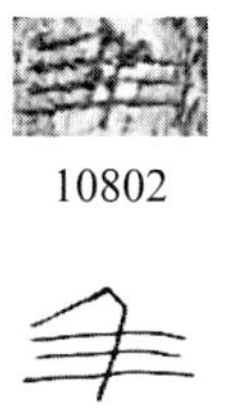 10802	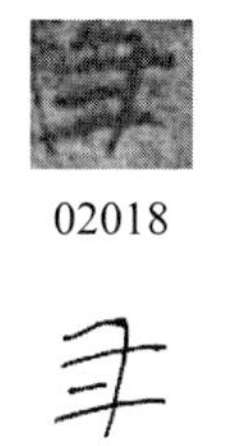 02018	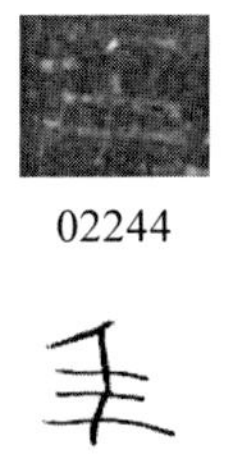 02244	 02268	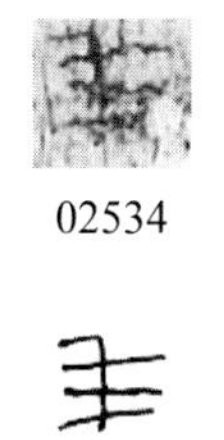 02534	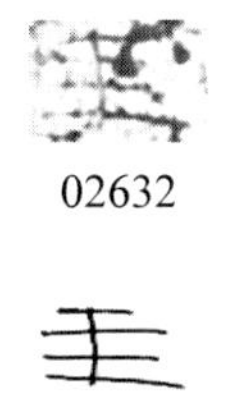 02632
	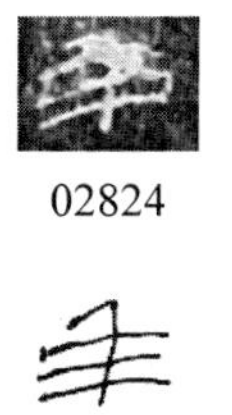 02824	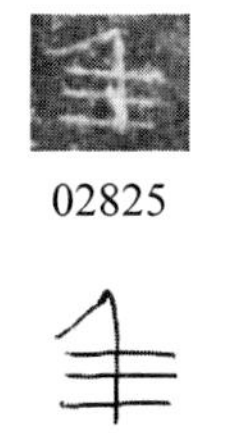 02825	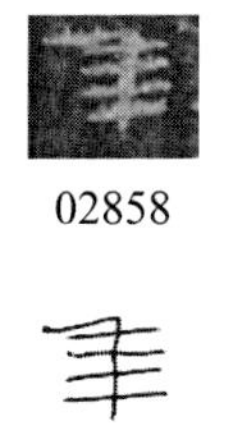 02858	 03174	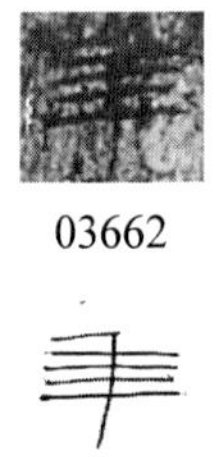 03662	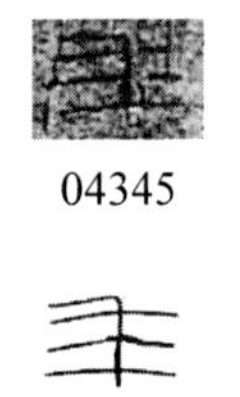 04345

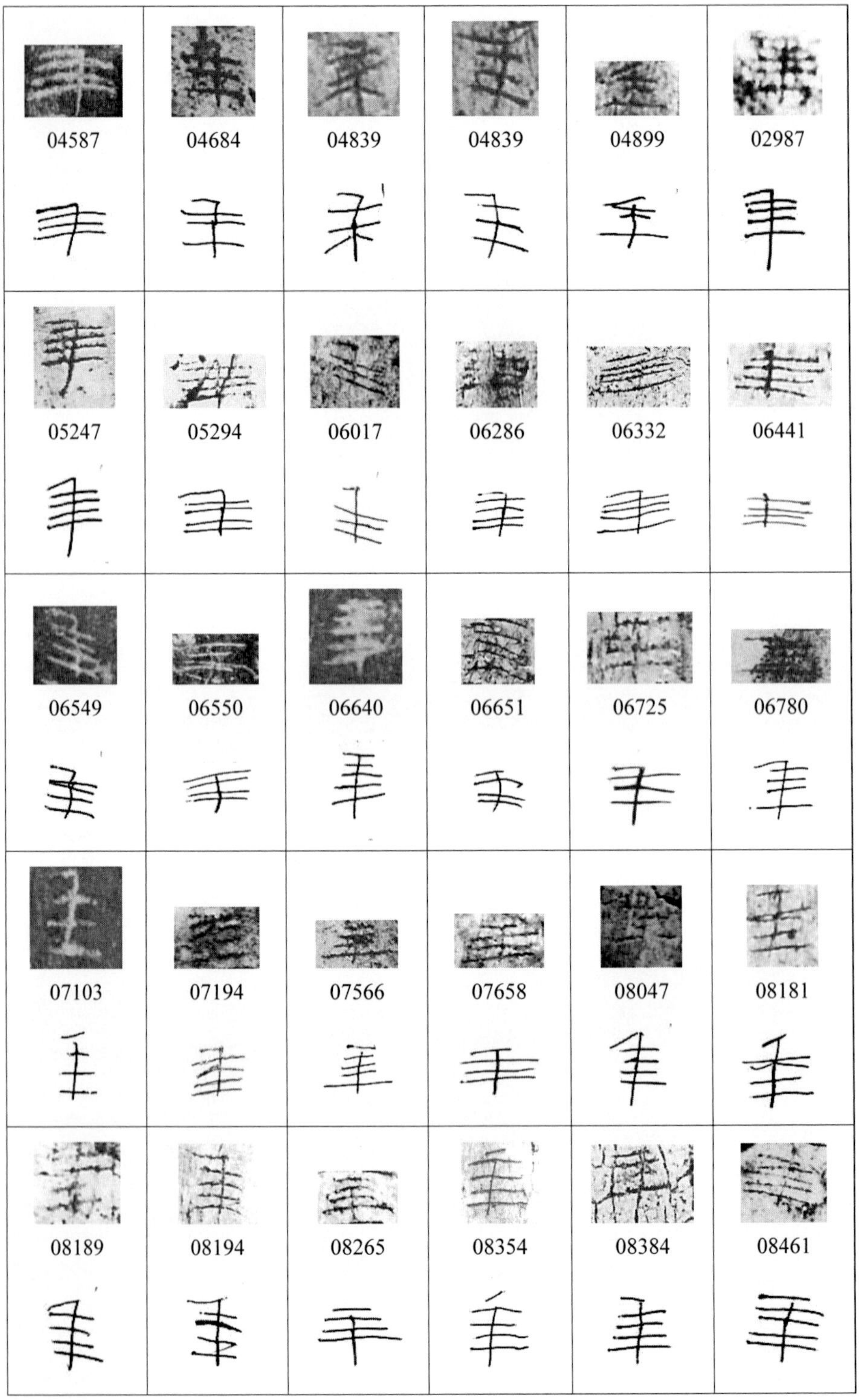
04587
04684
04839
04839
04899
02987
05247
05294
06017
06286
06332
06441
06549
06550
06640
06651
06725
06780
07103
07194
07566
07658
08047
08181
08189
08194
08265
08354
08384
08461

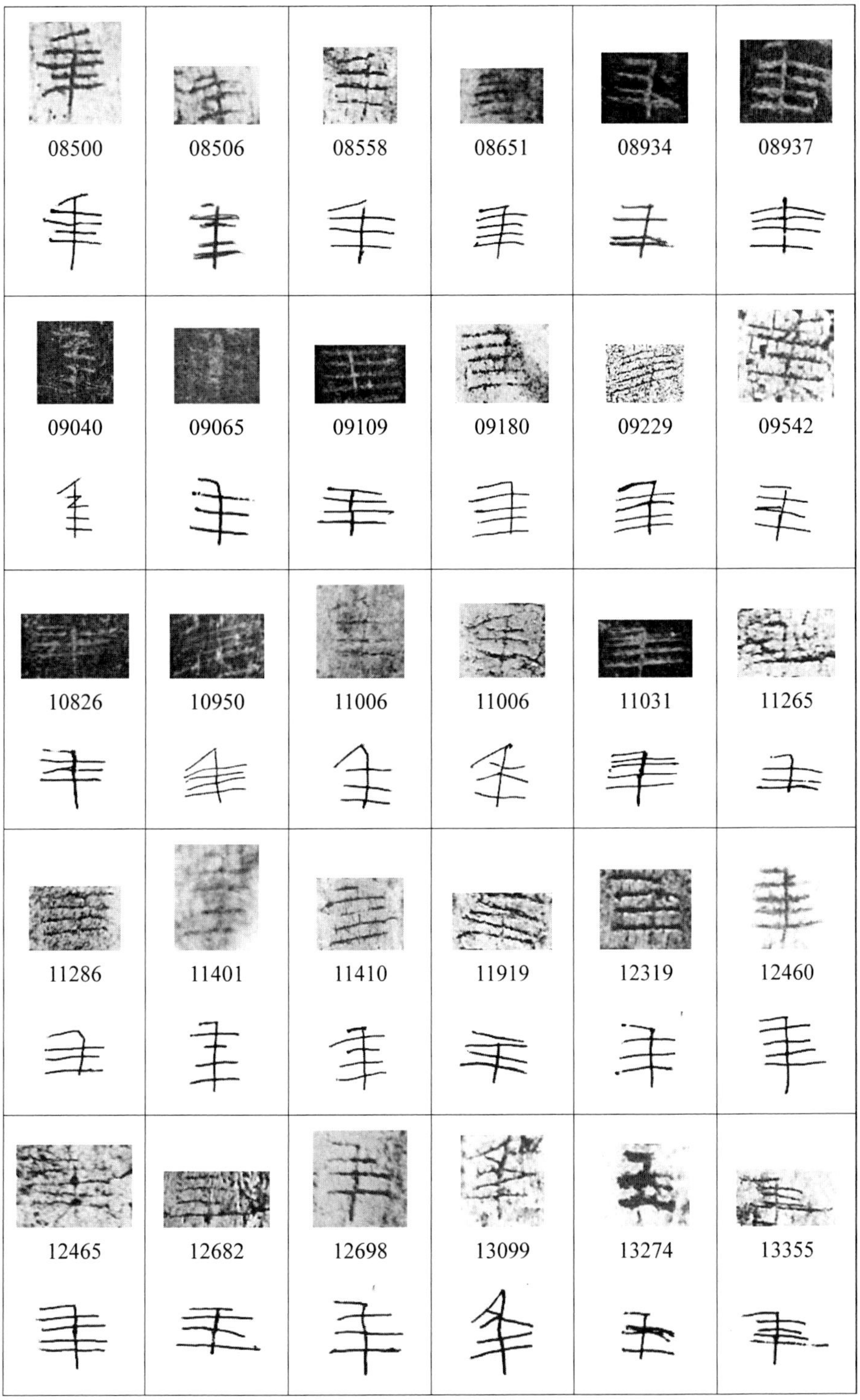

08500	08506	08558	08651	08934	08937
09040	09065	09109	09180	09229	09542
10826	10950	11006	11006	11031	11265
11286	11401	11410	11919	12319	12460
12465	12682	12698	13099	13274	13355

	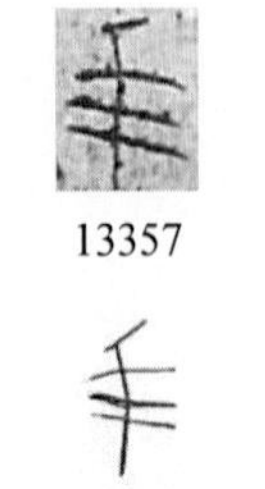 13357	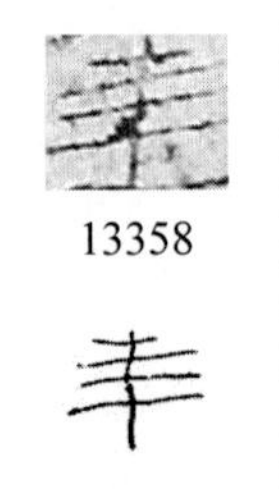 13358	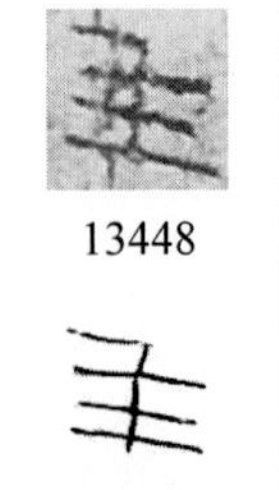 13448	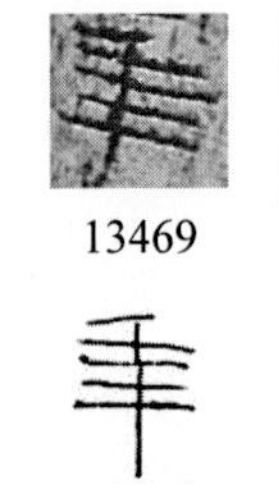 13469	 13476	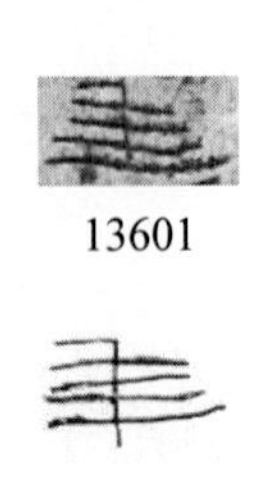 13601
	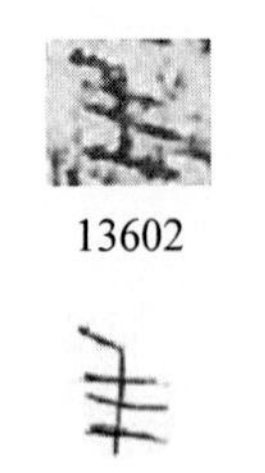 13602	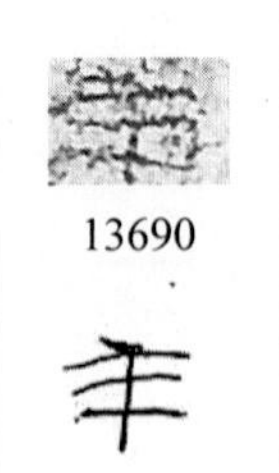 13690	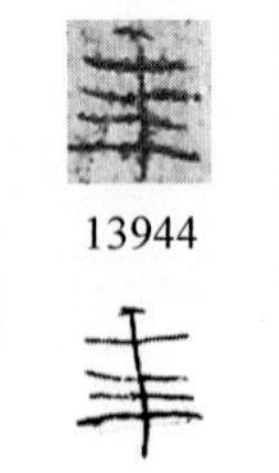 13944	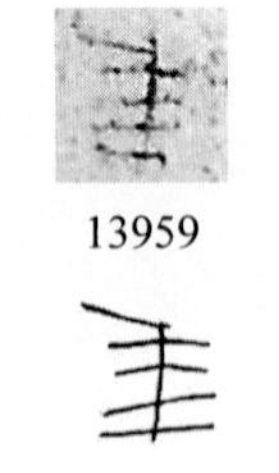 13959	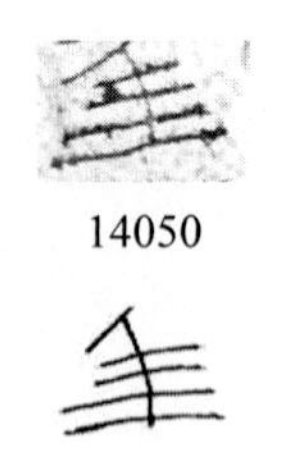 14050	

	字　　例					
秦	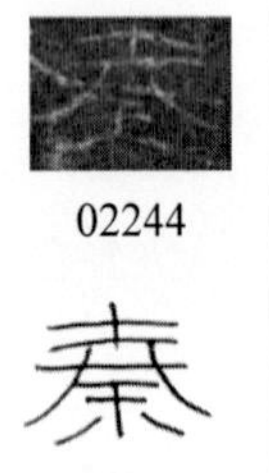 02244	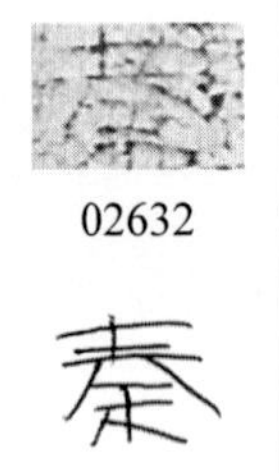 02632	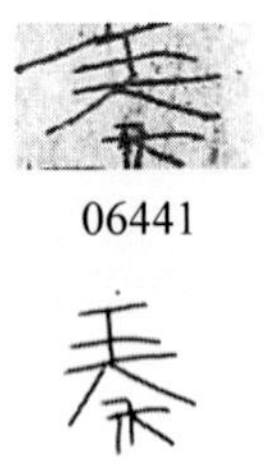 06441	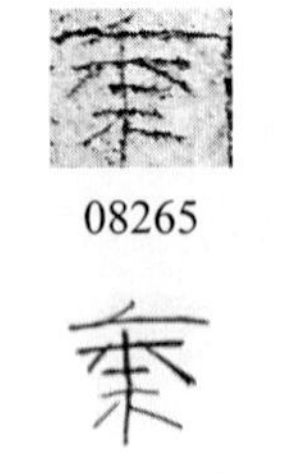 08265	 09109	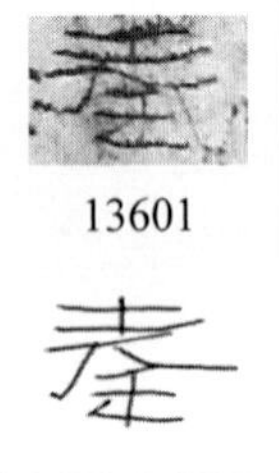 13601
	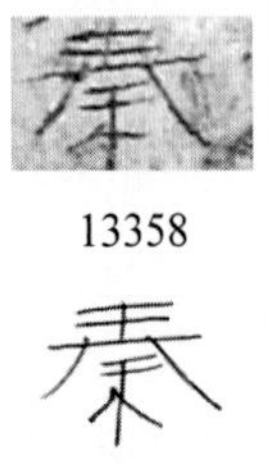 13358					

	字　　例					
昌	 06441	 04899	 02858	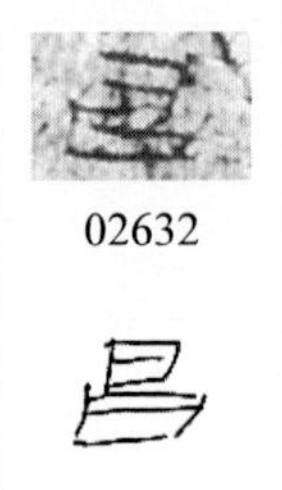 02632	 13959	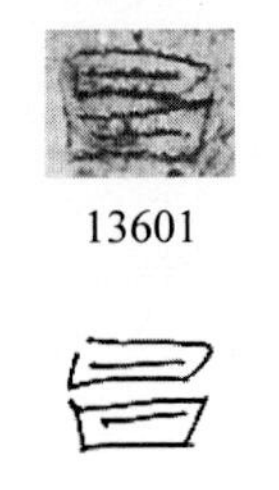 13601

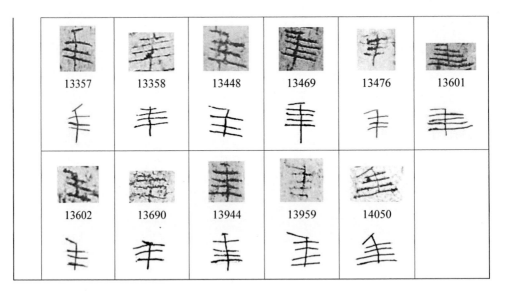

	 09109 	 08500 	 08265 	 08181 		

	字　　例					
謝	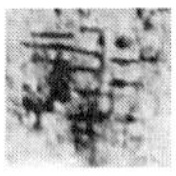 12698 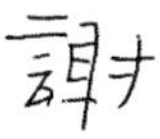	 09040 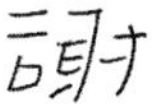	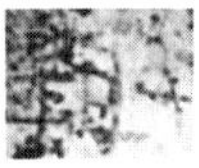 04684 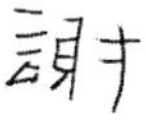	 02858 	 02825 	

	字　　例					
安	 09109 	 08265 	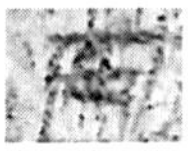 07658 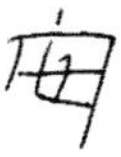	 05294 	 02632 	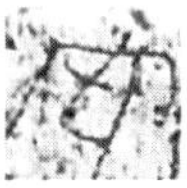 13099 
	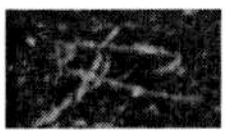 10826 					

	字　　例					
意	 09109 	 07658 	 05294 			

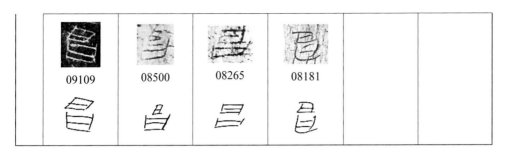

	字例					
志	 13944 	 13099 	 09065	 00683		

	字例					
怪	 13274 					

	字例					
快	 08937 					

	字例					
朝	 08934 	 08506 				

	字　　例					
勝	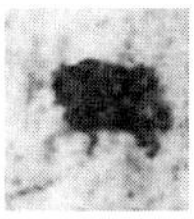 08651 	 08384 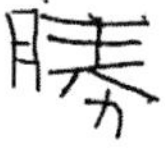	 08047 	 07566 	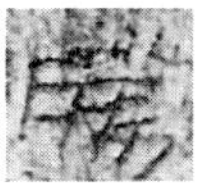 07194 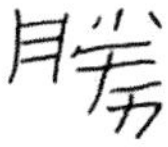	 06550 
	 11401 					

	字　　例					
猜	 13602 	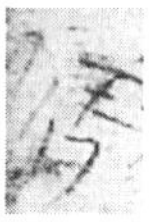 13476 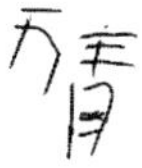	 13476 	 08934 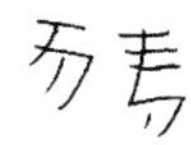	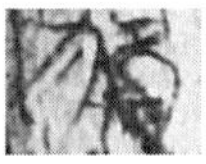 08506 	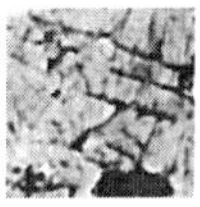 06651 

	字　　例					
緩	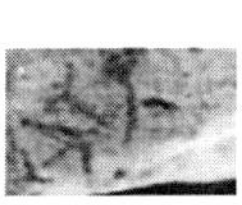 12465 	 06640 	 04587 	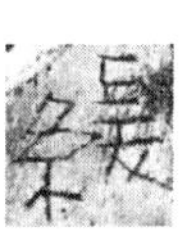 02268 	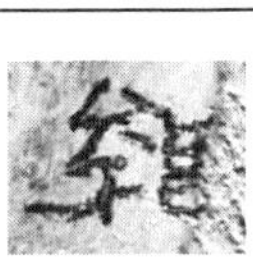 01258 	

	字　例					
繕	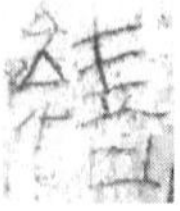 08354 	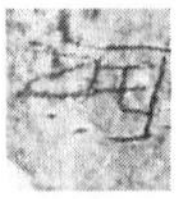 00683 	 00555 	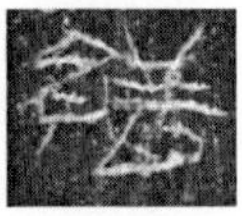 00495 	 00359 	

	字　例					
建	 03174 	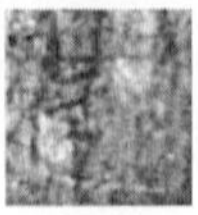 08047 	 09109 			

	字　例					
遂	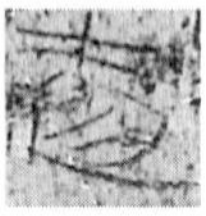 02534 	 11401 	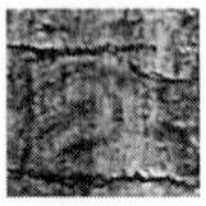 12319 			

	字　例					
如	 02018 	 00715 				

	字　　例					
政	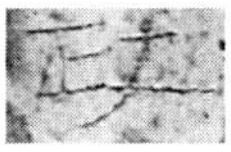 13358 	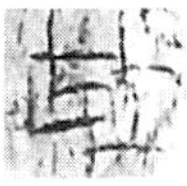 08194 	 08934 			

	字　　例					
關	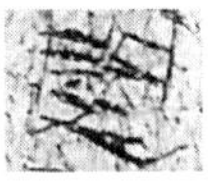 11919 	 11265 	 11031 	 10950 	 01484 	

	字　　例					
顧	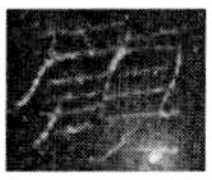 01326 	 04987 	 11401 			

	字　　例					
樂	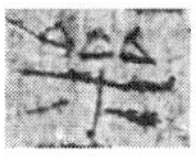 13601 	 13358 	 06725 	 03174 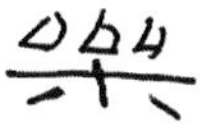	 02825 	

	字例					
寬	 14050 	 09065 				

	字例					
輔	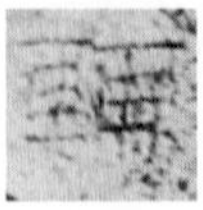 12698 	 09040 	 04684 	 02858 	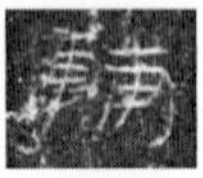 00495 	

	字例					
甫	 04839 					

	字例					
聖	 14050 	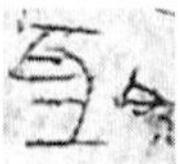 13355 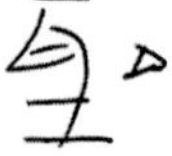	 11286 	 09065 	 07658 	

	字　例					
游	 04899	 13355	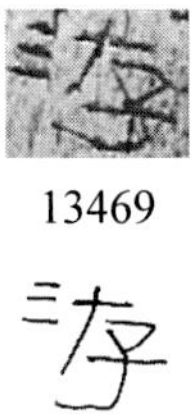 13469			

	字　例					
當	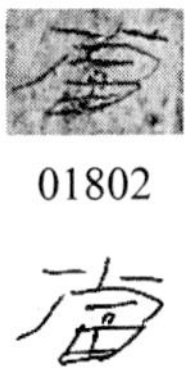 01802	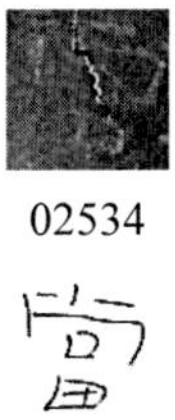 02534	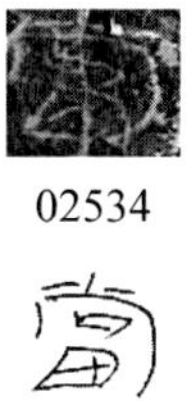 02534	 08181	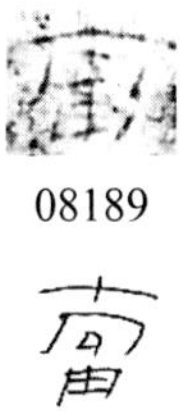 08189	 13099
	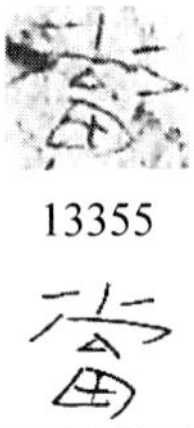 13355	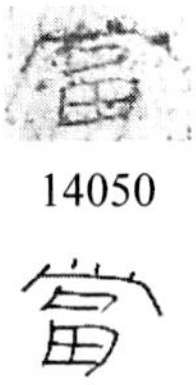 14050				

	字　例					
掾	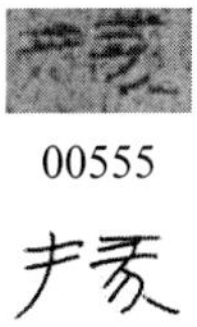 00555	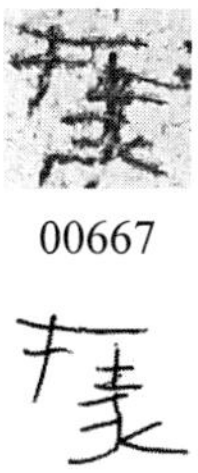 00667	 02534	 04899	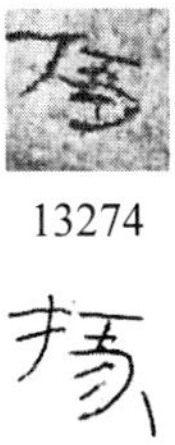 13274	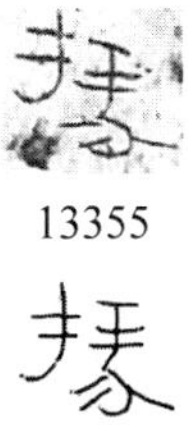 13355
	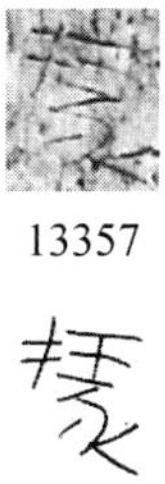 13357	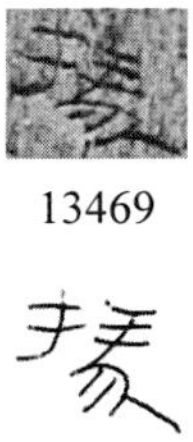 13469	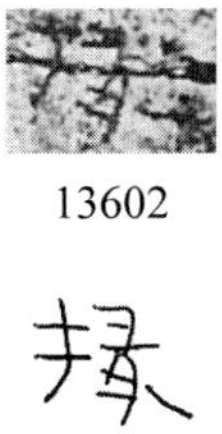 13602	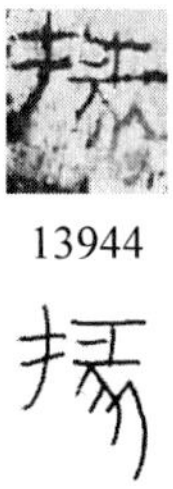 13944	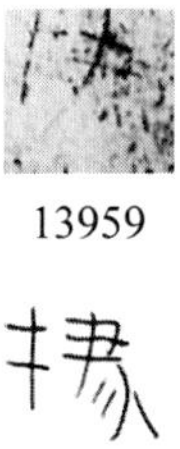 13959	

	字例					
鬼	 08194 	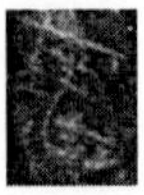 06549 	 08937 			

	字例					
堯	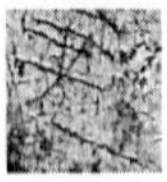 06651 	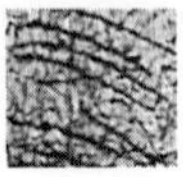 06651	 10950 	 11031 	 11265	 11919 
	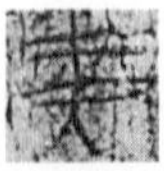 01484					

	字例					
喜	 00470 	 06549 	 11265 	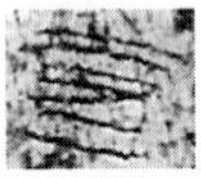 11919 		

	字例					
望	 00335 					

	字　　例					
春	 13274 	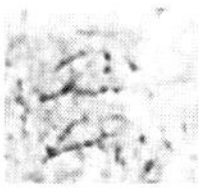 13357 	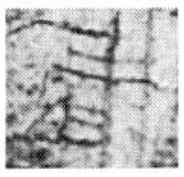 13602 	 13944 	 13959 	

	字　　例					
奉	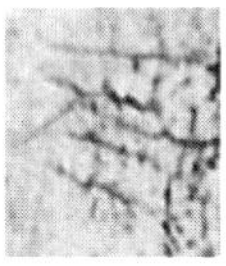 02534 	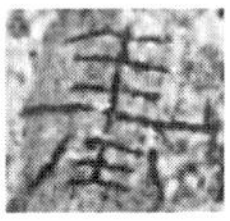 04899 	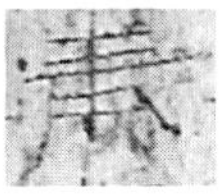 13358 	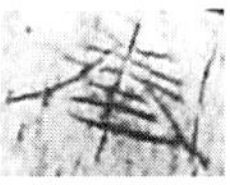 13469 		

	字　　例					
克	 08194 	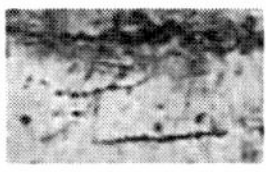 13358 				

	字　　例					
佐	 00470 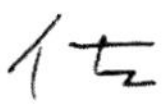	 08937 	 08194 	 01484 	 06441 	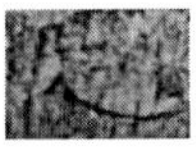 08047 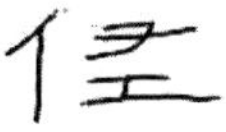

	 09109 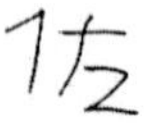	 12319 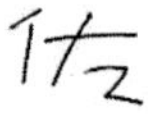	 12682 	 13099 	 13448 	

	字例					
充	 08047 	 01484 	 02244 	 06441 	 06549 	 06551 
	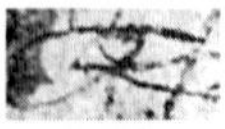 08265 	 08937 	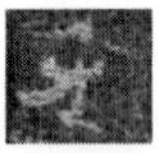 09065 	 09109 	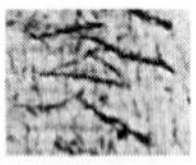 11919 	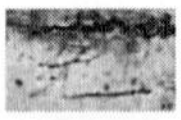 11358 

附錄三　骨簽書法與印內印外實踐例

編號	印　例	說　　明
（1）	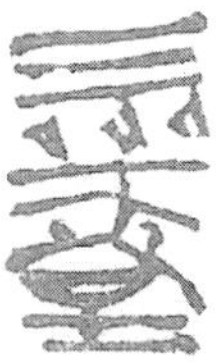 三樂堂	「三」字參考 07916 ，將三筆橫畫起收筆做變化，「樂」字參考 13601 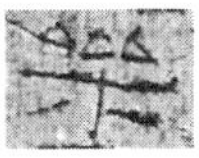，骨簽獨特的構件寫法。刀法配合筆法變化參合運用。
（2）	 如願	「如」字參考 02018 ，「願」字參考 08181「穎」字 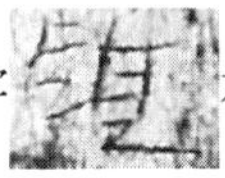 右邊構件寫法。刀法配合筆法變化參合運用。
（3）	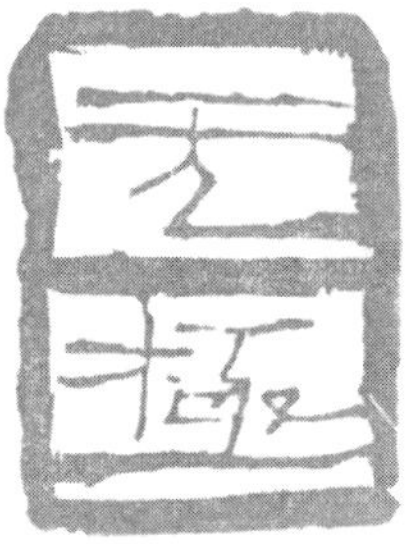 無極	「無」從古體「无」，參考 02858「元」字 ，在最後一筆收尾漸重，與「極」字最後一筆帶隸意雁尾拉出做一呼應，邊的處理著重厚拙樸感，將文字線條光潔化。

(4)	 反常合道	「反常合道」，著重字形開闔變化，中軸線的部分對齊，橫向行氣的流動。後世歸納漢印特點，多強調平正、穩重，此印參合骨簽文字意趣入印，意在與「漢印」所建構的朱白分間形式做一對話性的嘗試。
(5)	 弱	以一字印的格式與筆者所整理的骨簽字表做一連結，「弱」字在每一筆的起筆尖筆入鋒，參考 09927「力」字，05532「步」字，10371「鈎」字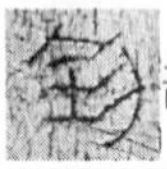部分構件。